Jacob Blume

Von Donnerbalken und innerer Einkehr
Eine Klo-Kulturgeschichte

»Die besten Essen enden auf die Art.«

Martial

▲ Von der Nahrungszubereitung bis zur -entsorgung.
Irland, 16. Jahrhundert

Jacob Blume

Von Donnerbalken und innerer Einkehr

Eine Klo-Kulturgeschichte

VERLAG DIE WERKSTATT

Die Deutsche Bibliothek - CIP-Einheitsaufnahme

Ein Titeldatensatz für diese Publikation ist bei
Der Deutschen Bibliothek erhältlich

2002 2003 2004   3 2 1

Copyright © 2002 Verlag Die Werkstatt GmbH
Lotzestraße 24a, 37083 Göttingen
www.werkstatt-verlag.de
Alle Rechte vorbehalten
Satz und Gestaltung: Verlag Die Werkstatt
Druck und Bindung: Westermann Druck, Zwickau

ISBN 3-89533-367-0

Inhalt

Zwischen heißer Luft und himmlischer Vision
Eine Einführung in die menschheitsgeschichtliche
Dimension des Themas 9

**Licht im Dunkel – ein Streifzug durch die
Aborte der Antike** 23
Am Anfang war die Ausscheidung 23
Die Technik hält Einzug: Der babylonische Sickerschacht 25
Ein weiter, aber lohnender Weg: Vom Menschenopfer
über den Rinderkot zur Teilhabe an Macht und Gnade 29
Von Kotgöttern und heiligen Fürzen 33
Ägyptische Entsorgung 35
Nicht ganz auf der Höhe der (Entsorgungs-)Kultur:
Der gemeine Grieche 39
Die Größe, die Rom einst war 43
Urin, die Flüssigseife der Antike 52
Die Entsorgung von Massenveranstaltungen 55
Die Stadt- und Wohnhygiene der Römer 57

**Herrliche An- und Aussichten – Christen, Juden,
Mohammedaner** 59
Ein Platz außerhalb des Lagers 60
Der Himmel war allein zu verdienen in Dreck und Schmutz .. 64
Exkurs: Die Reinigung des Allerwertesten 66
Ist der Leib des Herrn verdaubar? 69
Heilige Scheiße 71
Dieser so wichtige Platz für die Menschheit 74
Die Bedeutung der Latrine in der Klosterarchitektur 77

Die Traditionserhaltung und Schamlosigkeit im Mittelalter 81
Zwischen Keller, Erker und Danzke 81
Spätmittelalterliche Städte 87
Der Weltenerfinder 93
Das mittelalterliche »Geschirr«: Von Prunzscherben, Schüttsteinen und Nachttöpfen 96
(Ab-)Ort des Lebens und des Todes 101

Das mittelalterliche Badewesen 104

Vom öffentlichen Ärgernis zur privaten Scham 110
Königliche Ohnmacht 110
Die Domestizierung der Scheiße –
ein kurzer Prozess der Intimität 116

Zwischen Ville du merde und Ville du monde
Paris, das Beispiel des 18. Jahrhunderts 124

Industrielle und sanitäre Revolution 134
Öffentliche Toiletten 134
Öffentliche Reinigung, öffentliche Kanalisation 139

Die menschlichen Ausscheidungen in Medizin und Wirtschaft 143
Das Geschäft mit den menschlichen Fäkalien 143
Hier stimmt die Chemie 145
Kot und Harn in Heilkunde und Hexerei 147
Vom Einfluss der Gemütsbewegungen auf die
leiblichen Ausscheidungen 157
Amulette und Talismane 159
Exkurs: »Scheiße« als Waffe 164

Der hygienische Ort 168
Das 19. Jahrhundert, das Jahrhundert der Bewegungen:
Die Hygienebewegung 168

Die Geschlechterrolle: Der Stand der Sitzdebatte 179

**Die Deutschen, das besondere Verhältnis zur Sauberkeit
und ihre Kehrseite** 184

Anhang
The Great Stink – Systeme der Abwasser- und
Fäkalienentsorgung 196
Kleines Scheißlexikon 204
Literatur 229
Anmerkungen 232
Zum Autor 239

»Was wir ausscheiden, kehrt zurück, um uns zu zerstören.«[1]

»In Dallas werden synthetische Exkremente hergestellt. Sie haben eine Form simulierter menschlicher Fäkalien perfektioniert, um Windeln und andere Schutzkleidung zu testen. Das Präparat wird als ein anzurührendes Pulver aus Stärke, Fasern, Harzen, Gelatine und Polyvinylverbindungen verkauft. Man fügt Wasser hinzu, um die gewünschte Konsistenz zu erzielen. Die Farbe ist für gewöhnlich braun.«[2]

»Sauber ist schön und gut. Sauber ist hell brav lieb. Sauber ist oben und hier. Schmutzig ist hässlich und anderswo. Sauber ist doch das Wahre, schmutzig ist unten und übel, schmutzig hat keinen Zweck. Sauber hat Recht. Schmutzig ist demgegenüber, sauber ist da denn doch, schmutzig ist wie soll man sagen, schmutzig ist irgendwie unklar, schmutzig ist alles in allem, sauber ist wenigstens noch, aber schmutzig das ist also wirklich.«[3]

Zwischen heißer Luft und himmlischer Vision

Eine Einführung in die menschheitsgeschichtliche Dimension des Themas

> »Orge sagte mir:
> Den liebsten Ort, den er auf Erden hab
> Sei nicht die Rasenbank am Elterngrab.
> Sei nicht ein Beichtstuhl, sei kein Hurenbett
> Und nicht ein Schoß, weich, weiß und warm und fett.
> Orge sagte mir: Der liebste Ort
> Auf Erden war ihm immer der Abort.
> Dies sei ein Ort, wo man zufrieden ist
> Dass drüber Sterne sind und drunter Mist.
> Ein Ort sei einfach wundervoll, wo man
> Selbst in der Hochzeitsnacht allein sein kann.
> Ein Ort der Demut, dort erkennst du scharf:
> Dass du ein Mensch nur bist, der nichts behalten darf.
> Ein Ort der Weisheit, wo du deinen Wanst
> für neue Lüste präparieren kannst.
> Wo man, indem man leiblich lieblich ruht
> Sanft, doch mit Nachdruck etwas für sich tut.
> Und doch erkennst du dorten, was du bist:
> Ein Bursche, der auf dem Aborte – frisst!«
> (Bertolt Brecht: Baal)[4]

Wer hier glaubt, einen entlegenen Seitenpfad der Menschheitsgeschichte, noch dazu einen stinkenden und unappetitlichen, betreten zu haben, der sei beruhigt und ihm sei zuallererst versichert: »Geschrieben stinkt Scheiße nicht.«[5] Der vermeintliche Seitenpfad stellt sich schon sehr schnell hinter dem nächsten Gebüsch als der rechte zwischen heißer Luft und himmlischer Vision heraus: »Wenn ein hypochondrischer Wind in den Eingeweiden tobet«,

Geschrieben stinkt Scheiße nicht

wusste auch Immanuel Kant, »so kommt es darauf an, welche Richtung er nimmt, geht er abwärts, so wird daraus ein Furz, steigt er aber aufwärts, so ist es eine Erscheinung oder eine heilige Eingebung.«[6]

Denn schließlich ist »der Mensch … ein Klosett auf zwei Beinen … die meisten Menschen leiden an Verstopfung und ihre Gedanken sind drei Viertel ihres Lebens auf dem Klosett … der Mensch kann seinen Kot ausgeben, wie er will, weil er das Einzige ist, was sein ausschließliches Eigentum ist … eine Betrachtung über den Einfluss der Darmtätigkeit auf die Entwicklung der Menschheit zu schreiben, wäre weit ersprießlicher als z. B. über den Einfluss der Völkerwanderung«[7]. Denn ganz grundsätzlich betrachtet geht die gesamte Welt durch uns hindurch, nicht allein wir sind in ihr aufgehoben, ebenso ist sie es in uns – für die kurze Weile zwischen Aufnahme und Ausscheidung jedenfalls – und da lohnt schon ein Gedanke an das, was bleibt, und das, was geht.

Denn was passiert, bevor uns alles zur Scheiße gerinnt? Ist denn nicht schon vorher all das im Essen, was auch sonst Schmutz und Dreck charakterisiert, das Fette, das Klebrige und Schleimige? Und benutzt man nicht in der Tat Besteck, um sich nicht die Finger schmutzig (sic!) zu machen? Sind die Essenreste nicht durchaus als eklig empfundene Schmutzreste und Überbleibsel und wird nicht das, was oben aufgenommen, ganz direkt zu Schmutz und Dreck, wenn es unten wieder ausgeschieden?

Umgang mit der Zivilisation

Und last but not least bestimmt der Umgang mit der Scheiße auch den Umgang mit der Zivilisation. Die Stadt verbannte die Natur, hier wurde sie eingesperrt und ist nicht zu betreten (Rasen betreten verboten, bitte auf den Wegen bleiben). Der Dreck und der Abfall wurden entweder aus ihr hinausgetragen oder in ihre Unterwelt verbannt. Am besten schnell und leise, unsichtbar und geruchlos. Das Land dagegen ist Natur; hier riecht es nach Mist und hier riecht er gut und »nach Land«. Und röche es nicht so, so wäre es nicht das Land. Der Abfall der Stadt wird erst in der Natur, auf den Feldern, wieder kostbar und zur Kultur. Hier verwischt die Gülle die Trennung von Mensch und Welt, Kultur und Natur.

In der Natur herrschen vorgeschichtliche Zustände. Hier kehrt der Mensch zu sich zurück. Zurück ins Paradies: Wie es mit den menschlichen Ausscheidungen dort konkret ausgesehen haben mag, darüber existieren allerdings keine Berichte.

▲ Holzstich, Paris 1836

In prähistorischer Zeit kannte der Mensch keine Form der die Zeit überdauernden Überlieferung außer der Wandmalerei, der Höhlenzeichnung. Aber nachweislich geritzt, gezeichnet oder sonst wie an den Höhlenwänden verewigt, schiss niemand in Höhlen zwischen Wände, sonst ließe sich hier ein interessanter Bogen zu heutigen Toilettenwandinschriften schlagen – einem anderen bedenkenswerten kulturhistorischen Phänomen: Seit der Zeit, da wir nicht mehr unter Bäume scheißen und pissen und/oder unser Revier mit Hilfe unserer Exkremente markieren, versucht die Menschheit offenbar den Verlust der im Urinal verspülten Reviermarkierung mit (Ersatz-)Markierungen an der Toilettenwand aufzufangen.

Auf den vor- und frühgeschichtlichen Wänden findet sich kein Hinweis zur menschlichen Ausscheidung – ein Indiz für deren Bedeutungs- oder Reibungslosigkeit? Was mag der Historiker des Jahres 3000 denken, wenn er unsere Städte ausgräbt, die nach unten fast ebenso wie nach oben gewachsen sind, oder unsere Aufzeichnungen – vor allem in illustrierter Form – in die Hände bekommt (»Lecicarbon. Das schnelle Zäpfchen gegen Verstopfung« – »Lieber Certisil im Wasser als Durchfall im Urlaub«): Er wird wohl den insgesamt richtigen Schluss ziehen, dass es sich um eine sehr analfixierte Phase der Menschheit mit einer starken Gewichtung vor allem der Verdauung gehandelt haben muss.

Baum der Erkenntnis

Dieses Problem bestand mit Sicherheit nicht, solange der Mensch nicht vom Baum der Erkenntnis gegessen und schwer daran zu verdauen hatte. Vielleicht führte auch genau diese nicht gottgefällige Handlung zum verräterisch die göttliche Nase beleidigenden Vorgang der Verarbeitung und Ausscheidung des So-zu-sich-Genommenen, die in der Vertreibung aus dem Paradies und schließlich im Absauger, der heute geläufigen Form der Exkrementenentsorgung, endete. Vielleicht war die baumstarke Erkenntnis schlicht die der Entdeckung der Nahrungsaufnahme als solche – und damit eine der Unabhängigkeit des Menschen von Gott? Der Mensch hatte sich in die Lage versetzt, sich im Falle der Fälle selbst versorgen, sich abnabeln und reuelos genießen zu können. Das konnte nicht ganz unauffällig bleiben. Schließlich brauchte auch ein Gott ein Frühwarnsystem, und das stank zum Himmel.

Es scheint, dass der Mensch sich nach der Vertreibung aus dem Paradies allein mit der Erfindung der körperlosen Seele diesem Kreislauf, dem Kreislauf des Lebens und des Zerfalls, entziehen konnte. Denn diese lässt sich zwar beschmutzen, aber nur peripher. Sie zerfällt nicht in Gänze, sie wird nicht aufgenommen, nicht zersetzt, nicht ausgeschieden wie dem Menschen sonst alles – einschließlich er selbst.

Ein deutsches Thema

Ach, und natürlich ist es ein deutsches Thema. Man muss nicht erst die Aberhunderte von Kochbüchern mit der überschaubaren Anzahl von Werken vergleichen, die das andere Ende des Essvorgangs zum Thema haben. Man muss nicht argumentieren, dass Scheißen notwendig ist wie Essen und Trinken, dass es ein Thema ist, das zählt, denn: »Päpste scheißen, Bischöfe … scheißen, Kaiser scheißen …«, wie schon Lieselotte von der Pfalz wusste, die sich mit dem Thema intensiv auseinander gesetzt hat. Nein, ein jeder tut es, die Deutschen reden darüber und die Briten arbeiten daran – an der Entsorgung. In der Analfixiertheit und allem, was damit zusammenhängt, wurde gar ein entscheidender Zug im Nationalcharakter der Deutschen gesehen, ursächlich für die Erfindung der Buchdruckkunst, die Vorliebe der Deutschen für Wurstwaren und Blasmusik, aber auch ihren Antisemitismus, mithin »alles Wesentliche« des deutschen Charakters. Doch das scheint durch eine sehr spezielle »Brille« betrachtet.

Die Kulturgeschichte der menschlichen Fäkalien, aus der sich tatsächlich einiges Menschheitsbewegendes ablesen lässt, muss man nicht gleich als »exkrementelle Vision« für die Grundlage der westlichen Zivilisation, besonders des Kapitalismus und des Protestantismus halten[8]. Aber der Nachttopf europäischer Kulturgeschichte quillt über von Metaphern, Taten, Themen aus dem Leben. Wie auch nicht? Es ließe sich bald von einer Fäkalkultur sprechen.

Eine exkrementelle Vision

Nicht immer führte der Blick nach hinten zum Schritt nach vorn, geschweige denn zum Fortschritt: »… sie meinte, wie Will noch herausfinden sollte, Dr. Kellogs Besessenheit mit sowohl innerer wie auch äußerer Sauberkeit. Der Boss, ordnungsliebender Sohn eines Besenmachers, glaubte nicht nur an eine ballaststoff- und zellulosereiche Ernährung, um die Gedärme anzuregen, sondern er war auch ein strikter Anhänger der Fünf-Klistiere-am-Tag-Vorschrift. Zu dieser Behandlungsweise inspiriert hatte ihn ein paar Jahre zuvor ein Aufenthalt in Afrika. Er hatte dort genug Muße gehabt, um einen Trupp Affen zu studieren, die zwischen ausgebleichten Felsen und toten Bäumen in einer Oase bei Oran lebten. Der Doktor studierte sie eine Woche lang, manchmal bis zu sechzehn Stunden am Tag, in der Hoffnung, von diesen in Horden lebenden, Pflanzen fressenden Primaten Einsichten in eine menschengerechte Ernährungsweise zu gewinnen. Was er entdeckte, was man leicht hätte sehen können und bislang noch nicht gesehen hatte, war, dass die Affen ihren Darm nahezu unablässig entleerten. Praktisch jeder Bissen, den sie aßen, wurde von einer komplementären Entleerung begleitet. Ganz einfach. Ganz natürlich. So wie es sein sollte. Niemand in diesem Stamm litt an Verstopfung, Autointoxikation, Fettleibigkeit, Neurosen, Hyperchlorhydrie oder Hysterie. Aber der Mensch litt daran. Weil der Mensch, wie die Dinge nun einmal lagen, seinen Darm zivilisiert, domestiziert hatte. Im täglichen Leben konnte der Mensch die von ihm produzierten Abfallprodukte nicht ausscheiden, wann es ihm passte – die Gesellschaft würde einfach nicht mehr funktionieren, und die Schweinerei … nun, meinte der Doktor, an die Schweinerei sollte man besser gar nicht denken. Wie auch immer, Dr. Kellog verdankte der Beobachtung der Affen von Oran eine seiner größten Entdeckungen: das Bedürfnis, die Notwendigkeit, das absolute Erfordernis, dem Darm auf mechanische Weise bei der Rückgängigmachung des Schadens beizustehen, den die Zivilisation über ihn gebracht hatte…«[9]

Dr. Kellog, den der Autor T. C. Boyle seine Erkenntnisse sammeln lässt, war Amerikaner und unterschlug folglich die Sexualität. Denn nicht nur bei Affen, auch bei traditionell geprägten menschlichen Stammesgesellschaften und -kulturen betonte die Rangordnung vor allem ein aggressiver fäkalischer und sexueller Exhibitionismus. Derjenige, der möglichst oft und öffentlich urinierte und schiss, derjenige, der verstand mit den meisten Weibchen/Frauen sexuell zu verkehren, beziehungsweise derjenige, der die anderen eben das glauben machte, galt als der wahre und echte Mann, der Stärkste und Potenteste der Stammesmitglieder. Es galt: Der Unterleib beweist die wahre Männlichkeit.

Das Herrschen »an sich«

Noch im antiken Rom, einer der Wiegen der europäischen Zivilisation, diente öffentliches Defäkieren auch als Ausdruck der Rangordnung (von den alkoholisierten Ritualen heutiger männlicher Horden in Mitteleuropa einmal abgesehen). Nicht jeder durfte es sich erlauben und nicht jeder durfte sich dabei an jedem Ort erwischen lassen. Tiberius begriff es als Majestätsbeleidigung, sollte ein Bürger mit einem Ring oder einer Münze mit seinem Konterfei auf der Latrine – lateinisch *lavatrina* (Waschraum), aber auch *sterquilinum* von *stercam* (Kot) oder *abitorium* von *ab-ire* (abtreten) – erwischt werden. Caracalla neigte dazu, denjenigen mit dem Tode zu bestrafen, der sich beim Urinieren in der Nähe eines seiner Standbilder aufgreifen ließ.

Die römische Gesellschaft brachte in diesem Zusammenhang insofern ein Element der Zivilisation nach Europa, weil sie die Selbstbeherrschung als ein Instrument beziehungsweise eine Notwendigkeit des Herrschens entdeckte. Nur wer sich selbst kontrollieren konnte, konnte auch erfolgreich seinen Geschäften und denen der Staatsführung nachgehen. Wer sich selbst beherrschen konnte, bewies, dass er »an sich« herrschen konnte. So zog, wer einfach irgendwo in die Ecke urinierte, bald schon nicht nur den gesellschaftlichen Zorn auf sich, sondern gar den des Mars – und der war immerhin römischer Kriegsgott. Da aber weder Zorn noch Vergeltung der Götter, weder Prügel- noch Geldstrafe zu einer erfolgreichen Abschreckung führten, erbaute der vorausschauende römische Stadt- und Staatenlenker an den meistfrequentierten Orten der Städte öffentliche Latrinen. Dort konnte sich der Bürger niederlassen, meist mit anderen – die Latrinen hatten bis zu 40 nicht gegeneinander abgeschirmte Sitzmöglichkeiten –, und sich seinen Geschäften, der Kommunikation oder der Andacht widmen. Es galten andere Gesetze der Scham.

Die römischen Toiletten waren schon wasserdurchspült und meist aufs Prächtigste ausgestattet. Sie setzten damit die jahrtausendealte Tradition der gemeinschaftlichen Defäkation, der Schamlosigkeit beim Ausscheiden, mit jahrhundertelangen Folgen fort: Bis ins 20. Jahrhundert blieb der drei- oder viersitzige Abtritt durchaus geläufig und das gemeinsame Defäzieren auf jeden Fall ein Privileg nicht nur der (noch) schamlosen (Menschheits-)Jugend: »Als Matty nämlich noch ganz klein war und sein Bruder immer auf dem Topf saß und einem Winzlingspublikum Comics vorlas, vier- und fünfjährigen Stöpseln aus der Nachbarschaft, die angeblich von einem Erwachsenen irgendwo in der Nähe beaufsichtigt wurden, und Matty auf der Türschwelle allzeit bereit für den Warnruf Chickie!! – da saß Nick also auf dem Topf und las ihnen aus Captain Marvel oder den Targeteers vor, die Hosen schlapp von den Kniescheiben hängend, und er führte den Dialog lebendig vor, deklamierte und fuchtelte, erfand eine Stimme für die Bösen und für die Frauen und ein dünnes, durchdringendes Kreischen für die Gangsterautos, die nachts scharf um die Kurven rasten, jagte den Kleinen manchmal mit seiner Wildheit Angst ein, pausierte dann, um ein Köttel abzusondern, das mit einem Platschen, einem Plumpsen ins Wasser fiel, dem komischsten Geräusch auf Gottes weiten Erdboden, was eine glückliche Ehrfurcht auf die Gesichter seiner Zuhörer zauberte – das war die gruseligste Wonne überhaupt, besser als alles, was sich aus den Sprechblasen herausholen ließ.«[10]

Im Übrigen pflegte sich Europa bis ins hohe Mittelalter – und das endete in manchen Gegenden erst im 20. Jahrhundert, wobei hier nicht nur die bayrische Alm, sondern auch Deutschlands Hauptstadt gemeint ist – zu entleeren, wo man saß, stand und ging. Die Hocke bildete die klassische Entleerungsposition. Balken oder andere stützende Hilfsmittel waren weitgehend unbekannt und unnötig. Auf dem Lande schiss der Mensch in den Busch, aufs Feld, zum lieben Vieh, auf den Misthaufen; in der Stadt an Hecken, hinter Büsche, auf Treppen, in dunkle Gänge, Gemächer und Ecken, aus Fenster und Erkern und immer einfach auf die Straße.

Wo man saß, stand und ging

Gesonderte Latrinenwinkel und -erker nach dem Vorbild der Pechnasen erfand erst die Klosterarchitektur des neunten Jahrhunderts, entsprechend auch Burgen und Schlösser. Noch heute zieren Schlieren manch alte Mauer. Nebenbei konnte der Verteidiger so auch dem die Burg bestürmenden Gegner seine ganz persönliche Wertschätzung zukommen lassen: Man konnte ihm mit Pech »eine Nase drehen« oder schlicht »auf ihn scheißen«.

Die Ver-
hüllung

Im 15. Jahrhundert lag in Paris, der Großstadt des Mittelalters – schon ein Jahrhundert zuvor zählte die Stadt mehr als 200.000 Einwohner –, die Scheiße so hoch, dass die Erfindung der Stöckelschuhe beinahe zwangsläufig eine französische war. Der so genannte *chopine* war ein pantinenähnlicher Schuh mit einer etwa 60 Zentimeter hohen Sohle, in den man mit seinen Schuhen hineinschlüpfen konnte. Denn die wenigsten Menschen lebten in Klöstern, Burgen und Schlössern, wo der menschliche Abfall zwar auch vor der Tür, aber eben doch in der Natur oder im Burggraben landete.

Geschissen wurde allerorten. Ausdruck einer anwachsenden Scham war lediglich, dass derartig beschäftigte Freunde und Bekannte, Würdenträger oder Respektspersonen nicht gegrüßt werden sollten, also zu übersehen waren. Die schamhaften Zeitgenossen konnten allerdings auch die Dienste eines ambulanten Abtrittanbieters in Anspruch nehmen und, im Wortsinn »unter der/ssen Rock schlüpfen«, um ihre Geschäfte zu erledigen. Denn diese trugen unter ihrem Umhang ein Schulterholz mit zwei Eimern, in die der Bedürftige sich entleeren konnte. »Who wants me for a bawbee [Halfpenny]?« hieß es in Edinburgh, »will gi wat maken?« in Hamburg noch bis Mitte des 19. Jahrhunderts.

Im Mittelalter hatte der Beruf des Abtrittanbieters oder Buttenmannes (und -weibes), wie der Wiener sie nannte, Konjunktur. Das Sich-Entleeren geriet zum »Ab-« beziehungsweise »Austreten« aus der Gesellschaft, ein Vorgang des Absonderns. *Toile* bezeichnete im Französischen zunächst ein Tuch, auf dem man Kosmetika ausbreitete; im Laufe der Zeit aber senkte sich dieses über den Vorgang der menschlichen Ausscheidung, und »Toilette« entwickelte sich zum alles verhüllenden Wort für den Abtritt.

Die 26.
Ausschei-
dung

Niemand kommt darum herum, sich ab und zu zu entleeren, denn tut er es nicht, vielleicht auch weil er nicht »kann«, obwohl er »muss«, geht's ihm schlecht – ein Darmverschluss hat tödliche Folgen. Am Anfang in die Windel (wie das WC eine »Erfindung« der Engländer), dann aufs Töpfchen, zwischendurch auf Schüsseln

Abtrittanbieter(in) im 18. Jahrhundert. Unter dem Umhang trug sie einen Bottich. Passanten konnten sich, vor Blicken geschützt, dort entleeren.

und am Ende wieder aufs Töpfchen oder in die Bettpfanne. Die Tätigkeit der Entleerung begleitet notwendig das menschliche Leben, von anfänglicher Hemmungs- und Hilflosigkeit über die selbstbestimmte, verschlossene, individuell genießerische Lösung hin zum letzten Mal, bevor es heißt »Asche zu Asche, Staub zu Staub«. Wie der gemeine, aber treffende Volksmund weiß: »Ich scheiß mich weg.« Denn: »Fünfundzwanzig Ausscheidungen kennt der Mensch. Sämtlich wecken sie Neugier und Wohlgefühl. Gespannte Erwartung geht oft ihrem Erscheinen voraus, und immer folgt ihm Zufriedenheit. Als Teil der Person treten sie zutage, werden als eines begrüßt. Aber die Liebe ist kurz. Bin ich das noch (so fragt sich der Urheber bald), oder bin ich es nicht, ist das noch meins, oder schon ein Ding wie die andern? Das ist mir nicht klar, nicht erwünscht, das will ich nicht gewesen sein, und war es auch nicht, hinweg mit dieser üblen Verworrenheit!

Gern sondert der Mensch nämlich aus. Dann denunziert er sein Machwerk. Wie nun erst das Machwerk der anderen! Schlechte Manieren verrät, wer es hervorbringt. Kann er sich denn gar nicht beherrschen, muss er tatsächlich am helllichten Tag die schamlose Frage aufwerfen, was denn nun alles zu ihm gehört und was nicht? Das ist typisch. Natürlich war's er und kein anderer. Und das nicht zum ersten Mal, beileibe nicht, das geht nun schon Jahre, Jahrzehnte lang immer dasselbe. Vor so was muss einen ja ekeln, schlecht werden kann einem da! Pfui und abermals pfui.

Die sechsundzwanzigste Aussonderung des Menschen ist er selbst.«[11]

Vom Geschäft zur Notdurft

Wir nehmen auf und scheiden aus, wir nehmen wieder auf, was wir mit unserer Ausscheidung gedüngt, um es als Dünger wieder auszuscheiden – Kreislauf des Lebens.

Menschliche Ausscheidung galt über Jahrtausende qualitativ als Dünger Nummer zwei, nach dem der Tauben. Sie fand in der Landwirtschaft entsprechende Verwendung, besaß Wert und war »Geschäft«. Die Bedeutung der menschlichen Fäkalien in den Vor-Nestlé-Zeiten ist kaum zu unterschätzen. Sie waren lebenswichtig für die Bauern, den wesentlichen Lebensmittelproduzenten. Die Landwirtschaft stellte die primäre Form des Wirtschaftens nicht nur der notwendigen Versorgung, sondern auch der Gewinnerwirtschaftung dar. So machte man konsequenterweise sein Geschäft mit den menschlichen Ausscheidungen. Der moderne Mensch wusste dann: *Pecunia non olet* (Geld stinkt nicht) – verbales Überbleibsel römischer Denkungsart, die in der Person Vespasians und der Erfindung der Urinsteuer besonderen Ausdruck fand. Ein ganzer Wirtschaftszweig entwickelte sich: Der menschliche Kot war weit davon entfernt, Abfall und Entsorgungsproblem zu sein. Im Gegenteil, seine Produzenten sammelten ihn und verkauften ihn an Zwischenhändler, die ihn aufs Land zum Einsatz auf den Feldern brachten.

Wertstoffhaltig ist unsere Scheiße noch heute (bei der Ernährung wahrscheinlich mehr denn je), aber in Zeiten des Kunstdüngers stellen die etwa eine Milliarde Kilo pro Jahr viel eher ein kostspieliges Problem dar. Denn mit der Entwicklung der Zivilisation und all dem, was dazugehört, entwickelte sich ein anderes Verhältnis zum Kot. Der Haufen wuchs zum Berg, der Berg warf Schatten und der gebar ein Problem – in erster Linie für die Ballungsgebiete, die Städte. Um das in den Griff zu bekommen, entstanden Vorschriften und Verbote; um diese durchsetzen zu können, reichten Strafen allein nicht aus, Tabus mussten helfen. Scham und Pein hielten Einzug in die menschliche »Toilette«, hinter deren geschlossener Tür wir heute nicht mehr unser »Geschäft«, sondern unsere »Notdurft« verrichten, allein und unbeobachtet. Als wäre uns das angeboren.

Und wenn man den Ausscheidungen der Menschheit nachwittert, landet man mitten in einer Geschichte der Sinne, dem historischen Kampf um das Primat des Riechens, Hörens, Fühlens oder Sehens. Sowohl die Entstehung der Moderne als auch die der Hygienebewegung stehen im engen Zusammenhang mit einem zumindest vorübergehenden Sieg des Geruchssinnes über seine Kontrahenten – vor allem den des Gehörs, das lange Jahrhunderte als die sichere Quelle intellektueller Gewissheit und als sozialer Sinn galt; erst nach und nach wich das Hören-Sagen zum Beispiel im Bereich des Gerichtswesens dem Zeugnis des Gesehenen: »Das 19. Jahrhundert erhob ihn [den Geruchssinn] zum privilegierten Sinn der Erziehung, zu einem Organ, das die Koexistenz von ich und der Welt enthüllt, zum Sinn der Intimität.«[12]

Geschichte der Sinne

Wie immer steht am Beginn aller nachweisbaren menschlichen Kultur (aus europäischer Sicht) Babylon. Alles davor gilt uns nicht als Kultur, allenfalls als Kulturentwicklung, und diese Einschätzung ist eng an die Schrift gebunden. Der Homo erectus schiss »weitgehend« noch wie ein Tier, schamlos vor allem und in den Busch. Sigmund Freud sieht hier den Zusammenhang zwischen aufrechtem Gang und dem Ekel vor den eigenen, vor allem aber den Ausscheidungen anderer, und lässt hier die Geschichte des Homo erectus beginnen. Der Mensch richtet sich auf, um möglichst weit wegzukommen von der beschissenen Erde. Und damit hat er die Hände frei – zum Beispiel zum Schreiben.

Der Karneval der Kulturen

Alles andere erscheint dem Europäer sowieso zu weit entfernt und damit als nicht wesentlich: der Chinese, der Inka … pfft … »drauf geschissen«. Aber von wegen. Wenn er dennoch – schließlich kann auch die Ethnologie als eine europäische Erfindung gelten – von den Sitten und Unsitten vermeintlich primitiver Völker berichtet, dann wohl, weil er weiß, dass der eigene Ursprung eben da seine Wurzeln hat und er dort sich selber und seiner eigenen »Primitivität« nachspürt.

So ist der Inka beziehungsweise sein ferner Nachfahre weder weit entfernt noch ganz anders in Sitte und Brauchtum: »...war ich Zuschauer bei einer Orgie im Zuñi-Dorfe in Neu-Mexiko. Der feierliche Tanz war an diesem Nachmittage auf dem kleinen Platze im nordwestlichen Teil des Dorfes, der gewöhnlich hierzu diente, eben zu Ende, als man noch folgenden Brauch als Ergänzung hinzufügte: Einer der Indianer brachte auf den Platz den Kot, der Verwendung finden sollte; er ging von Hand zu Hand und man aß ihn auf. An diesen feierlichen Handlungen nahmen nur wenige teil, sicher nicht mehr als ihrer acht oder zehn. Sie tranken Harn aus einer großen flachen Schale und führten dabei unter sich eine fortlaufende Unterhaltung in Bemerkungen und Ausrufen, gerade als wenn sie einander anfeuern wollten, recht herzhaft zu trinken, was sie denn auch wirklich taten. Schließlich wurde einem der Teilnehmer übel und er musste sich übergeben, als die heilige Handlung vorbei war. Die Bewohner des Dorfes standen auf den Dächern der Häuser, von denen man den Platz aus überschauen konnte, und nahmen an dem Vorgang lebhaft Anteil. Einige von den lustigen Einfällen der Handelnden nahm man mit schallendem Gelächter auf, andere mit Anzeichen von Ekel und Abscheu, aber von einer Missbilligung war nichts zu sehen.«[13]

Barbarisch, primitiv? Bedingt, wenn man bedenkt, dass im Französischen *boudin* Blutwurst heißt und auch Kot; wenn man bedenkt, dass im Folgenden mit »Karren« ein Dungkarren gemeint ist und auch das Wort »Unrat« keiner Erläuterung bedarf; wenn man bedenkt, dass der Brauch der christlichen »Narren-« oder »Eselsfeste« und der englischen »Mysterienspiele« mit ihrem »Abt der Unvernunft« erst mit der Französischen Revolution zu Ende ging: »Die anderen begaben sich an den Altar und aßen darauf Bratwürste und Blutwürste *(boudins)*, spielten Karten oder Würfel vor dem Priester, der die Messe las ... Nach der Messe begannen neue Handlungen von ungewöhnlicher und gotteslästerlicher Art. Die Priester, inmitten der Einwohner beiderlei Geschlechts, rannten in der Kirche herum, tanzten, reizten sich gegenseitig zu allen möglichen Narrheiten auf, zu den ausgelassensten Handlungen, die ihnen eine schrankenlose Fantasie gerade eingab … Die Teilnehmer standen auf Karren, die mit allem möglichen Unrat beladen waren, und begnügten sich damit, die umstehenden Volksmassen damit zu bewerfen.«[14]

Das vermeintlich Primitive in und außerhalb Europas hatte auch handfeste Gründe: Die Nahrung war schlecht und die Zeiten oft kriegerisch. Der Mensch hatte sich abzuhärten gegen Keime und Bakterien, dem Magen zuzumuten, was er vielleicht in einer Notsituation ohnehin zu verarbeiten hatte. Und bei uns, im Karneval? Die Deutschen begingen ihn unter anderem damit, auf einem Mistkarren junge Frauen zum nahe liegenden Teich zu fahren und dort unterzutauchen, während der Dung gleichmäßig auf alle Beteiligten verteilt wurde.

Für Jukagiren, Tschuktschen und Korjäken, russische Völkerschaften Sibiriens, machte es tieferen Sinn, noch am nächsten Tag den Urin des vom Fest Berauschten zu sich zu nehmen. Denn der »Harn des Berauschten erhält in einem höheren Grade die Eigenschaft, ebenfalls berauschend zu wirken. Man trinkt an den nächsten Tagen nach dem Genusse von seinem eigenen Harn und pflanzt so den Rausch bisweilen einige Tage hindurch fort; oder es trinken Arme den Harn anderer, und es soll sich auf diese Weise die Berauschung bis auf die vierte oder fünfte Person übertragen lassen«[15]. Diese Zeiten, diese Menschen verstanden zu feiern. Paradiesische Zustände?

Dass auch die Bewohner der Gegend zwischen Euphrat und Tigris, die als historischer Ort des Paradieses gilt, die Babylonier, die damaligen Herrscher der bekannten Welt, menschliche Bedürfnisse hatten, überrascht niemanden; dass der biologische Vorgang dem heutigen entspricht – ein Auf und Ab, ein Hin und Her der Darm- und Ringmuskulatur –, noch weniger. Und natürlich ist es schwer, einen historischen Ort zu behaupten, an dem die eigentliche Kulturgeschichte der menschlichen Fäkalien beginnt, die Geschichte der Wahrnehmung und Auseinandersetzung mit dem menschlichen Auswurf und dem damit verbundenen Problem der Entsorgung.

Das Paradies auf Erden

Aber der Begriff »Problem« ist sicher ein Schlüssel in dieser wie jeder anderen Kulturgeschichte. Bevor etwas nicht zu einem solchen wurde, wird es kaum zum Objekt des Interesses und zum

Teil einer Auseinandersetzung: Am besten lässt sich die Entwicklung innerhalb der Menschheitsgeschichte, so man eine voraussetzt, noch als Problemlösungsgeschichte begreifen. Was sonst treibt sie an?

»Die Zivilisation wuchs und blühte nicht etwa dadurch, dass Männer Jagdszenen auf Bronzetüren hämmerten und unter dem Sternenhimmel Philosophisches flüsterten, während Müll als widerliche Nebenerscheinung betrachtet wurde, wisch und weg. Nein zuerst wuchs der Müll und regte die Menschen an, eine Zivilisation aufzubauen – als Reaktion, als Selbstverteidigung.«[16]

Ort der inneren Einkehr

So manches Problem wurde an diesem »abgeschiedenen« Ort der Besinnung einer Lösung zugeführt, ein anderes an ihm erst geboren. Martin Luther steht für die intimere, uns allen bekannte und erfahrbare Alternative. Ihm wird nachgesagt, dass ihn auf ebenjenem Örtchen, an dem ihn ein Teil der materiellen Welt als Scheiße verließ, die Idee der Reformation heimsuchte. War es die Ruhe, die gesammelte, ungebrochene Konzentration auf sich selbst – schließlich saß man nicht sinnlos herum, sondern zweckgebunden und also von Gewissensnöten befreit und konnte seinen Gedanken freien Lauf lassen – oder der durch den gesteigerten Druck erhöhte Blutzufluss im Gehirn?

Das Thema scheint unerschöpflich und das (Scheiß-)Lexikon am Ende des Buches quillt unter anderem deswegen schier über.

Licht im Dunkel – ein Streifzug durch die Aborte der Antike

Am Anfang war die Ausscheidung

Nur ab und zu wird die abendliche, lustige Runde in der tiefen Felsenhöhle vor flackerndem Lichtschein – jetzt im Sommer fröhlich entspannt, denn die Luft weht warm, die Jagd war erfolgreich und über dem Feuer röstet friedlich ein ehemals wildes Schwein – unterbrochen durch den Austritt eines seiner Mitglieder. Nicht weit zieht er sich ins Höhleninnere zurück, denn tief drinnen lauert sein Feind, der falsche Säbelzahntiger.

Draußen aber sieht die Welt kaum anders aus; romantisierender Neid auf die naturnahe Direktentsorgung, so lehrt uns der Erzähler Redmond O'Hanlon, ist unangebracht:

»›Mögen dir Stoßzähne wachsen‹, sagte ich und suchte meine Taschenlampe aus dem Rucksack. Als ich für den Häuptling Distalgesic und DF 118 ausgewählt hatte, war mir plötzlich, als würde sich mein Unterbauch verflüssigen (Salmonellen in Maniok? Die hartgeräucherten, innen angefaulten Elefantenrüsselstücke?). Ich griff mir den grünen Klopapierbeutel und rannte los zum Baum mit den diskret herabhängenden Zweigen.

Gerade noch rechtzeitig ließ ich die Hosen herunter, knipste die Taschenlampe aus und hockte mich hin. Mein Keuchen begleitete eine Peristaltik, deren Rückstoß einen Riesenkraken im Handumdrehen von null auf hundert beschleunigt hätte.

In der Nachtschwärze des schützenden Baumes herrschte eine unheimliche Stille. Kleine Frösche fluchten wie die Raben oder quakten wie die Enten oder krächzten wie Jungdrosseln. Die Zikaden hatten ihr Geraspel eingestellt. Warum hatte ich nicht bemerkt, dass dieser Baum voller Dornen war? Sie stachen mich in den Kopf, hinter den Ohren, sie umringten meinen Hals und bohrten sich durchs Hemd. Ich tastete nach der Lampe.

Ameisen, rotbraune Ameisen, etwa einen halben Zentimeter lang, rannten in wütenden Kolonnen über mein Hemd, mal nach links, mal nach rechts, berieten das weitere Vorgehen, krabbelten über die Härchen auf meinen Armen, hielten kurz inne und krallten sich dann kopfüber in mein Fleisch. Sie fielen von oben aus dem Baum, von den Zweigen, auf mich herab. In Panik verhedderte ich mich in dem Toilettenpapier; ich zog mir die Hosen hoch (worauf sich eine gute Hand voll Ameisen in meine Genitalien verbissen), rannte zur Hütte und streifte mir das Hemd ab, um die Schmerzen am Rücken loszuwerden.

›Nzé, Manou!‹, schrie ich und fiel über die Türschwelle. ›Helft mir!‹

›Du hast den toten Mann gesehen‹, sagte Nzé. ›Er ist dir im Wald begegnet.‹

›Ameisen!‹, rief ich, riss mir die Stiefel herunter, wand mich aus Hosen und Unterhosen heraus und zuckte unter jeder neuen Serie von Bissen. ›Mein Rücken! Holt sie mir von meinem Rücken!‹«[17]

Kollektive Erleichterung

Normalerweise aber, und ein paar tausend Jahre früher, hockt hier eine stille Runde, in der Höhle um das Feuer versammelt. Ab und zu durchdringt ein herangewehter Duft die Luft, übertönt ein pressendes Gebrumm oder ein leises Plätschern das Knistern des Feuers, ohne dass es jemanden aus der Runde zum Schnüffeln oder Aufhorchen verführt hätte. Manchmal wird man auch gemeinsam gegangen sein.

»Nach dem Hordenschiss plauderten und tratschten wir fröhlich und kollektiv erleichtert, wobei wir uns unsere Endprodukte zeigten, anschaulich rückbezügliche Vergleiche anstellten oder jene Hartleibigen neckten, die noch immer vergeblich hockten.«[18]

Fröhlich wird weiter gefressen oder in den Stein geritzt. Hauptsache, die Horde lebt, es gibt etwas zu essen und die Verdauung funktioniert. Dann scheint das Leben in Ordnung, denn das ist das Leben.

Wann also beginnt sie, die – wenn auch noch nicht beleg- und damit nachweisbare – Geschichte der Wahrnehmung und Problematisierung der menschlichen Ausscheidung? Vielleicht so, wie es eine Überlieferung aus Australien kolportiert: Ningorope, Gott der Aborigines, formte den Menschen aus dem Kot der göttlichen Abtrittgrube, der durch die himmlische Berührung zum Leben erwachte. Ob biblischer Schlamm oder australischer Götterkot, what's the difference? Und selbst die Wasser tauchen in der australischen Schöpfungssaga als göttlichen Ursprungs auf. Denn sie sieht den Gott Bund-jiil das Weltenmeer erschaffen, indem er tagelang auf den Erdkreis Wasser lässt, also uriniert.

Die Technik hält Einzug:
Der babylonische Sickerschacht

Die Assyrer öffneten sich während ihrer Gottesdienste ihrem Weltenschöpfer noch vollständig und vorbehaltlos. Sie ließen ihn nicht nur tief in ihre Seelen schauen, sondern boten all ihre Körperöffnungen dar. Frei nach dem Motto »ihnen lässt sich nichts verbergen« lupften sie alle sie kleidenden und verhüllenden Stoffe oder ließen sie gleich in Gänze fallen. Manche gingen noch weiter, denn der Entblößung folgte ein entsprechendes Opfer: Was mein war (oder ich war?), soll auch ihres sein (oder ist es ohnehin schon immer gewesen). Fleißig wurde geweint, gerotzt, gespuckt, geschissen und gepisst. Denn Tränen aus den Augen, Schmalz aus den Ohren, Speichel aus dem Munde, Schleim aus der Nase und eben Harn und Kot aus den unteren Körperöffnungen waren gern gesehene Opfergaben.

Im Wissen um diesen Ritus erließen die Juden – schließlich waren sie örtliche und zeitliche Nachbarn, hatten also manches gesehen – vorausschauend die Vorschrift, dass Priester Hosen zu tragen hätten, damit beim Gottesdienst nicht einmal unfreiwillig ein den assyrischen Bräuchen verwandtes Opfer vorkäme.

Mehr Licht in das Dunkel vorantiker Abwasserwirtschaft als deutsche haben kaum andere Archäologen gebracht. In Habuba Kabira, am Oberlauf des Euphrat im heutigen Syrien, entdeckten sie die Überreste einer Stadt, die zwischen 3500 und 3000 existiert haben muss. Sie erstreckte sich über eine Länge von einem Kilometer entlang eines Flussufers. Die freigelegten Wasserver- und -entsorgungseinrichtungen gelten als die ältesten bisher bekannten.

Assyrer: Abtritte am Kanal

Offenbar nur die wohlhabenderen Stadtbewohner leisteten sich den Luxus eines – die Zeiten überdauernden – Hausanbaus für Waschraum und Toilette. Die Abtritte waren an Abzugskanäle angeschlossen, die in einen Hauptkanal mündeten. Abtritt und Waschplatz waren miteinander kombiniert. Zwischen zwei niedrige Mauern mit schmalem Schlitz platschten die Fäkalien in den Ausguss des Badeplatzes. Neben dem Klosett muss ein Behälter gestanden haben, aus dem der erleichterte Bewohner mit einer Schöpfkelle aus Keramik Wasser schöpfte, das den Abtritt hinunterfloss und ihn säuberte.

Ballungen der Ballungsräume

Nachdem die Herrschaft der Assyrer im siebten Jahrhundert vor unserer Zeitrechnung zu Ende gegangen war, schwang sich Babylon zur Großmacht in Vorderasien auf. Immer da, wo sich Macht ballt, ballen sich auch die an ihr Interessierten. Und die Geschichten der Entstehung von Ballungsräumen gleichen sich: Macht will erobert, ausgeübt beziehungsweise gesichert sein; Soldaten müssen zusammengezogen und versorgt, Lebensmittel produziert, transportiert und gehandelt, militärisches Gerät gebaut und ausgebessert, Machtlose beherrscht und ausgenutzt werden. Städte entstehen und sanitäre Einrichtungen werden zur Notwendigkeit, da es nicht genug Büsche gibt, die dem Ansturm »gewachsen« wären, die massiven Ausscheidungen der Ballungsräume aufzunehmen.

Da, wo Mauerringe hoch- und Menschen zusammengezogen werden, ballen sich ihre Abfälle und die Menschheit ändert ihr Verhältnis zu sich und ihrer Umgebung: »Und schließlich trete neben den des Zerfalls noch ein Massenschmutz; denn als Einzelding sei der Person alles Gewimmel und Gekrabbel verhasst, alle Massenhaftigkeit, in der es geschehen kann, dass sie versinkt, verloren geht und unauffindbar wird.«[19]

Der Turmbau zu Babel

Auch wenn (wiederum deutsche) Archäologen zu Beginn des 20. Jahrhunderts in einigen babylonischen Wohnhäusern Sitzabtritte entdeckten, waren diese alles andere als üblich. Die derart ausgestatteten Häuser lagen ausnahmslos in direkter Nachbarschaft von mit »Klosetts« ausgerüsteten Palästen – möglicherweise hatten die Hausbewohner deren Luxusabtritte aus Sozialneid kopiert.

Der Engländer Leonard Wolley, Brite und damit Angehöriger der anderen »abortigen« Nation, der die Ausgrabungen der Stadt Ur leitete, fand dort keine Spuren einer Straßenkanalisation, allerdings die Reste eines traditionsreichen Müllentsorgungsprinzips: Der Babylonier warf seinen Unrat auf öffentliche Straßen und Plätze, mit dem (auch für das Mittelalter in Mitteleuropa) nachweisbaren Effekt, dass das Straßenniveau über die Jahrhunderte spürbar anstieg. Schließlich waren die Bewohner gezwungen über Treppen vom Straßenniveau zu den Eingängen ihrer Häuser hinunterzusteigen. Vielleicht muss die Geschichte dieser »Hoch«kultur umgeschrieben und zumindest für den Turmbau zu Babel eine andere Vorstellung als die bisher geläufige entwickelt werden? Auf jeden Fall stank hier der menschliche Abfall himmelwärts. Wenn er auch nicht ganz so hoch wuchs. Gott sei Dank!

Die »einfachen« Wohnhäuser der »einfachen« Babylonier verfügten, Straße vor der Tür, konsequenterweise nur ansatzweise über sanitäre Einrichtungen. Meist bestanden diese aus nicht viel mehr als einem Wassertopf am Hauseingang und gepflastertem oder hart gestampftem Tonboden für die rituellen Waschungen vor dem Betreten des Hauses. Manche Häuser besaßen, Gipfel des sanitären Luxus, einen gepflasterten Innenhof mit Abzugsgraben sowie einen einfachen Hockabtritt unter der Treppe, die vom Innenhof auf das Dach oder in das obere Geschoss führte. Eine Steinplatte, unter der sich ein tiefer Sickerschacht befand, diente als Tritt. Vornehmere und entsprechend reicher ausgestattete Häuser vermieden diese direkte Kombination des Abtritts mit dem Sickerschacht aus »naseliegenden« Gründen. Die Abtrittöffnung lag als schmaler Schlitz vor einer schräg nach unten verlaufenden Platte als Rückwand, die zusammenhielt, was zusammengehörte. Abwasserleitungen und -kanäle leiteten die häuslichen Abwässer von Dach, Abtritt und Waschplatz zu einer außerhalb des Hauses gelegenen Grube, auf Straßen oder ungenutzte Freiflächen, auf denen alles versickern konnte.

▲ Sickerschacht eines babylonischen Wohnhauses mit dazugehörendem Hockabtritt: rechts der Tritt, links die schiefe Wand, an der die Ausscheidungen – bestenfalls – abrutschten

War innerhalb eines Grundstücks kein Platz für die Fäkalienschächte vorhanden, wichen die Hausbewohner, wie auch bei der Entleerung ihrer Eimer, notgedrungen auf die Straße aus – mit den bekannten Folgen. So kam Babylon wie nebenbei zu »öffentlichen« Toiletten, die es auch am und im Tempelbereich gab. Denn der Gläubige hatte seinen Göttern innerlich und äußerlich gereinigt gegenüberzutreten, eine später von Juden und Mohammedanern perfektionierte Vorstellung (die Christen entwickelten andere Traditionen). Schließlich hätte das Hüpfen von einem auf den anderen Fuß auch eine unbotmäßige Unruhe in den Gottesdienst gebracht.

Babylons öffentliche Toilette

Waschen, waschen, waschen

Bestes Beispiel der sinnigen Kombination von Machtanspruch und Reinigungszwang war der Susin-Tempel mit angebautem Statthalter-Palast in Tell Asmar aus der Zeit um 2100. Wollte Susin, der König von Ur, zum zentral gelegenen Thronsaal des stattlichen Baus gelangen, so führte sein Weg zwingend an mindestens einem Waschplatz vorbei. Weil Tempel im Allgemeinen viel besuchte Stätten waren, bedurften sie dieser hygienischen Infrastruktur. Was dem Tempel- und Palastbesucher Babylons Pflicht war, musste dem normalen Hausbesucher nur billig sein: waschen, waschen, waschen. Allein, auf diesem Gebiet verlor der jahrtausendealte Kulturtransfer so manches, zumindest die sanitären Einrichtungen in heiligen Bezirken. Aber auch im Privaten gilt Besucher an der Wohnungstür abzufangen und unter die Dusche zu bitten nicht als eine weit verbreitete Sitte, auch nicht in der industrialisierten und mit Duschen bestens versorgten Welt; und christliche Kirchen sind nicht für ihre üppige Ausstattung mit Bädern bekannt.

So haben diese sich schon früh bei Andersgläubigen den Ruf der Unreinheit erworben, den sie dann aufs Vortrefflichste verteidigten und ausbauten, als der Reinigungsakt, weil er nicht ohne das Entkleiden des menschlichen Körpers abzuwickeln war, zur Sünde degenerierte. Dreckig, stinkend und manchmal tot – Pest und Cholera hielten reichlich Ernte –, aber keusch, so war er, der vorbildliche mitteleuropäische Christ bis tief ins 19. Jahrhundert.

Und so nimmt es nicht wunder, dass das, was die Franzosen später als Bidet kultivierten und zunehmend in Badezimmern unserer Tage Eingang gefunden hat, als eine technische Errungenschaft gelten kann, der die Assyrer und Babylonier wie die gesamte islamische Welt schon seit ein paar Jahrhunderten frönten: fließendes Wasser auf oder nahe dem Klo, mit dem der Benutzer sich nach der Erledigung der Notdurft reinigen konnte.

Überhaupt fällt bei der Betrachtung der Errungenschaften früher menschlicher Zivilisation immer wieder auf, dass vieles, was uns in Mitteleuropa als modern und eigener Erfolg im Bereich der Hygiene gilt, bis auf einzelne technische Feinheiten schon vor Tausenden von Jahren in anderen Erdteilen entwickelt wurde. Das Christentum hat im »finsteren« Mittelalter, zumindest in dem Bereich, in dem dieses sich seinen Namen redlich verdient hat, vieles verschluckt und erst in der Neuzeit wieder ausgeschieden.

Noch die Feinheiten babylonischer Entwässerungstechniken sind aufschlussreich. Denn die Kanalisation, Sickerschächte sowie Badezimmer und Toiletten der Palastbauten aus dem zweiten Jahrtausend vor unserer Zeitrechnung ließen erste Bemühungen um den Umwelt-, sprich Wasserschutz erkennen. Vor dem Einlauf des abwasserführenden Kanals in einen Sickerschacht ergoss sich der menschliche Abfall in ein etwa 50 Zentimeter tiefes Absetzbecken aus Keramik, in dem die gröbsten Schmutzstoffe verblieben. Der Überlauf leitete das leicht geklärte Abwasser zur Öffnung des neben dem Absetzbecken liegenden Sickerschachtes über, der wegen der davor liegenden Abwasserreinigung nicht regelmäßig geleert zu werden brauchte.

Babylonischer Umweltschutz

Es scheint, dass diese Abwasserentsorgung ohne wesentliche Geruchsentwicklung funktionierte, denn sie befand sich nicht im Hinterhof, sondern im Thronsaal der Herrscher. Selbst wenn zu jener Zeit und an jenem Ort eine andere Vorstellung von dem geherrscht haben mag, was riecht und was stinkt, kann man annehmen, dass die Menschheit zwar unter oder neben das Bett schiss oder pisste, immer aber auch dafür sorgte, dass der Dreck früher oder später wegkam, damit es nicht allzu auffallend roch.

Die Abtritte Tell Asmars unterscheiden sich von denen älterer Paläste, denn sie enthielten ein oder zwei ovale Badewannen aus Ton und einen durch Bitumen abgedichteten Boden. Hier traf erstmalig zusammen, was auch heute noch zusammengehört in dem, was allgemein und selbstverständlich als Badezimmer bezeichnet wird.

Ein weiter, aber lohnender Weg: Vom Menschenopfer über den Rinderkot zur Teilhabe an Macht und Gnade

Menschliche Scheiße nimmt in den Sitten der Völker über Jahrtausende einen besonderen Platz ein. So bei den Juden, deren Gott ihnen zur Demütigung befahl, Menschenkot unter ihr Brot zu mischen: »Und wie Gerstenkuchen sollst du sie essen, und du sollst sie auf Ballen von Menschenkot vor ihren Augen backen«[20], zumindest bis zur Substituierung durch ein »verträglicheres« Ersatzmittel: »Siehe, ich habe dir Rindermist statt Menschenmist gestattet«[21].

Bibelexegeten streiten sich, ob diese Anweisung die Art der Feuerbereitung oder tatsächlich die der Zubereitung von Essen betrifft. Wenn man bedenkt, dass der jüdische Gott Hesekiel befahl, 390 Tage auf der linken und 40 Tage auf der rechten Seite zu liegen, lässt sich zumindest vom religionspsychologischen Standpunkt aus ohne weiteres glaubhaft die These vertreten, der Herr habe ihm befohlen Menschenkot zu essen: Je größer die Erniedrigung, desto tiefer der Glaube...

Und wenn man sich an den nicht nur in Europa verbreiteten Brauch der Narrenfeste erinnert, in denen quasi als Speerspitze menschlicher Ausschweifung und Zügellosigkeit die Verwendung von Mist und Kot – sei es, dass er gegessen wurde, sei es, dass die Feiernden sich mit ihm einrieben oder andere damit beschmierten – im Mittelpunkt stand, tja, dann kommt es einem nicht einmal mehr wie eine wirkliche Demütigung vor.

Kotfreuden
Andere Erdteile wie etwa der indische Subkontinent bieten, und das bis heute, eine Reihe von Beispielen für diese etwas andere Form der Verwendung menschlicher Ausscheidung. Indische Gläubige lassen es sich nicht abgewöhnen, Menschenurin und -kot zu religiösen Zwecken zu verwenden – aber was lassen sich Gläubige schon abgewöhnen?

»Zu jener Zeit wurde in Savatthi das Narrenfest angesagt. Bei diesem Feste gebärden sich die Menschen närrisch und verrückt. Man beschmiert mit Asche und Kuhmist den Körper und durchschweift die Stadt nach allen Richtungen, während man allerhand unpassendes Zeug redet. Das dauert eine Woche. Niemand schämt sich, wenn er seinen Freunden oder Verwandten oder einem Mönche unter die Augen tritt. An jeder Haustüre wird Halt gemacht und eine unpassende Rede gehalten. Wer diese nicht anhören kann, schickt je nach seinen Verhältnissen eine Münze, worauf der Empfänger weiterzieht...«[22] Parallelen zu europäischen Karnevalsbräuchen, Narrenfesten oder auch dem Sankt-Martins-Singen drängen sich auf. Aus einer Beschreibung des 19. Jahrhunderts über (Un-)Sitten englischer Karnevalsdienstagsriten *(shrove-tuesday)*: »Aber andere tragen etwas Gewundenes (!), das sie auf ein weiches Kissen legten; einer ist dabei, der mit einer Klappe die Fliegen abwehrt: Ich wünschte, es wäre ein anderer da, einer von jenen Beamten, dessen Kammer dazu dient, den Gestank von unseren Nasen wegzunehmen.«[23]

▲ »Isaaks Opfer«: »Abraham, du druckst umsunst, ein Engel dir aufs Zündloch brunst.« Gemälde in der Jesuitenapotheke zu Trier, 18. Jahrhundert

Letztlich lässt sich hinter diesem Umgang mit menschlichem und tierischem Mist der Glaube an die reinigende Wirkung des größten aller menschlichen Opfer vermuten: des Menschenopfers – ein auch dem Christentum nicht fremder Glaube, man denke an die Geschichte von Jakob und besonders an das Opfer Christi: »Denn dies ist mein Leib«. Über die Jahrtausende war das Menschenopfer das größte aller denkbaren Opfer, das Gott den Menschen abverlangen konnte. Erst nach und nach konnte der sich dem göttlichen Zwang entwinden und ein Substitut entwickeln: anfänglich das Tieropfer (das wiederum substituiert werden konnte durch dessen Ausscheidungen) und schließlich das Opfer der eigenen Ausscheidungen – wobei sich über die historisch korrekte Reihenfolge der Substituierung trefflich streiten ließe.

Substitut des Menschenopfers

Im Laufe der Zivilisationsentwicklung trank die Menschheit nicht mehr das eigene Blut oder weihte sich auf einem Altar dem Gotte und damit dem Tod, sondern verspeiste lediglich die eigene Ausscheidung – wohl nicht nur, um des Leibes und damit der Macht weltlicher und religiöser Führer teilhaftig zu werden. Sicher galt das Verspeisen von Kot und Harn in religiös-rituellem Opferrahmen, und zwar von den Hindus bis zu den Christen, auch der

Eigene Verzichtsstärke

Beweisführung der eigenen Verzichtsstärke. Es war äußerster und sichtbarster Beleg, dass der Mensch allen irdischen Dingen abgeschworen hatte und sich auch und gerade in der Nahrung auf das Allergeringste, um nicht zu sagen -notwendigste, beschränken konnte, den Kot und das Aas ... Und selbst wer das nicht glaubte, konnte ihm kaum entkommen.»Sie beschmieren auch ihren Körper mit Kot und tragen solchen in einer hölzernen Schale oder einem Schädel bei sich, entweder um ihn zu verschlingen, wenn sie einige Kupfermünzen dafür bekommen können, oder um ihn auf die Leute oder in die Häuser zu werfen, wenn man sie mit ihrer Bettelei abgewiesen hat.«[24]

Pars pro Toto Das Prinzip des Pars pro Toto (etwa Scheiße für Leben) barg Vorteile, nachdem man daran glaubte. So konnte der Gläubige verhindern, seine/n Ehefrau/mann, seine/n Tochter/Sohn oder seine Kuh zu schlachten – um der Wahrheit die Ehre zu geben: Es traf weit öfter das weibliche Geschlecht –, und auf ein »eher« verzichtbares Substitut zurückgreifen, eine der wenigen Entwicklungen, die sich auf den ersten Blick als uneingeschränkter Fortschritt begreifen lassen. Kaum ein anderes Produkt war, weil entsagbar und kaum anders verwertbar, ähnlich geeignet als Teil eines Ganzen für das Opfer eines Menschen zu stehen und dennoch in seiner unappetitlichen Form den Opfercharakter ausreichend verkörpern zu können. Denn es kann wohl als Regel gelten, dass ein Brauch seinem Wesen nach desto mehr als Opfer angesehen wird, je schmerzhafter, kostspieliger, unappetitlicher, ekelhafter oder unnatürlicher er empfunden wird. Und es war so leicht nicht, sich menschlichen Urin oder Kot einzuverleiben. So verwundert die Verbreitung dieser Kulthandlungen keineswegs.

Ob nun Gurus der Anhänger des Siva, ob Gymnosophisten oder die Samyaisis, ob Kelten, Bewohner Sibiriens, Engländer oder frühe und spätere Deutsche, der Brauch, den Kot oder Harn eines Priesters zu sich zu nehmen beziehungsweise bei sich zu tragen oder ihn als Medizin aufzubewahren, war kultur- und religionsübergreifend verbreitet. Aber Ägypter und Römer gingen noch weiter. Denn die Wiege der europäischen Kultur schaukelte, leicht schmatzend, in einem Gebräu aus Harn und Kot. Dies war eindeutig die anale Phase der europäischen Zivilisationsgeschichte...

Von Kotgöttern und heiligen Fürzen

Ägypter wie später auch Römer hatten ein positives Verhältnis zu ihren Ausscheidungen, was sich letztlich kaum überzeugender belegen lässt als mit dem Hinweis, dass beide »Kotgottheiten« in ihr Himmelspersonal aufnahmen. »Ich weise darauf hin, dass sie [die Ägypter] stinkige und schmutzige private und öffentliche Aborte zu verehren pflegten (wie der heilige Clemens an den heiligen Jacobus den Jüngeren schreibt); und was noch viel nichtswürdiger und verabscheuungswürdiger ist, so dass man darüber Tränen vergießen möchte, weil man es nicht ertragen kann und am liebsten gar nicht bei seinem Namen nennen möchte: Sie beteten das Geräusch und den Wind der Eingeweide an, wenn er durch irgendeine Erkältung oder Blähung oder sonst irgendetwas dieser Art herausgetrieben wird, was nach dem Ausdrucke desselben Heiligen schändlich wäre es zu beschreiben oder bei seinem Namen zu nennen.«[25]

Morgens trat er aus seiner Tür, der »nichtswürdige« Ägypter, mit gefüllter Blase und gefülltem Darm, sofern seine Verdauung funktionierte und er nicht auf die im »Papyrus Ebers« erwähnten, bei den ägyptischen Pharaonen und ihren Ärzten sehr beliebten Klistieranwendungen angewiesen war. Der Weg zum Ufer des einen Flusses war in ganz Ägypten nicht weit beziehungsweise nicht weiter als der hinter die nächste Sanddüne. Denn das Land war lediglich ein schmaler Siedlungsstreifen an den Ufern des Nils.

Freier Lauf in freier Natur

Und schon hockte er sich hin und ließ seinen Bedürfnissen in freier Natur freien Lauf. Großmütig nahm der Fluss die ihm anvertraute Last auf und zog sie mit sich fort, auf dass sie Hunderte von Kilometern flussabwärts, nun aufgelöst und beste Gülle, die Felder der anderen kleinen gemeinen Ägypter dünge. Oder der Sand nahm auf, was ihm überlassen worden war, und siehe da, Jahre später entwickelten sich fruchtbare Oasen, und der nichtswürdige, aber weiter denkende Ägypter stellte fest, dass das, was er bisher so sorglos dem Wasser oder der Wüste anvertraut hatte, ihm von größerem Nutzen sein konnte bei seinem mühseligen Kampf um fruchtbaren Boden, seine »Lebensgrundlage«.

Ihre Dankbarkeit schrieben sie, unkundig des Zusammenhangs, wie alles Unerklärliche den Göttern gut, frei nach dem durchaus auch hier zutreffenden Motto: Alles Gute kommt von oben. Dass

»Der Furz war eine Gottheit« sich menschlicher Kot wie Urin zum Gerben von Leder, zum Düngen und Feuermachen eignet, mögen Neandertaler nicht unbedingt gewusst haben, Assyrer und Babylonier bekamen eine Ahnung davon, der Ägypter wusste es. Allein die Antwort auf das Warum überließ er den Göttern. So wirkt es nicht überraschend, dass die Ägypter den Furz verehrten und ihm einen Gott des Furzes zugesellten. Schon allein deswegen nicht, weil die Gottheiten der Antike eine weniger große Machtfülle auszeichnete, als das später in den monotheistischen Religionen für den einen Gott weiterhin denkbar war – für die Einzelheiten sorgte dort eine Heerschar von Heiligen. Somit stand jedem Körperteil wie auch fast jeder menschlichen Äußerung eine eigene Gottheit zur Seite.»Die Ägypter teilten den menschlichen Körper in 36 Teile, von denen jeder, wie sie glaubten, unter besonderer Herrschaft der Dekane oder Luftgeister stand … Der Furz war eine Gottheit der alten Ägypter; sie war die Verkörperung einer natürlichen Verrichtung. Man stellte sie als ein Kind dar, das niedergehockt war und Anstrengungen zu machen schien, und man kann Abbildungen davon in den Werken über Altertümer sehen.«[26]

Die Gelehrten streiten, inwieweit es sich dabei um die ernsthafte Verehrung eines Gottes handelt, wie sie etwa den Bewohnern des ägyptischen Pelusium nachgesagt wird, oder aber um einen Ausdruck zeitgenössischen Humors. Wer will das wissen? Die Darstellungen aber zeigen mit unwiderlegbarer Sicherheit, dass die menschlichen Winde ein bildwürdiges Thema waren und die Menschheit beschäftigten. Vor allem die Frage nach dem Woher dürfte im Mittelpunkt des Interesses gestanden haben. Und da war der Ägypter mit der Diagnose der göttlichen Herkunft schnell auf der sicheren Seite.

Auch wenn der heilige Hieronymus »ihre [der Ägypter] abscheulichen Gottheiten, die Zwiebel und einen stinkenden Furz« ins Lächerliche zog und sich das europäische, christlich geprägte Mittelalter mitnichten getraute, die Autorität des einen Gottes für alles ungebrochen gelten zu lassen, da sie sich somit auch auf höchst peinliche Bereiche des menschlichen Lebens erstreckt hätte, gesellte man statt der Gottheiten den vielen Körperteilen und -äußerungen Heilige zu. So war der heilige Erasmus zuständig für den Bauch und sämtliche Eingeweide. Vielleicht lässt sich das als eine Art Kompromiss begreifen, den einen Gott mit solch profanen

Dingen nicht zu kompromittieren, andererseits aber nichts außerhalb seines Machtbereiches anzusiedeln und damit seine Herrschaft als nicht allmächtig einzuschränken?

Den Griechen galt der Furz als ein Zeichen guter, den Römern als ein solches schlechter Vorbedeutung, was wohl mehr mit dem gespannten Verhältnis zwischen Römern und Griechen zu tun hatte als mit guter oder schlechter Verdauung. Beide aber widmeten ihm und dem Kot größere Aufmerksamkeit und begründeten Traditionen. Noch das 19. Jahrhundert hielt die Blähung für nachgerade lebensnotwendig und passte sie in ihre Lebenswelt ein. Und in der regierte gerade die Naturwissenschaft: Also glaubte man, dass durch sie die Schwere des auf dem Menschen lastenden Luftdrucks und der dieser im Inneren des Körpers entgegenwirkende Luftdruck immer wieder aufs Neue ausgeglichen würden.

Furz und Kot als Zeichen der Natur

Horaz und fast alle Dichterkollegen seiner Zeit widmeten den menschlichen Winden und dem *stercam* in ihren Werken breiten Raum; Martial, Catull, Petron, Macrubius und Lucretius »würzten« ihre Gedichte mit deren Erwähnung; Homer, Plinius, Lampridius untersuchten sie und sprachen ihnen mal mehr, mal weniger Bedeutung zu; der Gott Aesculap wurde als Kotesser vorgestellt und gab doch den Schutzgott der Mediziner – oder besser deswegen, denn er fand in den menschlichen Exkrementen das Geheimnis ihrer Leiden; Cicero[27] machte sich Gedanken über die menschlichen Winde und wollte sie, wie auch den Rülpser, aus gesundheitspolitischen Erwägungen öffentlich gestatten; Sueton meinte über den römischen Kaiser Claudius, »er soll über einen Erlass nachgedacht haben, der erlaubte beim Mahle einen Rülpser oder einen Wind loszulassen, nachdem er in Erfahrung gebracht hatte, dass irgendjemand, der aus Schamgefühl dergleichen unterdrückt hatte, daran fast gestorben wäre«[28].

Ägyptische Entsorgung

Neben der Vermassung wird sich der Grund für die Entwicklung von Abtritten wohl in der menschlichen Scham finden lassen. Zwei Seiten einer Medaille: Je mehr Menschen auf einem Haufen, desto größer die Scham über den eigenen Haufen, desto größer auch das Bedürfnis, sich abzusetzen.

Grab- und andere Toiletten

Aufschluss darüber, wie die Ägypter als zweite bedeutende menschliche Hochkultur in europäischer Nähe das Problem der Fäkalienbeseitigung lösten, geben Grabfunde aus der Zeit der zweiten Königsdynastie (2770 bis 2640). Es handelt sich dabei um die Überreste von Klosetts, die keine Nutzung im herkömmlichen Sinne erfahren sollten – es waren Grabtoiletten.

In Saqqara am Unterlauf des Nils befindet sich eine der größten Begräbnisstätten des alten Ägypten, unter anderem mit Königs- und Beamtengräbern. Nicht jeder Ägypter war in der Lage, sich eine anständige Grabstelle leisten zu können; noch weniger Ägypter konnten sich eine leisten, die die Jahrtausende überdauerte; und noch weniger dieser Grabstätten haben sie denn auch tatsächlich überdauert.

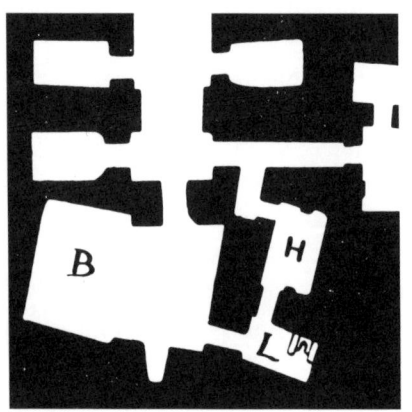

▲ Die Grundrisse von Grabkammern in Saqqara. Die Wohnung der Toten: Schlafzimmer (B), Badezimmer (H) und Latrine (L)

Die Grab- und Nebenkammern dieser Ruhestätten waren eingerichtet, als würde der Tote sich, nachdem er eingemauert worden war, wieder erheben und in dieser Eremitage leben, wie er es außerhalb der Grabkammern getan hatte – mit Ausnahme der eingeschränkten Außenkontakte. So verfügt das Grab über eine Wohnstätte mit Schlafzimmer, Bad und eine vorbildlich – auch aktuellen deutschen Normen annähernd genügende – vom Bad abgetrennte Toilette. In dieser Ausstattung drücken sich nicht nur ägyptische Jenseitsvorstellungen aus. Die den Verstorbenen mitgegebenen Waffen, Schmuck, Gegenstände des täglichen Gebrauchs, Speisen und Getränke geben ebenso Auskunft über die ägyptische Wohnkultur der Zeit in ebenjener gesellschaftlichen Schicht. Die Häuser müssen hinsichtlich der Aufteilung und Nutzung der Räume ähnlich denen der Toten ausgesehen haben und diese wiederum in Form und Ausstattung den später in Kahun entdeckten. Schließlich veränderte sich deren Funktion nicht wesentlich, so dass sich wieder einmal die Frage stellt, warum das europäische Mittelalter keine Abtritte in dieser Form kannte und was die große Errungenschaft der Briten bei der

Erfindung der *water closets* war, wenn nicht schlicht die Wiederentdeckung jahrtausendealter Entsorgungsformen menschlicher Fäkalien mit kleinen technischen Verbesserungen.

Die ältesten wirklich genutzten Toiletten, die in Ägypten entdeckt wurden, sind weit jünger als die der Toten. Kahun diente zunächst offenbar als Unterkunft für Arbeiter und Beamten, die zur Zeit König Sesostris II. (1897 bis 1878 vor unserer Zeitrechnung) dorthin abkommandiert waren, um eine Pyramide zu bauen. Natürlich hatten auch hier nur die vornehmsten Häuser ein eigenes Klosett.

Viel verbreiteter noch als in Kahun waren Abtritte und Bäder in El Amarna in Mittelägypten. König Echnaton (1364 bis 1347) ließ Amarna als neue Hauptstadt anstelle von Theben in Oberägypten erbauen. Doch kaum war die Stadt fertig gestellt, entwickelte sich Memphis in Unterägypten aufgrund politischer Umwälzungen zum neuen Zentrum. Amarna zerfiel zur Ruinenstadt. Für die Archäologie war dies ein Glücksfall, ähnlich wie der Untergang Pompejis in der Lavaflut – die Bewohner werden das anders gesehen haben. So konnte spätere Siedlungstätigkeit die Bauten aus dem 14. Jahrhundert vor unserer Zeitrechnung nicht zerstören.

Wie in den Grabkammern gehörte zum Schlaftrakt der Wohnhäuser von Amarna das Bad. Davon durch eine später »Schamwand« genannte Mauer getrennt lag der Abtritt. Zentrales Ausstattungsstück war eine Kalk- oder Sandsteinplatte, aus der ein flaches Becken von nur wenigen Zentimetern Tiefe herausgehauen war: eine Art Plattform, auf der der Ägypter sich waschen konnte. Da Duschen in ihrer heutigen Form zu jener Zeit noch weitgehend unbekannt, die Becken aber durchaus vergleichbar waren mit heutigen Duschwannen, ist es, bildlichen Darstellungen folgend, nicht abwegig, zu vermuten, dass sich die Ägypter mit dem Wasser aus einem Krug überschütteten oder besser überschütten ließen. Wo heute Hähne aus der Wand ragen, streckten sich dem wohlhabenden Ägypter zu seiner Zeit hilfreiche Hände entgegen. Der Luxus für den Duschenden bestand jeden Vergleich.

Neben dem Waschplatz standen Krüge für das saubere Wasser. Die Plattform besaß einen Ausguss, dessen Ableitung nur kurz war und in einem steinernen Auffangbecken endete, aus dem sich das gebrauchte Wasser schöpfen und aus dem Haus tragen ließ. Andere

Hinter der »Schamwand«

Badeplätze leiteten das Abwasser direkt in einen Topf. Wie aber sah es nun aus, das Klo der Toten, das Klo in Kahun, in Theben, in Amarna oder auch in Memphis? Der vom Bad getrennte Toilettenraum war mit einem aus Ziegelstein gemauerten Sitzklosett ausgestattet. Der alte Ägypter saß auf Sitzplatten aus Keramik oder Kalkstein, die anatomisch geformt seinem Gesäß schmeichelten und für bequemes Sitzen sorgten. Die Klosetts waren weder an eine Kanalisation noch eine Grube angeschlossen. Die Exkremente fielen in einen unter dem Sitz stehenden Behälter, für den im Mauerwerk Platz ausgespart war. Neben den gemauerten Klosetts kannten die Ägypter auch hölzerne Abtrittstühle. Die Überreste dieser Einrichtungen blieben – das liegt in der Natur der Sache, des Holzes – nur in den seltensten Fällen wie etwa in Theben erhalten.

Der Bewohner von Amarna trug seine Fäkalien in einer Art Abtrittkübel aus den Häusern; dafür hatte er natürlich seine Leute. Es ist anzunehmen, dass der Ägypter auch das Erdklosett gekannt hat, denn schließlich liegt nahe, Sand oder Erde in die Abtrittbehälter zu streuen (zumal wenn man so viel davon hat), um so den Kot und den Geruch an das Streumaterial zu binden und Zersetzung und Abbau der Abtrittstoffe zu fördern.

Verkehrte Welt Zum Erstaunen der ersten europäischen Hochkultur kannten die Ägypter diesen Toilettentypus noch im ersten Jahrtausend vor unserer Zeitrechnung. Als der Grieche Herodot (484 bis 425) nach Ägypten reiste, fielen ihm diese in den dortigen Wohnhäusern auf. Er verwunderte sich darüber, dass in Ägypten fast alles anders als bei den anderen Völkern war:»Die Männer tragen die Lasten auf den Kopf, die Frauen auf den Schultern. Die Frauen lassen ihr Wasser im Stehen, die Männer im Sitzen. Die Entleerung macht man im Hause ab, essen tut man auf der Straße. Sie geben als Grund dafür an, dass man natürliche Bedürfnisse, soweit sie hässlich sind, im Geheimen, soweit sie nicht hässlich sind, öffentlich befriedigen muss.«[29]

Die heutige Debatte über Sinn, Unsinn oder die tief verwurzelte Unfähigkeit der Männer, sich beim Wasserlassen zu setzen, wäre bei den Ägyptern offenkundig unter umgekehrtem Vorzeichen geführt worden.

Nicht ganz auf der Höhe der (Entsorgungs-)Kultur: Der gemeine Grieche

Der Gebrauch, die Zur-Verfügung-Stellung und die Entwicklung der Abfallbehandlung und -beseitigung, insbesondere der menschlichen Fäkalien, scheint tatsächlich über die Jahrhunderte ein durchaus taugliches Instrument der Bestimmung menschlicher Zivilisationsentwicklung. Wobei so manch vermeintliche Hierarchie allerdings »den Bach runtergeht«, außer natürlich der, dass die Griechen in der Antike waren, was die Briten in der frühen Neuzeit werden sollten: der Motor europäischer Entwicklung.

Das erhaltene Bruchstück einer griechischen Komödie nimmt diesen Faden auf und preist die Thebaner als kulturell höher stehend denn die Athener, weil sie bei der Tür Aborte installiert hätten, was allerdings den Griechen in toto eine so fremde Erfindung nicht war. Denn schon im 7.000 Jahre alten Palast des Königs Minos auf Kreta fand sich eine mit Wasser durchspülte Toilette – unter einem auf dem Boden angebrachten Holzsitz lag ein Hohlraum, der alle Hinterlassenschaften in einen nahe liegenden Kanal mitnahm – in einem eigenen Raum, der allein aufgrund seiner Ausmaße von zwei mal einem Meter manch heutiger Toilette überlegen war.

Der griechische Herrschersitz

Die minoische und mykenische Kultur gehören zu den typischen Vertretern antiker Palastkulturen. Im Mittelpunkt lag der Sitz eines Herrschers, der zugleich Verwaltungszentrum und Kult-

▲ Mykenischer Palast mit Sitzklo, das bei Ausgrabungen freigelegt wurde. Hinter dem zweigeteilten Sitz führte ein Schacht in den darunter liegenden Hohlraum.

stätte war. Um ihn gruppierten sich die Villen, Stadtsiedlungen, Straßen und Hafenanlagen.

Bekanntestes Baudenkmal der minoischen Kultur ist der Palast von Knossos auf der Insel Kreta. Die Wasserversorgung des Palastes sicherten Brunnen und Regenzisternen mittels einer raffinierten Röhrentechnik: konisch geformte, wechselweise sich vergrößernde und verkleinernde Leitungen erhöhten die Fließgeschwindigkeit des Wassers und erschwerten die Bildung von Ablagerungen. Das Wasser von den Dächern, den sanitären Einrichtungen und den Lustralbecken, die rituellen Bädern vorbehalten waren, floss durch steinerne Kanäle.

Arthur Evans, der Knossos ausgrub, rekonstruierte die Funktion einer im Palast befindlichen Toilette, von den Griechen *aphedron* genannt, mit einem Abtrittsitz aus Holz. Die Fäkalien fielen in einen Nebenkanal und wurden dort durch das Wasser einer entsprechend ausgerichteten Spülleitung mitgenommen.

Nische in der Wand

Auf der Insel Santorin (antik Thera) fanden Archäologen unter meterhohen vulkanischen Ablagerungen bei der Ortschaft Akrotin die Ruinen einer Stadt, über die im 16. vorchristlichen Jahrhundert eine Vulkan- und Erdbebenkatastrophe hereingebrochen sein muss. Die Kultur von Akrotin unterscheidet sich insofern von den Palastkulturen des ägäischen Raumes, als dass sich Reichtum und Luxus nicht allein auf eine schmale Oberschicht im Umfeld des Palastes konzentrierten. Es scheint so, als hätte es eine ausgeprägte Mittelschicht gegeben: Fast alle bisher aufgefundenen Privathäuser waren mit Fresken verziert, während in mykenisch-minoischen Siedlungen schmucklose Behausungen überwogen. Deshalb neigt der Historiker heute zu der Auffassung, eine städtische Aristokratie habe einst die Stadt regiert, eine Schicht wohlhabender Familien, die sich den Bau mehrstöckiger Häuser mit sanitären Einrichtungen, mit Wandmalereien und anderem Komfort leisten konnten. Der Abtritt war hier vorzugsweise in einer Nische der Außenwand eingelassen.

Eine Tonröhre nahm Abwässer und Fäkalien von Badezimmer und Abtritt auf und leitete sie in eine Grube am Fuß der straßenseitigen Hauswand. In diesem mit Steinplatten abgedeckten Senkbecken blieb der gröbste Unrat zurück. Der Überlauf ergoss sich in den Hauptkanal, der mit Steinplatten bedeckt in der Mitte der mit großen Steinen bepflasterten Straßen von Akrotin entlangführte.

Hesiods »Werke und Tage« *(Erga kai h-emerai)* aus dem achten Jahrhundert vor unserer Zeitrechnung ist eine hervorragende Quelle des Alltagslebens im alten Griechenland. Zu jener Zeit war die griechische Gesellschaft vorwiegend bäuerlich-aristokratisch: Die Palast- und Stadtkultur der minoisch-mykenischen Epoche war längst untergegangen. Hesiod widmete »Werke und Tage« seinem Bruder Perses, mit dem er sich heftig um das väterliche Erbe stritt. Er erteilte dem Bruder eine Reihe vermutlich von diesem »heiß begehrter« Ratschläge, wie ein Bauer zu leben und zu arbeiten habe. Zum Thema Sauberkeit schrieb Hesiod: »Schlage dein Wasser nicht ab, wenn du zur Sonne gewendet, / Aber auch wenn sie gesunken, gedenke, bis sie heraufkommt, nicht auf dem Weg, / Noch außer dem Weg im Gehen zu harnen, noch auch völlig entblößt; den Göttern gehören die Nächte. / Sitzend vollzieht es der Mann, der gläubig und edel gesonnen, / Oder er tritt an die Mauer des gut verschlossenen Hofes. / ... / Lass dein Wasser auch nicht / in die Quelle, das achte du sorglich. Nicht entleere dich dort, das wäre, wahrlich, noch schlimmer.«[30]

Was für ein Spaß, solche Ratschläge von seinem eigenen Bruder zu bekommen, und dann auch noch schriftlich und über die Jahrtausende erhalten! Was sollen nur die Leute denken? Aber wahrscheinlich sollten sie genau das denken: Perses ist ein Schwein, das sich öffentlich entleert und nicht weiß, was sich gehört, und überhaupt sich des elterlichen Erbes nicht wert zeigt. Nichts geht über Bruderliebe. Aber die Menschen verrichteten offenbar mehrheitlich die Notdurft zu Hesiods Zeiten im Freien. Offenbar führte dabei die Missachtung einiger grundlegender Regeln zur Beleidigung der Götter, so wenn etwa die Männer, ihr Antlitz der Sonne zugewandt, urinierten, nachts (»den Göttern gehören die Nächte«) unbekleidet vors Haus traten und sich dort erleichterten.

In der Zeit zwischen Hesiod und Herodot wandelte sich die griechische Gesellschaft entscheidend, denn sie entdeckte die Völker des Nahen Ostens und eben die Ägypter, was ihr Reinlichkeitsdenken prägte. Bis aber große Kanalisationswerke erbaut und sanitäre Einrichtungen fester Bestandteil der Wohnkultur werden sollten, wurde noch einiges Wasser abgeschlagen. Aus Darstellungen auf Vasen und anderen Keramikerzeugnissen sowie dank Funden von Gebrauchsgegenständen lässt sich erkennen, dass Reinlichkeit in der griechischen Kultur nur allmählich einen höheren Stellenwert erhielt.

Werke und Tage

◄ Griechischer Nachttopf für Kleinkinder (450 v. Chr.)

Griechische Sanitärkultur

Während die aus archaischer Zeit stammenden Siedlungen eher wenig Spuren hinterließen, gediehen in den folgenden Jahrhunderten einige der griechischen Gemeinschaften zu blühenden Stadtstaaten. In der Frühzeit der Athener *polis* stand der Ausbau der Wasserversorgung im Vordergrund, die bis dato im Bereich der Agora, des Versammlungs- und Marktplatzes, durch Sodbrunnen gewährleistet war, ergänzt durch unterirdische Zisternen zur Speicherung von Regenwasser. Erst zur Tyrannenzeit Athens, die 561 vor unserer Zeitrechnung begann, wurde der Bau von Wasserleitungen angegangen.

Meist verpflichteten die Herrschenden begüterte Bürger, solche öffentlichen Einrichtungen zum Wohle der Allgemeinheit zu »stiften«. Ursprünglich war die Gesellschaft in Athen eine bäuerliche und der Wasserverbrauch der Leute eher gering. Erst an der Wende vom fünften zum vierten Jahrhundert begannen die Athener ihre Sickergruben durch ein Kanalisationsnetz zu ersetzen. Der Hauptsammelkanal im Bereich der Athener Agora, dessen Innenhöhe ungefähr einen Meter beträgt, erhielt von den Archäologen den Namen »Großer Kanal«. Es scheint, dass der zivilisatorische Fortschritt ein wachsendes Bedürfnis nach Reinlichkeit und damit verbunden den Ausbau der Wasserversorgung und die Einrichtung einer Kanalisation zu einem unausweichlichen Sachzwang machten.

Kurze Zeit nach Herodots Schilderung der ägyptischen Bräuche, die Abtritte als feste Einrichtungen in den Wohnhäusern wenig wahrscheinlich erscheinen lässt, erwähnt der Dichter Aristophanes (fünftes/viertes Jahrhundert) in seinen Komödien Nachtgeschirre *(amides)*, die wohl den Krügen mit Henkel und schnabelförmigen

Aufsätzen entsprachen, die Archäologen ausgruben. Sie fanden auch ein »Töpfchen« für Kleinkinder aus dem sechsten vorchristlichen Jahrhundert: Die Erziehung der Kinder zur Sauberkeit war offenbar bereits ein Thema.

Später wachten in Athen fünf so genannte Astynomen über die Wasserversorgung, die öffentliche Ordnung und die Hygiene. Ihnen unterstellt waren die Straßenreiniger und Exkrementsammler, die Koprologen, die allerdings nur für die Hauptverkehrsstraßen zuständig waren. Ihr Schutzpatron war Herkules, von dem man ja weiß, dass er, wie im Augiasstall, gerne im Mist wühlte.

Das häusliche Reinigungsbad wurde dem Griechen jener Zeit zur gewohnten Verrichtung, auch wenn es meist eines besonderen Anlasses bedurfte. Die ältere griechische Literatur erwähnt zum Beispiel religiöse Waschungen, das Bad als Zeichen der Gastfreundschaft oder vor einem Mahl. Die Einführung von Badewannen verlief parallel zum Aufkommen des fest montierten Klosetts. Bewegliche Wannen gingen dem aufwändigen Badezimmer mit gemauerten Einrichtungen voran.

Badewannen boten auch öffentliche Bäder an, die seit dieser Zeit in griechischen Städten zunehmend Verbreitung fanden. Die Wannen waren nebeneinander im Kreis oder Halbrund angeordnet, was die Konversation der Badenden untereinander vereinfachte. Die griechischen Badeanstalten standen häufig in Sport-, Vergnügungs- oder Kultstätten, die Menschen konnten von der Wanne aus kulturellen Vorführungen oder Zeremonien beiwohnen.

Die Größe, die Rom einst war

»– Einen Moment mal, sagte da Professor MacHugh und hob zwei friedliche Tatzen. Wir dürfen uns nicht von Worten fortreißen lassen, von bloßen Wortklängen. Wir denken an Rom, das imperiale, imperatorische, imperative.

Er breitete aus bestoßenen und verschmutzten Hemdmanschetten pathetische Rednerarme aus und holte Luft.

– Was war ihre Kultur? Machtvoll groß, das geb ich zu: aber gemein. Kloaken: Siele. Die Juden in der Wildnis und auf den Berggipfeln sagten: Hier ist gut sein. Lasst uns Jehova einen Altar

bauen. Der Römer dagegen brachte, wie der Engländer, der in seine Fußstapfen tritt, jeder neuen Küste, auf die er seinen Fuß setzte (auf unsere Küste setzte er ihn nie), nur seine Kloakenbesessenheit. Er blickte in die Runde in seiner Toga und er sagte: Hier ist gut sein. Lasst uns ein Wasserklosett installieren.
– Was sie denn auch prompt taten, sagte Lenehan.«[31]

Scheißen verboten Die Römer exportierten ihre *civilitas*, ihre Zivilisation, in fast alle Teile Europas – bis auf Irland natürlich, weshalb es kein Wunder ist, dass die obigen Zeilen von James Joyce stammen. Diese *civilitas* war eine des Eroberers, der im übertragenen Sinn seine Schilder aufstellte: »Scheißen verboten« oder eben »Hier ist gut scheißen«, im Gegensatz zum eroberten Barbaren, der bis zur fremdbestimmten Zivilisierung in seiner eigenen Scheiße rührte. Dieser Vorgang blieb den eroberten Völkern im kollektiven Gedächtnis und rührt tief. So auch dem Iren James Joyce in Bezug auf die Engländer, die sich immerhin seit Ende des 18. Jahrhunderts nicht nur als Begründer eines Weltreiches fühlen, ähnlich umfassend dem der Römer, sondern auch der römischen Erfindung der *Cloaca Maxima* ihre eigene, das *water closet*, entgegenhalten konnten. Ein Ausdruck tiefer liegender Zusammenhänge?

Die römische Latrine Anfänglich aber kannte auch der einfache Römer keinen privaten Abort. Vitruv erwähnt zwar einmal so genannte *cellas familiaricas*, meinte damit aber wohl: »… kein Ort, der im Französischen als *privé* bezeichnet wird, weil sich nirgendwo in den Bauwerken, die uns von den Antiken erhalten geblieben sind, gezeigt hat, dass sie in den Häusern Abtrittgruben hatten – und nur von der im Palast des Kaiser Hadrianus (117 bis 138) ist bekannt, dass sie an das römische Kanalsystem angeschlossen war. Die anderen mussten regelmäßig gelehrt werden. Was die Römer als *latrinas* bezeichneten, waren öffentliche Orte, zu denen diejenigen gingen, die keine Sklaven zum Säubern und Leeren ihrer Becken hatten, die nach der Etymologie auch als *latrinae e lavando* bezeichnet wurden…«[32]

Private Haushalte verfügten lediglich über Kübel und Becken, die eigens dafür ausgebildete Sklaven zu leeren hatten. Anstelle von Klopapier und Spülkasten nutzte der Römer Salzwasser und einen Stock mit einem am Ende befestigten Schwamm. Das weiß man, weil Seneca vom Selbstmord eines Sklaven erzählte, den er wohl seiner Technik wegen für überliefernswert hielt. Dieser brachte sich mit ebenselbem zu Tode, indem er ihn sich tief in den Hals schob und so an dem Schwamm erstickte. Wahrscheinlich hatte ihm das Dasein als Latrinensklave »gestunken« – und er hatte wohl zu schwer daran zu schlucken gehabt.

Nicht dass der Römer dem privaten Akt der Entleerung nicht den nötigen Respekt gezollt hätte. Denn Kübel und Töpfe waren oft aus edelstem Metall, wurden gerne vorgezeigt und veranlassten Tertullian zu der Äußerung, dass eine »unsinnige Menge von Gold und Silber zu unflätigen Gefäßen verschwendet« würde. Zu dieser Aufmerksamkeit stand die Nachlässigkeit in der Art der Entleerung der häuslichen Fäkalien jedoch im krassen Gegensatz, die nichtsdestotrotz eine sich bis ins späte Mittelalter haltende Tradition begründete.

»Der Tode so viele droh'n«

Rom leerte seine Nachtgeschirre, wie später das christliche Mittelalter, im Schutze der Dunkelheit. Der Römer trug so zu erheblicher sozialer Verwirrung und Verseuchung von Straßen und Plätzen, aber auch zwischenmenschlicher Beziehungen bei – manchmal auch lebensgefährlicher Natur. »Blicke nun noch auf andere Gefahr und verschiedene der Nachtzeit. Was bis zur Höhe des Dachs für ein Raum, von wo aus dir den Schädel Scherben zerschlagen, so oft zerbrochene, lecke Geschirre dort aus den Fenstern man wirft; mit wie großer Wucht das aufs Pflaster stürzt und es zeichnet und sprengt. Du könntest nachlässig erscheinen nicht auf plötzliche Fälle bedacht, wenn du testamentlos gehest zum Mahl; ja der Tode so viele droh'n wie in der Nacht, die vorüber dich führt, dort aufstehn wachende Fenster.«³³

In Rom – zu seiner Blütezeit eine Stadt mit mehr als einundhalb Millionen Einwohnern – und in der Hafenstadt Ostia beherrschten zur Kaiserzeit mehrstöckige Häuserblocks, so genannte *insulae*, das Straßenbild. Deren unterstes Geschoss diente als Geschäftslokal oder als Wohnung für gehobenere Ansprüche des Hausbesitzers und besaß oftmals einen Wasseranschluss, mehrplätzige Latrinen und Ableitungen für das Abwasser. Die oberen Geschosse vermietete der Hausbesitzer und versuchte dabei natürlich seinen Ertrag so hoch wie möglich zu schrauben.

Die Gebäude wuchsen in die Luft und wurden möglichst teuer an möglichst viele Personen vermietet. Hauseinstürze und Brände waren die unangenehmen Folgen. Sanitäre Einrichtungen fehlten in den römischen Renditehäusern in den oberen Etagen gänzlich. Zwar sind nur noch die Grundmauern der Blocks erhalten geblieben, doch vermitteln schriftliche Zeugnisse eine Ahnung vom Leben in einem römischen Mietshaus.

Die Satiren des römischen Dichters Juvenal im zweiten Jahrhundert räumten dem wenig bemittelten Bürger kaum Chancen ein, unbehelligt von den großstädtischen Gefahren wie Hausbränden, -einstürzen oder Verkehrsunfällen zu leben. Ein unbescholtener Römer könne sich glücklich schätzen, wenn sich ihm auf einem nächtlichen Spaziergang »nur« der Inhalt eines Nachttopfes auf den Kopf ergösse. Viel schlimmer waren wohl die aus einem Fenster des Dachgeschosses hinausgeworfenen Nachtgeschirre. Entledigte sich ein Bewohner seines alten, lecken Nachtgeschirrs mit Inhalt, so kam es durchaus vor, dass unten auf der Straße ein harter Römerschädel platzte und ein *cives* ein banales Ende fand.

Es gab aber Alternativen zum offenen Fenster. Statt Abfälle und Abwässer auf die Straße zu werfen oder zu schütten benutzte der soziale Römer einen im Parterre des Treppenhauses aufgestellten Bottich, das *dohum,* zum Leeren der Nachtgeschirre. Es war zwar beschwerlich, allmorgendlich mit dem Nachttopf die Treppe hinunterzustolpern, aber man erntete die stumme Dankbarkeit der Passanten für die kleine Einbuße an Bequemlichkeit.

Ein Ort der Kommunikation

Bei Ausgrabungen im Jahre 1773, dem Jahr der Erfindung der *water closets,* fanden Archäologen die vollständig erhaltenen Klosetts des kaiserlichen Palastes am Palatinischen Hügel, der kurz vor unserer Zeitrechnung unter Kaiser Augustus erbaut worden war. Der Raum war halbkreisförmig und hatte an der Wand drei Nischen mit je einem marmornen Sitz. Im Boden befand sich ein Loch, über das sich stellen konnte, wer ein Stehklo als Alternative verlangte, oder wer nicht sitzen wollte oder konnte, weil die anderen Sitze besetzt waren. Auch diese Konstruktionen waren Wasserklosetts, durch bleierne Leitungen bewässert und gespült, und alles in allem ein höchst kommunikativer Ort, der in der Regel aus einer aus Marmor- oder Kalksteinplatten gefertigten Sitzbank bestand, deren Deckplatte mit Dutzenden von Löchern versehen war. Die Fäkalien fielen durch diese in einen in kurzen, regelmäßigen Abständen durchspülten Graben. Spülrinnen verliefen auch am Boden entlang der Abtrittsitze. Mit der Ausdehnung des römischen Einflussbereiches gelangten römische Gemeinschaftslatrinen auch auf die Agora von Athen, nach Kleinasien (Ephesos) und Nordafrika (Timgad, Dougga).

▲ Kommunikatives römisches Klo in Dougga. Man saß gemütlich im Halbrund, im Hintergrund plätscherte ein Wasserspiel.

Viele dieser Latrinen waren mit Wasserspielen, Skulpturen oder Ornamenten geschmückt und boten eine echte Aufenthaltsqualität. Allein daran lässt sich ermessen, dass der Römer den Besuch hier zu genießen dachte und es sich an diesem Orte wohl ergehen ließ.

Die Einkehr auf eine Toilette gestaltete sich zur Römerzeit nicht als privater oder gar intimer Akt, wie es heute – auch in Italien – Usus ist. Die Römer saßen sich gemütlich im Kreis oder im Rechteck gegenüber und plauderten oder debattierten mit ihren »Latrinengenossen« über Gott und die Welt, die *res publica*, den Senat und die Barbaren des Nordens.

Trotz dieser Gelassenheit und Ungezwungenheit hatten die Römer kein ungebrochenes Verhältnis zu ihren eigenen Abfällen. Aus der Zeit des Tiberius weiß man beispielsweise, dass es ihnen durchaus als bestrafenswertes Verbrechen galt, mit einem Ring an der Hand, den ein Bild des Kaisers zierte, eine öffentliche Latrine zu betreten. Dieses Verbot dehnte sich sogar auf Geldmünzen aus, die mehrheitlich ein Portrait des Kaisers trugen. Der Notdürftige konnte sie ja vorher auf dem Teller der Toilettenfrau deponieren…

Denn die öffentlichen Bedürfnisanstalten verwalteten Gemeindepächter, die so genannten *conductores foricarum*. Der öffentliche Toilettenbesuch scheint nicht gratis gewesen zu sein – manche Dinge ändern sich eben nie.

Cloaca Maxima

Rom – Bauern- und Soldatenstaat in nicht wieder erreichter Perfektion – hielt die menschliche Ausscheidung wenn nicht für die größte, so doch die beste, zumindest zum Düngen der Felder. So fasste er dieses Entsorgungsproblem sehr frühzeitig und gründlich an.

Noch im trockensten Geschichts- oder Lateinunterricht taucht die *Cloaca Maxima* der Hauptstadt des Imperium Romanum als ein, wenn nicht gar das Zeichen ihres hervorragenden kulturell-technischen Niveaus auf. Und die Römer dachten wohl selber so. Sie diskutierten mit einer fast kämpferischen Leidenschaft über die Scheiße und beschäftigten sich intensiv mit dem Thema.

Die Anfänge der Wasserentsorgung Roms liegen in etruskischer Zeit. Nach der Überlieferung begann König Tarquinius Priscus im sechsten vorchristlichen Jahrhundert durch die Entwässerung der Flussniederungen am späteren Forum Romanum mit dem Bau der *Cloaca Maxima*. Der römische Historiker Livius schreibt sie dem Sohn oder Enkel des ersten tarquinischen Königs zu.

Doch ist sie wohl realiter, zumindest in der Form, in der sie sich erhalten hat, einige Jahrhunderte jünger. Sie folgt einem ursprünglich natürlichen, später kanalisierten und begradigten Gewässerlauf, der in den Tiber mündet. Nach dem Jahr 200 vor unserer Zeitrechnung erhielt dieser offene Graben ein Gewölbe, das im Mittelalter und in der Neuzeit verschiedentlich restauriert wurde: Die *Cloaca Maxima* ist noch heute partiell intakt und nimmt einen Teil der Abwässer des modernen Rom auf.

Beschiffbare Kanalisation

Bereits die antiken Schriftsteller rühmen Roms Kloaken als großartige Bauwerke. Plinius schreibt:»Es stoßen durch unterirdische Gänge sieben Bäche zusammen, die auf ihrem schnellen, reißenden Lauf alles, was ihnen im Weg liegt, mit sich nehmen und wegschwemmen, obendrein durch Regengüsse verstärkt Grund und Boden erschüttern, die zuweilen rückwärts eindringenden Fluten des Tibers aufnehmen, gegen dieselben von der anderen Seite herankämpfen; und dennoch steht das ganze unerschütterlich fest. Immer während werden darin so große Lasten fortgeschleppt, ohne dass die Gewölbe nachgeben ...«[34]

In seiner Begeisterung beschreibt er die Kloaken nicht nur als so groß, dass darin beladene Heuwagen verkehren könnten, sondern weiß von dem römischen *Aedilis* (Aufsichtsbeamter über das private und öffentliche Bauwesen) Agrippa, eher bekannt duch seine Verdienste als Feldherr, zu erzählen, dieser habe die unterirdischen Gewölbe per Schiff inspiziert. Aber die wenigsten Römer werden von dem technischen Fortschritt, der vorbildlichen Wasserver- und -entsorgung etwas gehabt haben. Die *Cloaca Maxima* kam wohl vor allem den großen Thermen, öffentlichen Toiletten, besseren Privathäusern, frequentierten Straßen und allenfalls den zufällig über ihr liegenden Mietshäusern zugute.

Und die Begeisterung über die römische Unterwelt und ihre Dimensionen blieb nicht uneingeschränkt. Denn wie alle großen Bauwerke beziehungsweise zivilisatorischen Errungenschaften hatte wohl auch diese ihre »dunkle« Seite. Zumindest weiß Plinius, dass viele Römer den Freitod vorgezogen hätten statt für den Bau der Kloake Fronarbeit zu verrichten. Allerdings verlegt er das Geschehen in die damals bereits ferne etruskische Vergangenheit, vielleicht um seine Kritik nicht zu direkt werden zu lassen. Schließlich war auch Plinius Römer und Rom der Nabel der Welt und ein Römer kein Barbar. Diese grundsätzlichere Neuorientierung in der Einschätzung tritt zu Beginn der Kaiserzeit ein. So gibt Seneca der Ältere um 37 nach unserer Zeitrechnung eine Anekdote wieder, die diesen Wertewandel verdeutlicht. Cassius Severus besuchte die Schule des berühmten Rhetoriklehrers Cestius, der gerade dabei war, gegen den Volkstribun Mile zu polemisieren: »Wär ich ein Gladiator, wäre ich Fusius. Wäre ich ein Schauspieler, wäre ich Bathyllus, und als Pferd Melissio« – jeweils die Besten ihrer Zunft. Cassius erwiderte schlagfertig auf das für ihn unerträgliche Selbstlob: »Und wärest du eine Cloaca, dann wärest du die Cloaca Maxima.«[35]

In eine ähnliche Richtung weist auch der Satiriker Juvenal. Einem gewissen Patronus wirft er vor, selber den besten Seefisch zu verspeisen, während er seinem »Klienten« einen Fisch vorsetzt, der »im Strom der Cloaca gemästet, gewöhnt ist, bis zu den Gewölben mitten unter der Suburba vorzudringen«[36]. Die Suburba war das Armenviertel Roms. Juvenal spielt auf die großen sozialen Unterschiede in der römischen Gesellschaft an und benutzt dabei den nun schon eher negativen Ruf der *Cloaca Maxima* als verseuchtem Abwasserkanal. Aber die öffentlichen Gemeinschaftslatrinen der

»Wärest du eine Cloaca«

Göttlicher Schutz

Römer setzten nun mal eine leistungsfähige Wasserver- und -entsorgung voraus. Wie erfahrungsgemäß für jede größere Ansammlung von Menschen geltend hatte auch das alte Rom mit dem Problem des öffentlichen Urinierens an Wände und in Ecken zu kämpfen: »Dorthin stellen des Nachts sie die Sänfte, hier müssen sie pinkeln, und sie besudeln der Gottheit Bild mit den spritzenden Strahlen, reiten einander und drehn beim Scheine des Mondes die Hüften; dann erst gehen sie nach Haus: Du trittst am anderen Morgen auf der Gemahlin Urin, die erhabenen Freunde besuchend.«[37]

Diejenigen, die eine solche Schamlosigkeit in der Nähe von Götter- oder Herrscherstandbildern begingen, beschworen allerdings den Zorn der zwölf großen Götter auf ihr Haupt herab, einschließlich Jupiters und Dianas. Denn öffentliche Gebäude schützten die herrschenden Römer durchaus clever, weil effektiv, »indem sie die einer solchen Gefahr ausgesetzten Mauern mit dem Bilde einer Gottheit oder irgendeines anderen heiligen Sinnbildes weihten und den Zorn des Himmels allen denjenigen androhten, die gottlos genug wären, das zu beschmutzen, was sie pflichtgemäß anbeten sollten. Wie es scheint, verwandte man zuweilen die Gestalt einer Schlange für diesen Zweck ... und die Schlange reihte man, wie allgemein bekannt ist, bei den Heiden unter den Göttern ein«[38].

Cacator, cave malum

An der Außenmauer der zu einer Gaststätte gehörenden Latrine in Pompeji hing ein Schildchen mit dem Bild Fortunas und dem eines defäzierenden Mannes, den zwei Schlangen umringeln. Es zierte die Aufschrift: *Cacator, cave malum* (defäzierender Mensch, hüte dich vor der Verschmutzung) und könnte sowohl darauf angespielt haben, nicht die Straße zu verschmutzen, sondern die Toilette zu benutzen, als auch darauf, diese so zu verlassen, wie man sie vorzufinden wünschte, nämlich sauber.

Andere Inschriften bezeichnen die auf der Tafel abgebildete Fortuna, Schicksals- und Glücksgöttin, auch als Fortuna Hygiae et Aesculapio.[39] Darstellungen der Göttin finden sich deshalb nicht nur vor Bädern und Latrinenanlagen, sondern auch in ihrem Innern. Denn sie sollte Menschen zu Gesundheit und Wohlbefinden verhelfen, weshalb sie für den Schutz der Latrinen prädestiniert war. Der christliche Kirchenlehrer Clemens von Alexandria (etwa 150 bis 215) belustigte sich aus ebenjenem Grund über die Römer.

Da die Personaldecke im römischen Himmel nicht eben dünn war, gab es noch weitere Zuständige. Eine andere römische »Kotgöttin« nannte sich Cloacina. Der Römer war der festen Überzeugung, dass diese ihren Namen von Romulus selbst bekommen habe. Unter ihrem Schutze standen vornehmlich die Abzugskanäle, Kloaken und Aborte der Ewigen Stadt.

Göttliche Zuständigkeiten

Ein empörter, weil späterer und wenig verständnisvoller Chronist berichtet: »Die Alten hatten mehrere Gottheiten des Kotes geschaffen: 1. Stercus oder Sterces, der Vater des Picus, war der Erfinder des Verfahrens, die Äcker zu düngen (Augustinus, De Civitate Dei, XVIII., Kap. 15) 2. Sterculius (Macrobius, Saturnalia I, Kap. 7). 3. Stercutius (Lactantius, de falsa rel.), Stercutus, Sterquilinus, sei ein Beiname des Saturnus gewesen, um ihn als Erfinder des Ackerbaus zu bezeichnen; andere wollen darin die Erde selbst wiederfinden. Plinius gibt an, dieser Gott sei ein Sohn des Gottes Faunus und ein Enkel des Picus, des Königs der Latiner gewesen.«[40] Er fährt fort: »Und diese Gottheit nannten sie Cloacina, eine Göttin, die den Abzugskanälen vorstand und sie behütete, obgleich das die Örtlichkeiten sind, durch die alle üblen Gerüche, aller Schmutz und Abfallstoffe des Staates hindurchgehen.« Vielleicht war die in einem Standbild materialisierte Venus gemeint: »Eine Göttin von Rom, der die Kloaken unterstellt waren – einige halten sie für die Venus –, deren Standbild man in den Kloaken gefunden, woher sie ihren Namen erhielt.«[41]

▲ »Cave malum« (Hüte dich vor der Verschmutzung): Warnschild in Pompeji, mit der Göttin Fortuna und einem »Cacator«

Denn dank der Darstellung einer römischen Münze weiß man von der über der *Cloaca Maxima* errichteten Kult- und Gedenkstätte zu Ehren der Venus, die wegen der Nähe zum Abzugskanal und vielleicht sogar wegen eines baulichen Zusammenhangs mit diesem den Namen Venus Cloacina erhielt. Auf jeden Fall lässt sich den vielfältigen Zeugnissen zum Thema entnehmen, dass der menschliche Abfall und seine Entsorgung ein die römische Menschheit beschäftigendes Thema mit göttlichen Dimensionen war.

Urin, die Flüssigseife der Antike

Der römischen Antike war Seife in der heutigen Form unbekannt, sie gilt als Erfindung der Deutschen aus den neunziger Jahren des 19. Jahrhunderts. Der Römer musste allerdings deswegen nicht auf frische Wäsche verzichten und stinkend gegen die gewaschenen Barbaren ins Feld ziehen. Von der Asche über Erde, vom Bimsstein bis zur Galle – Sklaven hatten zahlreiche Möglichkeiten, Körper und Kleidung ihrer Herren zu reinigen. Besonders hoch im Kurs aber stand Urin, nicht nur beim Gerben, sondern eben auch bei der wöchentlichen Wäsche.

Römischer Waschbetrieb

Zu belegen ist die römische Sitte spätestens seit der Entdeckung einer Villa im italienischen Civita im Jahre 1755 mit mehreren gut erhaltenen Wandgemälden, die das Handelstreiben auf Marktplätzen und das handwerkliche Leben der Römer festhalten. Einen besonderen Platz nahm die Darstellung einer Wäscherei ein: Aus dem hinteren Bereich des Hauses dringt ein Klappern, Stampfen und Platschen. Dämpfe und ein etwas strenger Geruch erobern die Straße. Unterdrückte Schreie und Flüche fliegen hin und her, ab und zu rauscht ein Schwall Wasser. Hier wird gewaschen: Der Passant hört die stampfenden Geräusche, den Rhythmus der Füße der

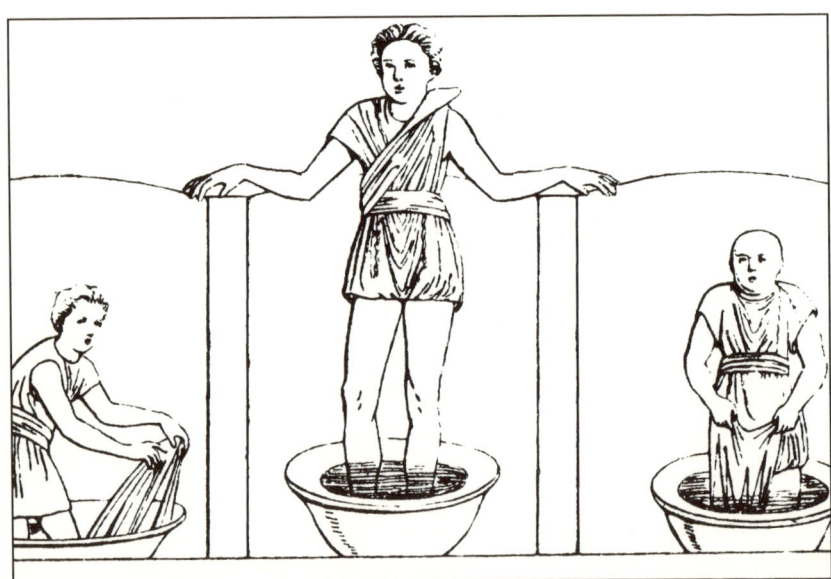

▲ Römische Urinwäscher

Fullonen, der römischen Wäscher, in ihren Becken. Andere sieht er in der Nebengasse, die abendlich aufgestellte Amphoren mit abgeschlagenem Hals einsammeln und zur Wäscherei schleppen. Bis obenhin sind sie angefüllt mit einer säuerlich riechenden, gelblichen, schwappenden Flüssigkeit.

In allen Nebengassen, ein wenig vor Blicken geschützt, waren sie aufgestellt, die Amphoren, in die man sich, so einen die Blase drückte, entleeren konnte: »Knaben, vom Schlafe gedrückt, vermeinen zuweilen an Lachen / Oder an Kübeln zu stehen mit emporgehobenen Röckchen / Lassen dann von sich gehen den ganzen gesammelten Vorrat / Und benetzten damit babylonische kostbare Decken.«[42]

Kaum hinter der nächsten Ecke steht ein mittelalter, hoch gewachsener Römer und hat seine Toga gelüftet, um in eines der dort aufgestellten Gefäße zu urinieren. Hinter ihm, ein wenig ungeduldig wartend, trippelt offenbar ein weiterer Wäscher mit hochgegürtetem Gewand, nackten Beinen und Füßen. Kaum hat der Römer sich entleert und seine Kleidung wieder in Ordnung gebracht, sich mit leicht naserümpfendem Blick umgewendet, den auf ihn Wartenden gemustert und sich davongemacht, schnappt der sich schon den schweren Krug und marschiert, eine feuchte Spur hinter sich herziehend, die die Sonne wohl bald löschen wird, die Straße hinunter und verschwindet im Haus. Dort trifft ihn der beißende Geruch nach Ammoniak in seiner vollen Intensität, denn der Urin musste verfaulen, nachdem er eingesammelt worden war, also noch zehn Tage stehen.

An den Wänden der Wäscherei eine Reihe von untereinander verbundenen, gemauerten Koben, mit jeweils einer halbhohen Mauer gegeneinander abgetrennt – die Konstruktion erinnert an die Architektur heutiger Pissoirs. Die Mauern haben in diesem Fall allerdings nichts mit Schamhaftigkeit zu tun – warum auch, es war ja überwiegend nicht einmal der eigene Urin –, sondern dienten den in den Trögen stehenden, vor sich hinfluchenden und die Wäsche mit ihren Füßen im Urin walkenden Wäschern als Stütze ihrer Arme, auf dass sie nicht das Gleichgewicht verlierend in den Raum stürzten.

Dieses urinhaltige Verfahren entbehrte durchaus nicht einer gewissen Sinnhaftigkeit – und war bis Anfang des 20. Jahrhunderts in Tuchfabriken in ganz Europa in Gebrauch –, wie überhaupt nur weniges, was die Römer taten. Denn mit dem Fett, das die getragenen Kleider enthielten, bildete der Urin eine alkalische Substanz. Nichts anderes macht auch heute noch die Wirksamkeit von Seifen aus. Der einzige Nachteil beim Gebrauch des Urins war, dass er die Stoffe auf Dauer spröde werden ließ.

So war es nur konsequent, dass die Wäscher, Wollweber, Tuchwalker und Gerber vor ihren Werkstätten und Ateliers ihre Tonkrüge (Amphoren) aufstellten. Diese Einrichtung der *Gastrum Urinanum* bot wenigstens den Männern eine Gelegenheit, kosten- und folgenlos in der Öffentlichkeit zu urinieren.

Römische Finanzreform

Dem römischen Kaiser Vespasian (69 bis 79) war nicht entgangen, dass der Rohstoff für die Wäscher quasi frei Haus geliefert wurde. Das wachsame Auge der Steuergesetzgebung witterte eine Einnahmequelle. Im Zuge einer Finanzreform besteuerte er das Aufstellen von Urin-Amphoren – neue Steuern zu erfinden oder schon bestehende zu erhöhen gilt seit der Antike als probates Mittel, die Staatsfinanzen zu sanieren. Die Antwort auf die Kritik seines Sohn Titus ist historisch geworden: »... da hielt ihm [Titus] Vespasian die ersten Geldstücke aus dieser Steuer unter die Nase und wollte wissen, ob der Geruch ihn störe, und als dieser verneinte, sagte er: ›Und doch kommen sie vom Urin.‹«[43]

Noch heute sagen die Lateiner unter uns zuweilen »*Pecunia non olet*, Geld stinkt nicht« und denken dabei weniger an ihren Gang zur nächsten öffentlichen Toilette als an die allgemeine Geldmoral. Auch die Abortgrubenleerer, die *Foricarii*, hatten im alten Rom eine Steuer zu entrichten. Frankreich nannte bis ins 19. Jahrhundert öffentliche Pissoirs *Vespasiennes*, da dieser als der Vorkämpfer für öffentliche Pissoirs und Errichter der Pinkelbecken an der Aurelianischen Mauer gilt – 116 an der Zahl.

Die ursprüngliche Urinsteuer dehnte Konstantin auf alle menschlichen Exkremente, *chrysargyrum* genannt, aus. Menasses berichtet davon, dass jede Frau, jeder Mann, jeder Knabe und jedes Mädchen, Sklaven wie Freie, Dirnen, Hausierer, Kleinhändler und Schankwirte, alle den Kotgroschen zahlen mussten. Es hatte sich offenbar als eine gute Idee erwiesen, nicht stinkendes Geld mit den stinkenden Abfällen der Menschheit zu machen – und das nicht nur auf den Äckern vor der Stadt.

Die Entsorgung von Massenveranstaltungen

Die Straßenreinigung, gerade nach Massenveranstaltungen eine echte Aufgabe, unterstand in der römischen Kaiserzeit den Tribunen, die auch für die Sauberkeit der Märkte und der öffentlichen Latrinen zu sorgen hatten. Es war verboten, den Tiber mit seinem Kot zu verunreinigen oder solchen auf die Straße zu werfen, doch mit welchem Erfolg? Die unterirdischen Kloaken erleichterten zwar die Sauberhaltung der Stadt um einiges, dennoch war das Zentrum der europäischen Zivilisation, wie die Quellen zu berichten wissen, ständig verkotet. So lobte Martial Germanicus den Neffen des Kaisers Tiberius im ersten Jahrhundert ausdrücklich für etwas, was wohl bis dahin unüblich war und deshalb auffiel: »Du Germanicus, zwangst die schmalen Gassen zum Wachsen, und nicht mitten im Kot braucht der Prätor zu gehen.«[44]

Die Straßenreinigung

Die Römer hatten die erste und eine nicht zu unterschätzende Massenkultur auf europäischem Boden. Rom war große und bevölkerungsreiche Stadt; die Gesellschaft funktionierte frei nach dem Motto *Panem et Circensis*. Die Menge Mensch musste, so sie sich nicht gegenseitig zerfleischen sollte, unterhalten werden. Zu diesem Zwecke baute Vespasian das römische Amphitheater, das allerdings auch die Einrichtung von Massenaborten erforderlich machte. Schließlich fasste die Arena etwa 100.000 Menschen – 80.000 Sitz- und 20.000 Stehplätze – und die dort stattfindenden Vorführungen dauerten stundenlang. Auf jeden Fall fiel ein großer »Haufen« Unrat an. Die Leute konnten schließlich nicht einfach unter sich lassen oder in ein Gebüsch entfleuchen. Das Colosseum befand sich mitten in der Stadt, das Theater war verkehrsumflutet, der Unterschied zu heute nicht wesentlich.

25 Sitze im Colosseum

Nur die Schamgrenzen lagen woanders. Denn die im Theater eingebauten Aborte waren im Kreis angeordnet und mit 25 Sitzen ausgestattet. Der sich Erleichternde konnte in Ruhe noch einmal das gerade Gesehene Revue passieren lassen, während man kollektiv unter sich ließ: sich über den verzweifelten und vergeblichen Mut des christlichen Kämpfers erregen; sich freuen, wie laut und trocken die Knochen des vom Löwen dann doch verspeisten danubischen Gefangenen gekracht hatten, nachdem er noch zwei Wildkatzen hatte töten können; ob das Blut, das geflossen war, eher gerechter- oder völlig überflüssigerweise vergossen worden war; wie der Imperator wieder ausgesehen habe ...

Eines aber stand fest: »Die altrömische Latrine stellt unzweifelhaft eine sowohl konstruktiv wie auch hygienisch keinesfalls irgendwie minderwertige Ausführungsform der Massenaborte dar. Lediglich die Anlage einer unterirdischen Fäkalgrube ist im Laufe der Zeit neu hinzugekommen, und zwar ist dies die einzige wesentliche Verbesserung auf diesem Gebiet in fast 2000 Jahren.«[45]

Sieben Weise Ein Fresko aus Ostia erleichtert die Vorstellung, wie es in einer römischen Latrine zugegangen sein muss. Dargestellt sind die Sieben Weisen, die auf einem Abtritt sitzen und miteinander disputieren. Nur noch die leicht nach vorn gebeugten Oberkörper der griechischen Philosophen sind zu erkennen, aber ihre Stellung ist eindeutig. Wandinschriften im Hintergrund der Latrinenanlage und anderswo im selben Raum entschädigen uns für die verlorenen Bildinhalte:

»Ut bene cacaret ventrem palpavit Solon
(Um gut zu kacken, rieb Solon den Bauch.)
Durum cacantes monuit ut nitant Thales
(Thales mahnt: Wer harten Stuhlgang hat, soll drücken.)
Visire tacite, Chilon docuit subdolus
(Der überschlaue Chilon lehrt, leise zu furzen.)«[46]

Die Römer hielten die Zusammenhänge zwischen guter Verdauung und Ausscheidung, körperlichem Wohlbefinden und schöpferischem Gedanken für sehr eng. Sie scheuten sich nicht, diese Anschauung in Wort und Bild auszudrücken. Der ausgiebige Latrinenbesuch scheint mit zur Bäderkultur gehört zu haben; besonders reich ausgestattete Latrinenanlagen standen oft in engem räumlichen Zusammenhang mit Thermen. Übrigens schmückte auch die Darstellung der Latrinenanlage im Haus der Sieben Weisen in Ostia das Vorzimmer eines Bades.

Die Stadt- und Wohnhygiene der Römer

Auch andere römische Städte besaßen unterirdische Kanalisationssysteme. Wo sie fehlten, waren die gepflasterten Straßen oft so angelegt, dass das Regen- und Schmutzwasser die Gasse entlang abfloss. So kannten die Bewohner von Pompeji eine Art Fußgängerstreifen, einzelne, quer über die Fahrbahn gelegte Steinblöcke, die als Passage nebenbei die Fuhrleute zwangen ihr Tempo zum Schutze der die Straßen überquerenden Fußgänger zu drosseln. Mit deren Hilfe hüpften die Passanten trockenen und nicht allzu übel riechenden Fußes von einer Seite der Straße auf die andere. Hier lenkte ein großzügig konzipiertes Einlaufsystem das Abwasser von der Straße den unterirdischen Kanälen zu. Zu diesem Zweck legten antike Straßenbauer so genannte Gullys an.

◄ Der Luxus des Imperiums: römische Badeanlage

Die sanitären Verhältnisse der Städte mit Blockbebauung können natürlich nicht auf die aus Einzelhäusern *(domus)* bestehenden Siedlungen übertragen werden. Viele Häuser in Pompeji besaßen einen Wasseranschluss und abwassertechnische Einrichtungen. In ihnen waren die Kochstelle und der Abtritt meist in demselben Raum untergebracht. Denn Abwässer und feste Stoffe aus Küche und Abtritt, die sich häufig im ersten Stock befanden, ließen sich auf diese Weise in einem »Aufwasch«, sprich einem einzigen Fallrohr beseitigen, in den oft noch eine zusätzliche Röhre für die Entwässerung des Hausdaches mündete. Die Abwässer flossen in einen unterirdischen Kanal zu einer Sickergrube, einem etwa 2,40 Meter tiefen, birnenförmigen Schacht. Die Grube lag unter dem Haus und dem Bürgersteig, von wo aus sie durch ein Loch geleert werden konnte.

Luxus in Latrinen Römische Palastbauten und Villen umfassten – schließlich ließ man es sich gut gehen – mehrere Wohntrakte, Thermen, Festsäle und weitere Repräsentationsbauten und enthielten häufig nicht weniger als zwei kleine und eine große Gemeinschaftslatrine, die sich in der technischen Ausführung nicht wesentlich von den mehrplätzigen öffentlichen Toiletten in den Städten und ihren Thermen unterschieden. Eine der Latrinen schloss meist unmittelbar an den Schlaf- und Wohntrakt des Villenbesitzers und seiner Ehefrau an, die andere an den der Kinder. Die größte Latrinenanlage der Paläste, oft mit mehr als einem Dutzend Plätze, pflegten wohl die nicht zur engeren Familie gehörenden Palastbewohner zu benutzen; sie befand sich in der Regel in räumlicher Nähe zu den Thermen in einer Säulenhalle.

Die Ausstattung der privaten Latrinen war meist luxuriös. Für den Bau der Sitzbänke verwendeten die Römer Marmorplatten, die Spülrinnen für die Reinigung des Latrinenbodens verliefen unterirdisch, die Fußböden schmückten Mosaike. Das überrascht nicht, denn die Latrinen waren genauso repräsentativ, wie das für den heutigen Mitteleuropäer sein Wohnzimmer ist. Allein die Anordnung der Sitzplätze und die Ausstattung der Latrinen macht deutlich: Die Defäkation in der Römerzeit war keine private Angelegenheit, sondern ein gemeinschaftlicher Genuss im Familien- oder Freundeskreis und stand unter dem Schutz der Götter.

Herrliche An- und Aussichten
Christen, Juden, Mohammedaner

Die Einführung von Aborten – abseits gelegene Orte, die nicht Teil des Hauses oder der Wohnung sind – lässt sich nicht allein aus gesundheitlichen, sprich hygienischen Erwägungen erklären. Denn es gab beides: Völker mit einem hohen Zivilisationsstand ohne eine solche Einrichtung neben denen ohne besondere zivilisatorische Errungenschaften bis auf eben diese eine. Vielleicht führte viel eher der Glaube, dass die Fäkalien des Menschen immer auch ein Teil von ihm sind und entsprechend »geschützt« werden müssen, dazu, dass der Mensch sich bemühte seine Abfälle dem Zugriff anderer zu entziehen. Oder, wenn das nicht möglich war, sie zumindest zu verbergen und zu zerstreuen. Sie also nicht in die Hände Übelwollender, etwa Hexen und Zauberer, fallen zu lassen, da diesen damit ein Machtmittel über den eigenen Körper in die Hände gegeben wäre.

Womit auch nichts anderes ausgedrückt ist, als dass durchaus, wenn auch vorbewusst und nicht gesichert, eine Ahnung davon bestand, dass der Kontakt mit Fäkalien zu Krankheit, Seuche, Siechtum und Tod führen konnte, eben zur Inbesitznahme des Körpers durch fremde, übel wollende Mächte. Was anderes waren Krankheiten? So wird also viel die Angst dazu beigetragen haben, dass die Menschheit die eigenen Abfallstoffe in flüssiger und fester Form in Behältnissen sammelte. Später trat der Gestank hinzu, dem man nicht nur eine Belästigung der menschlichen Umwelt, sondern auch deren Vergiftung mit bösen Folgen für die Gesundheit zutraute.

Angst vor bösen Mächten

Erst als die Erfahrung hinzukam, dass der menschliche Abfall sich auch wirtschaftlich als Dünger nutzen ließ, dessen reine Entsorgung als Abfall einer Ressourcenvernichtung gleichkam, und die Menschheit in ihm zu ersticken drohte, begann sich die Sammelleidenschaft in Gesetzen und staatlichen Regelwerken niederzuschlagen und weckten die Aborte immer mehr das Interesse des Gesetzgebers.

Ein Platz außerhalb des Lagers

In der Bibel heißt es im 5. Buch Mose: »Und du sollst einen Platz außerhalb des Lagers haben, dass du dahin hinausgehst. Und du sollst eine Schaufel unter deinem Gerät haben; und es soll geschehen, wenn du dich draußen hinsetzest, so sollst du damit graben und sollst dich umwenden und deine Ausscheidungen bedecken. Denn Jehova, dein Gott wandelt inmitten des Lagers, um dich zu erretten und deine Feinde vor dir dahinzugeben; und dein Lager soll heilig sein, dass er nichts Schamwürdiges unter dir sehe und sich von dir abwende.«[47]

In der jüdischen Religion spielten Reinheitsgesetze eine herausragende Rolle. Sie sind in ihrem Kern im 3. Buch Mose festgehalten und umfassen unter anderem Speisevorschriften; Anweisung für die Behandlung von an Aussatz erkrankten Personen; Verhaltensvorschriften bei Schwangerschaft, Geburt und Tod; Vorschriften für die Sexualhygiene; Gebote für das Opfern.

Regeln des Talmud Etwa um 200 nach unserer Zeitrechnung wurden unter dem Einfluss römischer Rechtstradition die nach der mündlichen Überlieferung geltenden Normen in der Mischna festgehalten, die in späterer Zeit durch den Talmud Erweiterung fanden. Vorgeschrieben waren Händewaschen nach dem Schlafen, vor dem Essen, nach der Defäkation und nach dem Berühren einer Leiche sowie zusätzliche, tägliche Waschungen von Gesicht, Händen und Füßen. Diese detaillierten religiösen Vorschriften konnten nicht ohne Folgen bleiben für den Bau sanitärer Einrichtungen. Ein Terrassenhaus auf dem Südosthügel von Jerusalem, errichtet zwischen dem zehnten und dem siebten Jahrhundert vor unserer Zeitrechnung, enthält eine kleine Zelle von knapp zwei Quadratmetern, in der das gemauerte Klo liegt. Seine Sitzplatte aus Keramik gleicht den ägyptischen von Amarna.

Unter dem gepflasterten Boden des Abtritts lag eine »Sicker«-Grube von über zwei Metern Tiefe. Der Abtritt wurde mit erheblichem baulichem Aufwand erstellt, was sich allein aus der Ächtung der Defäkation als schmutzig durch die jüdische Religion erklären lässt. Andere Vorschriften verbannen öffentliche Toiletten mindestens 1,5 Kilometer außerhalb des Bereichs der heiligen Bezirke, also vor die Stadttore. Wie weit diese befolgt wurden, lässt sich heute nicht mehr nachweisen.

Dennoch sticht die oben zitierte Vorschrift aus den anderen heraus, da sie nicht wirklich mit den normalen in kultischen Texten verborgenen Anweisungen zur Reinheit in Verbindung zu bringen ist – wie etwa dem Verbot bestimmter Speisen oder der Beschneidung. Den Mohammedaner hält seine Religion dazu an, bei der Verrichtung der Notdurft ein Gebet zu sprechen. Danach ist er zu einer rituellen Reinigung gezwungen, denn: »Nach Mohammeds Gesetz wird der Menschenleib nach jeder Ausleerung unrein ... nach der Verrichtung eines größeren oder kleineren Bedürfnisses ist je nach den Umständen eine Abwaschung erforderlich. Wenn ein Harntropfen an die Kleider kommt, muss man sie schon waschen.«[48]

▲ Toilettensitz aus Keramik, Armana

Reinheit nach Mohammeds Gesetz

Dabei wird streng auf die Trennung der beteiligten Hände geachtet. Die linke ist die reinigende Hand, mit der rechten wird gegessen. Allerdings kann der Gebrauch des Klopapiers in mohammedanischen Ländern heute als so weit verbreitet gelten, dass sich zum Beispiel in Syrien, das die staatliche Produktion von Toilettenpapier eingestellt hat, einzelne Schmugglerfamilien bereits eine goldene Nase mit dem Schmuggel von ebenjenem verdienen können ohne sich damit irgendeine ihrer Hände schmutzig zu machen.

Zieht man den Talmud zurate, der den Glauben daran, dass sich auf Abtritten Dämonen aufhalten, bewahrt, und führt sich die Warnung des Rabbi Hanina bar Papa vor Augen, beim Gebet die Öffnungen des Leibes zu hüten, wird eines deutlich: Die gemeinsame Grundlage der Religionen sowie die besondere Betonung der Unreinheit der körperlichen Entleerung in der jüdischen Religion und bei den Mohammedanern hat ursprünglich mit einem sanitärhygienischen Anspruch direkt wenig zu tun, viel eher mit dem alten Glauben – und das mag nur Ausdruck des Wissens um die körperlichen Gefahren gewesen sein –, dass sich an den Orten der Defäkation böse Dämonen aufhalten und auf die Menschen warten. Denn vor allem im Moment der körperlichen Entleerung besteht für sie die einmalige Chance, einen Weg durch die Körpereingänge in den menschlichen Leib zu finden. »Die rabbinischen Juden glau-

Ort der Dämonen

ben, dass jeder Abtritt der Aufenthaltsort eines unreinen Geistes dieser Art (nämlich eines Kot verzehrenden Gottes) sei, den man mit dem Atem einziehen könne und der dann in die unteren Teile des Körpers hinabsteige, dort wohnen bleibe und auf diese Art, wie die Bhutas der Inder, Leiden und Krankheiten hervorbringe.«[49] Der (Aber-)Glaube ähnelt dem besonders in der arabischen Welt verbreiteten, dass dies dem Trinkenden beim Öffnen des Mundes passieren könne, weshalb das Erheben des Glases und das Trinken nur unter größten Vorsichtsmaßnahmen beziehungsweise geschützt durch einen Schleier gewagt werden kann.

Denn die Unterwelt ruht nicht und lässt keine Möglichkeit ungenutzt. Da sie unten, quasi auf der gleichen Ebene wie der unheimliche menschliche Unterleib liegt, wurde beides nur zu einfach zusammengedacht. Für das jüdische Kriegslager hieß das, Jahwe den Anblick der entblößten Hintern der Soldaten zu ersparen – wobei er selber Mose gegenüber eine solche Scham nicht zu kennen schien. Andererseits verhindert diese Vorschrift äußerst wirkungsvoll die Todesgefahr Nummer eins für Soldaten auf historischen Feldzügen bis weit ins 19. Jahrhundert: Krankheiten und Seuchen.

Teile des Körpers

Dass die Juden ihre Exkremente mit Erde zu bedecken hatten, hing wohl wieder mit der Vorstellung zusammen, dass sich der Feind sonst dieser und damit eines Teils des eigenen Körpers bemächtigen und so Macht über den Menschen erringen könnte. Ein ungutes Gefühl, gerade auf einem militärischen Feldzug, und damit nachvollziehbarer Grund für ein an sich sinnvolles Hygienegesetz. Sie waren es also, die die Sitte, die Exkremente zu vergraben, hier wie in vielen anderen Bereichen immer streng dem Altertum zugewandt, wieder aufleben ließen: »Peinlicher als alle übrigen Juden vermeiden sie [die Qumrangemeinde] es, am Sabbat sich mit Arbeit zu befassen, demzufolge bereiten sie nicht nur die Speisen tagvorher, um am Sabbat kein Feuer anzünden zu müssen, sondern sie wagen am Ruhetage nicht einmal ein Gefäß von der Stelle zu rücken oder ihre Notdurft zu verrichten. An andern Tagen aber höhlen sie mit der einer Hacke ähnlichen kleinen Axt, die man jedem neu Eintretenden verabfolgt, eine Grube von der Tiefe eines Fußes aus, verhüllen sie mit ihrem Mantel, um den Lichtglanz Gottes nicht zu beleidigen, entleeren sich darein und scharren dann mit der ausgegrabenen Erde das Loch wieder zu; auch suchen sie zu dieser Vorrichtung die abgelegensten Plätze aus. Und obwohl die

Entleerung der Körperexkremente etwas Natürliches ist, ist es doch bei ihnen gebräuchlich, sich nachher zu waschen, als ob sie sich verunreinigt hätten.«[50]

Die unterschiedlichen religiösen Einstellungsmuster zum Schmutzcharakter der menschlichen Ausscheidung werden historisch in vielen, manchmal skurrilen Auseinandersetzungen zwischen Christen und Juden oder Christen und Mohammedanern, jenseits der bekannten kriegerischen Konflikte, deutlich. Denn schließlich gilt: »In nichts anderem sind die Menschen so sehr ihrer Vernunft verlustig gegangen als in ihrer Religion, in der Steine und alte Lappen Märtyrer darstellen; und da die Religion des einen dem anderen als Verrücktheit vorkommt, so braucht man nicht die Rücksichtslosigkeit des Lesers zu befürchten, will man eine Schilderung oder eine Erklärung alter Kultgebräuche geben.«[51]

Verrücktheiten der Religion

»Wenn sie Wasser lassen«, heißt es höhnisch in einem Reisebericht von 1718, »hocken sie [die Türken] sich nieder wie Weiber, aus Furcht, einige Tropfen Harn könnten in ihre Hosen fallen. Um dieses Unglück zu verhüten, pressen sie ihr Geschlechtsteil sehr sorgfältig aus und reiben seine Spitze gegen die Wände, und man kann an einigen Plätzen die Beobachtung machen, dass die Steine durch diese Gewohnheit abgenutzt sind. Um sich einen Spaß zu machen, schmieren die Christen manchmal indischen Pfeffer und die Wurzel, die ›Calf's Foot‹ genannt wird, oder irgendeine andere beißende Pflanze an diese Steine, wodurch häufig Entzündungen bei denjenigen hervorgerufen werden, die einen solchen Stein benutzen. Da der Schmerz sehr heftig ist, so laufen die Türken wegen der Heilung häufig gerade zu denselben christlichen Wundärzten, die die Urheber dieser unglücklichen Zufälle sind. Diese unterlassen es denn auch niemals, jenen zu sagen, dass es sich um eine sehr schlimme Sache handelt und dass sie vielleicht gezwungen sein würden, eine Amputation vorzunehmen. Die Türken erheben dagegen Einspruch und beteuern, dass sie niemals mit einer Sorte von Weibern, die verdächtig sein könnten, Umgang gehabt hätten. Schließlich wickeln sie dann den leidenden Teil in einen mit einer Mischung von Weinessig und Wasser getränkten und mit ein bisschen armenischer Siegelerde gefärbten Leinenlappen; und das verkaufen sie ihnen dann als ein großartiges Sonderheilmittel für die Art von Krankheit.«[52]

Der Himmel war allein zu verdienen in Dreck und Schmutz

Diese Scherze konnte nur jemand treiben und sie als solche empfinden, dem es am Verständnis für den Akt der Reinigung an sich fehlte. Im Prinzip lässt sich – mit nur wenig ironischer Übertreibung – feststellen, dass das Christentum die Unreinheit befördert, das »Dunkel« ins Mittelalter gebracht und nicht zuletzt Pest und Cholera aufs Vortrefflichste gefördert hat. Nicht nur die in der Geschichte der Heiligen von Corvin erwähnten Mönche sahen von jeder Säuberung ihres Körpers ab und nahmen zudem all das zu sich, was nicht im Ruch stand, »gute Nahrung« zu sein; nicht nur ihnen galt die Leibreinlichkeit und Sauberkeit lediglich als Ausdruck von Eitelkeit und Stolz beziehungsweise als ein erster Schritt in die Sünde, da sie ohne sich des Körpers bewusst zu werden kaum umzusetzen war; schon jede körperliche Bewusstwerdung konnte zur Sinnlichkeit führen und war damit des Teufels.

Nein, der Himmel war allein zu verdienen in Dreck und Schmutz. Die Selbstkasteiung feierte wilde Urständ. Die Heiligen, die schließlich am meisten Verehrung erfuhren – aus nachvollziehbaren Gründen häufig eine eher räumlich distanzierte –, lassen sich manches Mal eigentlich nur als ein Haufen lebender Schmutz beschreiben. So heißt es beispielsweise im »Leben des Heiligen Antonius« geradezu begeistert, der Heilige sei bis ins hohe Alter nicht schuldig geworden, sich die Füße gewaschen zu haben.

Ob die Jungfrau Sylvia oder der heilige St. Abraham, die Geschichte der europäischen Heiligen strotzt von solch »bewundernswerten« Werken der Selbstbeherrschung. Ausdruck fand dies christliche Verständnis schließlich auch in der Beobachtung eines französischen Arztes aus dem 14. Jahrhundert, die Sterblichkeit durch die Pest sei unter den Karmelitermönchen besonders hoch gewesen. Er brachte dies nicht zufällig mit deren Lebenswandel in Zusammenhang.

Erde und Wasser Nicht die Christen, wohl aber die Juden und vor allem die Mohammedaner hatten äußerst exakte Reinigungsvorschriften zu befolgen: »Das Gesetz ordnet an ›Istindjah‹ – Entfernung –, ›Istinkah‹ – Abwaschung –, ›Istibra‹ – Trocknen –, das heißt zuerst gebraucht man nur einen kleineren Erdklumpen zur örtlichen Reinigung, dann Wasser zum mindesten zwei Mal, und schließlich ein Stück

Leinwand, das mindestens eine Elle lang ist … In der Türkei, Arabien und Persien sind alle drei unbedingt erforderlich und fromme Männer tragen zu diesem Zweck einige Erdklümpchen in ihrem Turban mit sich herum … Diese Reinigungshandlungen führt man auch in den Bazaren vollständig in aller Öffentlichkeit aus, und zwar mit dem Wunsche, das strenge Festhalten an dem frommen Brauche der Welt vor Augen zu führen.«[53]

Wer sich wundert, dass der Reinigungswille der frommen Männer sich eines »Erdbrockens« bedient, sollte sich fragen, warum es immer das Wasser sein muss? Die Antike reinigte sich im Bade unter Verwendung feiner Öle, alttestamentarisch schon unter Zuhilfenahme von Laugensalz, oder eben Urin. Warum also Wasser? Weil es keine Farbe, keine Form, keinen Geruch, kaum einen Geschmack und, da fließend, keinen festen Ort hat und somit das Nirwana, das Nichts, das »weniger als etwas« am besten verkörpert? Vermutlich steht hinter dieser Vorstellung der Gedanke, dass das Nichts aus reiner Gier, etwas zu werden, alles in sich aufnimmt, wie Wasser den Dreck: »A little water clears us of this deed«, sagte schon Lady Macbeth nach dem Königsmord. Das Abwaschen des Schmutzes mit Wasser ruft ein Gefühl hervor, das gerade der Deutsche nicht selten mit »wie neugeboren« umschreibt und damit weit mehr meint als nur das Abwaschen des äußerlichen Drecks. Das geht tiefer, denn »neugeboren« ist unschuldig.

Die äußere Reinigung scheint unauflöslich an die innere gebunden, und beide irgendwie an die Berührung mit dem Nichts. Denn das gilt als sauberer und unschuldiger als alles andere. Allein der Kontakt mit der Welt macht schmutzig und der Kontakt mit dem Nichts, dem Wasser kann da die Rettung sein. Irgendetwas davon schwang wohl immer schon mit bei den diversen Reinigungs- und Beerdigungs(!)ritualen im religiösen Umfeld. Da hat der Erdklumpen ein anderes Kaliber, denn er ist realer, selber schlammig und schmutzig. Die Reinigung mit Hilfe von Erde folgt wohl eher dem Prinzip, Gleiches mit Gleichem auszutreiben, abzureiben.

Exkurs: Die Reinigung des Allerwertesten

»›Durch langwierige und interessante Versuche‹«, ließ einst François Rabelais seinen Protagonisten Gargantua sagen, »›habe ich ein Mittel ausfindig gemacht, mir den Arsch zu wischen, so erlesen, so vortrefflich und zweckmäßig, wie man's nur wünschen kann.‹ – ›Was für eins?‹, fragte Grandgousier.— ›Das sollt ihr gleich hören‹, sagte Gargantua.

Samt, Perlen, Federn
›Zuerst wischte ich mich mit einer samtenen Frauenmaske und fand das ganz gut. Die Weichheit der Seide verursachte mir ein ganz besonderes Wohlgefühl im Hintern. Das nächste Mal mit einem samtenen Häubchen: dasselbe Gefühl!

Ein anderes Mal mit einem Halstuch, dann mit karmesinfarbenen Ohrenklappen; aber die Scheißgoldperlen, die daran waren, zerkratzten mir den Hintern. Ich wollte, dass dem Goldschmied, der sie gemacht hat, und dem Weibsbild, das sie trug, ein heiliges Feuer in die Gedärme fahre.

Das Übel verging, als ich mich mit einer Pagenmütze wischte, die nach Schweizer Art mit Federn besetzt war. Darauf fand ich hinter einem Busch eine kräftige junge Märzkatze und wischte mich mit der, aber ihre Tatzen kratzten mir die Schamleiste wund.

Davon kurierte ich mich am folgenden Tag, indem ich mich mit meiner Mutter Handschuhe wischte, die mit Benzoe parfümiert waren. Hierauf wischte ich mich mit Salbei, Fenchel, Anis, Majoran und Rosen, mit Kürbis-, Kohl-, Runkelrüben-, Wein-, Pappel- und Weißdornblättern, womit man den Hintern scharlachrot färben kann; mit Königskerze und Lattich, was alles meinem Hinterkastell sehr wohl tat; dann mit Bingelkraut, Pfefferminze, Nesseln und Beinheil, wovon ich aber den Blutfluss bekam. Also wischte ich mich mit Laken, Bettdecken, Vorhängen, Kissen, Teppichen, Handtüchern, Tischtüchern, Servietten, Schnupftüchern und Pudermänteln. Hat mir alles wohler getan als einem Grindigen, wann man ihn krault.‹

›Potztausend‹, sagte Grandgousier, ›aber welche Art gefiel dir denn nun am besten?‹ – ›Das war's eben, was ich herausfand‹, sagte Gargantua, ›und Ihr sollt gleich der langen Rede kurzen Sinn erfahren. Ich wischte mich mit Heu, Stroh und Werg, mit Kuhhaar, Wolle und Papier, aber wischst du den Hintern mit Papier, beschmierst du leicht das Säcklein dir!‹ …

›Nachher‹, sagte Gargantua, ›wischte ich mich mit einem Kopftuch, einem Ohrkissen, einem Pantoffel, einer Jagdtasche, einem Korb – aber das war ein miserabler Arschwisch. Dann mit einem Hut, wobei bemerkt werden muss, dass es sehr verschiedenartige Hüte gibt: glatte, filzene, samtene, taftene und altlassene. Die Filzhüte aber sind die besten, weil sie den Dreck am vollständigsten wegnehmen.

Hierauf wischte ich mich mit einer Henne, einem Hahn, einem Küchlein; mit einem Kalbfell, einem Hasen, einer Taube, einem Kolkraben, einem Aktenbeutel, einem Barttuch, einer Kindermütze und einem Lockvogel.

Schließlich erkläre und behaupte ich hiermit, dass es keinen besseren Arschwisch gibt als ein recht flaumiges junges Gänschen, wenn man es nämlich so fasst, dass ihm der Kopf zwischen die Beine zu liegen kommt.‹«[54]

Der Römer bediente sich nicht nur des erwähnten Stockes zur Reinigung seines Allerwertesten (oder zur Selbsttötung), sondern war sich auch nicht zu fein die Finger zu benutzen. Die hatte er wenigstens immer dabei.

Stöcke, Hemdzipfel, Stoffplätzchen

In den Kloaken englischer Schlösser, aber auch denen Göttinger Bürgerhäuser fand man beileibe nicht nur Stroh und Leinwandfetzen, sondern auch eine große Anzahl kleiner Wergplätzchen, Abfall, der bei der Verarbeitung von Flachs und Hanf anfiel. Der Bauer auf dem Felde trug sein oft einziges Hemd, dessen Zipfel vielerlei Funktionen zu erfüllen hatten. Manchmal tat es Laub, manchmal trockenes Stroh, manchmal vertraute er den Selbstreinigungskräften der Natur. Sein Berufsgenosse in der Neuen Welt griff gerne zum Maiskolben, und Peter der Große entwickelte eine Vorliebe für die noch zuckenden Hälse frisch geschlachteter Gänse. Selbst Knoblauchschnitten waren zu diesem Zwecke im Gebrauch.

Wie man sich den eigenen »Arsch« reinigte, war eine höchst individuelle Entscheidung mit teilweise weit reichenden Folgen: Die Vorliebe der Dubarry für spitzenbesetzte Tüchlein soll einer der Auslöser für die Französische Revolution gewesen sein – es war wohl gar zu dekadent.

Spätestens danach sah die Welt anders aus. Die aus dem Boden sprießenden Zeitungen, auf Papiermaschinen hergestellt und mittels großer Rollen bedruckt, wanderten im 19. Jahrhundert

Blatt für Blatt auf einen Haken im Abort und wurden daselbst ihrem letzten Zweck zugeführt. Die Russen des 17. und 18. Jahrhunderts kannten Alternativen und bedienten sich nachweislich »wohlpolierter kleiner Schäuflein von Tannenholz«, um sich den Hintern sauber zu kratzen.

Auch wenn Papier in den Jahrhunderten immer wieder zu ebenjenem schmierigen Zwecke Verwendung fand, Klopapier sah erst das Jahr 1857 in den USA. Der Geschäftsmann Joseph Gayetty führte es als Päckchen einzelner Blätter auf dem amerikanischen Markt ein. Allerdings auch durchaus nicht ohne Irritationen, denn kein Amerikaner – und da unterschied er sich mit Sicherheit von kaum einem seiner Zeitgenossen – konnte sich die Sinnhaftigkeit von unbedrucktem Papier auf der Toilette vorstellen. Und dafür noch Geld ausgeben? Zumal die bisher benutzten Zeitungen, Werbebroschüren, Kataloge den Aufenthalt angenehm verkürzten.

Der Sieg der Perforation

Den Versuch wiederholte Walter Alcock erst im Jahre 1879, diesmal in England. Er allerdings entwickelte eine Idee, die sich letztlich durchsetzte: die perforierte Rolle, von der sich die einzelnen Blätter mühelos abreißen ließen. Das wesentlich größere Problem in der viktorianischen Zeit war die Werbung für ein Produkt, das dem Unaussprechlichen diente. So dauerte es ungefähr zehn Jahre, bis sich das Alcock'sche Erzeugnis beim Publikum durchgesetzt hatte.

Der eigentliche Durchbruch gelang erst den Amerikanern. Die Gebrüder Edward und Clarence Scott hatten 1879 zeitgleich im Staate New York eine Papierfabrik gegründet, die Wegwerfartikel produzieren sollte. Was bot sich Naheliegenderes an als auf Toilettenpapier zu setzen? Denn die Amerikaner statteten in jener Zeit ihre Hotels und Restaurants mit Wassertoiletten und Abwasserleitungen aus, größere Städte bekamen eine Kanalisation – ein boomender Markt. »Philadelphia konnte für sich in Anspruch nehmen, die Stadt mit den meisten sanitären Einrichtungen mit Fließwasser zu sein (im Jahre 1836 gab es dort 1.530 Badewannen). Im südlichen Teil Manhattans wurden Mietshäuser hochgezogen, in denen sich mehrere Familien ein Bad und Toilette mit fließend Wasser teilten. Hersteller und Kaufhäuser priesen den letzten Schrei aus Europa, Toilettensitze in Form ovaler Bilderrahmen und die neueste, einteilige Toilettenschüssel aus Steingut, die 1884 auf der British Health Exhibition die Goldmedaille für gute Formgebung von Badezimmerinstallationen erhielt.«[55]

In puncto Bad und Toilette tat sich etwas, die Zeit war reif für Toilettenpapier. Deren Packungen zierte die Aufschrift: »Weich wie altes Leinen«. Das war wohl immer noch eine Alternative und zudem wiederverwendbar, was für den neuen Artikel nicht galt. Aber Toilettenpapier galt schon bald als fein, Zeitungen, Kataloge und eben Leinen als altmodisch und rückständig.

Weich wie altes Leinen

Daran war die Werbung nicht ganz unschuldig. Denn nach dem Ersten Weltkrieg kamen auch die Toilettenpapierhersteller aus ihren Gräben und gingen in die Offensive. Sie versuchten ihrem Produkt einen gewissen elitären Touch zu verleihen: »Die haben ein schönes Haus, Mama, aber ihr Toilettenpapier kratzt« war eine bekannte Werbezeile. Was nützt da das schöne Haus? Kurt Tucholsky zog die Werbung durch den Kakao, als er mit Blick auf den Toilettenartikel reimte: »Rasant im Schnitt«.

Der schwäbische Pionier Hans Kienk konnte immerhin ein wenig Latrinenruhm für die deutschen Lande erwerben, als es ihm 1928 gelang, das welterste Toilettenpapier mit garantierter (1.000) Blattzahl anzubieten. Das Klo mutierte fortan zur Goldgrube; die größeren deutschen Klopapierhersteller haben heutzutage mit ihrem perforierten, unbedruckten Papierprodukt einen Jahresumsatz von einigen Hundert Millionen Euro.

Ist der Leib des Herrn verdaubar?

Aurelius Augustinus antwortet in seinem Werk »De magistro liber usus«[56] auf den Satz von Adeodat »Denn wenn wir zum Beispiel ›Kot‹ sagen, ist dieses Substantiv meiner Meinung bedeutend edler als das, was es bezeichnet … denn uns ist es lieber, vom Kot zu hören, als ihn mit einem unserer anderen Sinne wahrzunehmen« folgendermaßen: »Das Wissen um den Kot, wofür das Wort als Name eingesetzt worden ist, muss für besser gehalten werden als der Name selbst, der als Wort wieder, wie wir festgestellt haben, der Sache, das heißt dem Kot, vorgezogen werden soll. Es gibt ja auch keinen anderen Grund, das Wissen dem Zeichen, um das es sich handelt, vorzuziehen, als die Tatsache allein, dass das Zeichen für das Wissen, und nicht das Wissen für das Zeichen da ist.«

Wer sich wundert, dass jemand, der einen Ruf als Kirchenvater zu verlieren hat, sich mit solch irdischen Dingen wie der menschlichen Ausscheidung beschäftigt, möge bedenken, dass dessen Interesse einem verzwickten erkenntnistheoretischen theologischen Problem galt. Denn es war nicht ohne Hintergrund, dass Theologen bis zum elften Jahrhundert Antworten auf die schwierige Frage nach der Entstehung und Verdauung der Stoffe suchten, die beim Abendmahl geweiht wurden. Sie mussten allein deswegen eine Antwort auf diese Frage finden, um den Widerspruch zwischen der Materialität von Brot und Wein, die zweifellos der Verdauung unterliegen, und der zweifelhaften Unvergänglichkeit des Leibes Christi aufzulösen, für den andererseits Brot und Wein in der Eucharistie standen. Es galt, die Frage nachvollziehbar zu klären: Wird der Leib Christi, materialisiert in Brot und Wein, verdaut und ausgeschieden? Wo bleibt er auf dem Weg durch den menschlichen Körper? In diesem Zusammenhang waren den Theologen Reflexionen über das Exkrementelle recht vertraut. Das galt vor allem für Augustin, der die Frage in klassischer Weise beantwortete, indem er das vergänglich Sichtbare und das unvergänglich Unsichtbare unterschied – die alte Antwort auf die Fragen: Was ist das, was wir Seele nennen, woraus ist sie und wo? Gerade weil sie keine Materialität und keinen Ort besitzt, ist sie die Macht, die sie ist.

Stercoranisten In der Ausgabe der »Encyclopedia Britannica« aus dem Jahr 1841 heißt es: »Stercorarianer oder Stercoranisten, gebildet aus *stercam* (latein. der Kot), ein Name, den die Anhänger der römischen Kirche ursprünglich solchen Leuten gaben, die annahmen, dass die Hostie der Verdauung und allen weiteren Folgen unterworfen wäre, gerade wie andere Nahrung«.

Begonnen hatte der Streit darüber, ob der Leib Christi verdaut und ausgeschieden würde oder eben nicht, im Jahre 831, nachdem ein Mönch mit Namen Pauschasius Radbertus die Abhandlung »De Corpore et Sanguine Domini« veröffentlicht hatte. In ihr wettert er gegen die Vorstellung, dass der Leib des Herrn, aufgenommen im Abendmahl, ebenfalls der Verdauung unterliegen könne wie »andere« Lebensmittel auch. In der Folge mutierte – Kardinal Humpert erwähnt den Begriff »Stercoranisten« in einer Streitschrift gegen Nicetas Pectoratus wohl zum ersten Mal – dieser Begriff zu einem Schimpfwort in der reinen christlichen Lehre. Alle so Bezeichneten waren der Ketzerei verdächtig.

»Diesen Schimpfnamen haben einige Schriftsteller denjenigen gegeben, die dachten, dass die Symbole des Abendmahles der Verdauung und allen ihren Folgen ebenso unterworfen wären wie die anderen körperlichen Nahrungsmittel … Ob diese Ketzerei überhaupt vorhanden war, ist nicht allgemein anerkannt. Der Präsident Manguin schreibt sie einem Schriftsteller des neunten Jahrhunderts namens Amalaire zu … und der Kardinal Humpert bezeichnet in seiner Antwort an Nicetas Pectoratus diesen klar und deutlich als Stercoranisten, weil dieser behauptete, die Empfangnahme der Hostie breche das Fasten. Schließlich schreibt Alger den Griechen dieselbe Irrlehre zu. Aber diese Anklagen scheinen grundlos zu sein, denn … Amalaire stellt in Wirklichkeit die Frage, ob die Bestandteile des Abendmahles wie gewöhnliche Nahrungsmittel aufgezehrt werden, aber er trifft keine Entscheidung. Nicetas behauptet gleichfalls, das Empfangen des Abendmahls breche das Fasten; sei es nun, dass in den Bestandteilen etwas Nährkraft enthalten ist, sei es, weil man nach dem Empfang des Abendmahles auch andere Nahrungsmittel zu sich nehmen kann; aber die Folgerungen, die ihm Kardinal Humpert andichtet, scheint er nicht gezogen zu haben. Und weiter erscheint es gleichfalls nicht richtig, dass die anderen Griechen in dieselbe Irrlehre verfallen sind. Sankt Johannes von Damaskus spricht sie von dieser Anschauung frei. Aber die Stercoranisten mögen nun vorhanden gewesen sein oder nicht, die Protestanten können daraus gegen die wirkliche Gegenwart des Leibes Christi keinen Vorteil ziehen, denn jene Irrlehre stützt diesen Glaubenssatz mehr, als sie ihn erschüttert.«[57] Womit der Mann Recht hat, denn denjenigen, die davon ausgehen, dass das Abendmahl das Fasten bricht, weil sie ihm einen gewissen Nährwert zubilligen, kann man wirklich nicht den Vorwurf machen, sie würden nicht an das Prinzip des wahren Leibs Christi im Abendmahl glauben und damit den Protestanten in die Hände spielen. Wohl eher im Gegenteil.

Heilige Scheiße

Teilhabe an Gnade oder Macht versprach die Weiterverwendung des Kotes von geistlichen und weltlichen Würdenträgern, die häufig in der orientalischen Literatur Erwähnung findet. In den »Märchen aus Tausendundeiner Nacht« verkündet König Afrida den Emiren unter anderem: »Und ich habe die Absicht, euch alle heute

Teilhabe an Gnade und Macht

Abend mit dem heiligen Weihrauch zu weihen. Nun war aber der Weihrauch, von dem er sprach, der Kot des obersten Patriarchen ... und sie suchten ihn mit solchem Eifer und sie schätzten ihn so hoch, dass der Oberpriester der Griechen ihn in Seide eingewickelt in alle Länder der Christen verschickte, nachdem er ihn mit Moschus und Ambra gemischt hatte; und Könige, die davon hörten, gaben gern tausend Goldstücke für jede Drachme, sie schickten darnach, denn sie wollten ihn haben, um die jungen Frauen damit wohlriechend zu machen; und die Oberpriester und die Großkönige pflegten ein wenig davon als Augensalbe zu gebrauchen und als Heilmittel bei Krankheit und Kolik, und die Patriarchen pflegten damit ihren eigenen Kot zu vermischen, denn der Kot des Oberpriesters hätte für zehn Länder nicht ausgereicht.«[58]

... gäbe es nicht die Iren

Robert Burton, »ein sesshafter Büchernarr an der Universität Oxford« (Bruce Chatwin[59]), führte in dem Zusammenhang in seiner zweibändigen »Anatomy of Melancholy« 1621 den Begriff der »Holy Merde«, des »Heiligen Kotes« ein. Auch die Geschichte des Christentums enthält eine Reihe von Beispielen, in denen die Verehrung für die Ausscheidung heiliger Männer den Beweis besonderer Christentreue oder der Teilhabe an besonderer Gnade bedeutet. Nicht nur den Auswurf des Dalai Lama in Tibet trug man als Amulett beziehungsweise als Talisman oder benutzte ihn zur Würzung der Speisen. Allzu schnell ließe sich das als »tartarische« Sitte abtun, gäbe es nicht die Iren. Denn in den »Irischen Annalen« heißt es über einen Glaubensakt des Königs Aedh aus dem Jahre 605: »Eines Tages ging er, als er noch Kronprinz war, über das Gebiet von Othain-Muira; er wusch seine Hände in dem Bache, der das Gebiet dieser Stadt durchfließt. Er nahm auch Wasser, um sich das Gesicht damit zu waschen. Einer seiner Leute hielt ihn aber davon ab. ›König‹, sprach er zu ihm, ›bringe dieses Wasser nicht auf dein Gesicht!‹ – ›Und weshalb nicht?‹, frug der König. ›Ich schäme mich, es zu sagen‹, erwiderte jener. ›Wie kannst du dich schämen die Wahrheit zu sagen?‹, frug der König. ›Nun denn, die Sache verhält sich also‹, erwiderte jener, ›über diesem Wasser befindet sich der Abtritt des Geistlichen.‹ – ›Und kommt der Geistliche selbst (das heißt der Oberste der Geistlichen) hierher, um sich zu erleichtern?‹ – ›Ja, er kommt selbst hierher‹, erwiderte der Page. ›Ich werde von diesem Wasser nicht nur auf mein Gesicht bringen‹, sagte der König darauf, ›sondern ich werde davon sogar in den Mund nehmen und ich werde davon trinken‹ (und er trank wirklich drei Mund voll davon), ›denn das Wasser, wohinein sich jener erleichtert, ist für so gut wie das Abendmahl.‹

Dieses wurde Muira (dem Obersten der Geistlichen) wiedererzählt und er dankte Gotte, dass Aedh einen solchen Glaube habe: und er ließ Aedh zu sich kommen und sprach zu ihm: ›Teurer Sohn, als Belohnung für die Hochachtung, die du der Kirche erwiesen hast, verspreche ich dir, bei der Gegenwart Gottes, dass du bald die Königswürde von Irland bekommen wirst, dass du über deine Feinde den Sieg davontragen und triumphieren wirst, dass du keines plötzlichen Todes sterben wirst, dass du den Leib Christi aus meiner Hand empfangen wirst, und ich werde für dich zum Herrn beten, dass es das Greisenalter sein wird, dass dich aus diesem Leben nimmt.‹«[60]

Letztlich alles eine Frage der Gewohnheit beziehungsweise der zivilisatorischen Entwicklung. Wer legt fest, dass Kot und Harn stinken, wer, dass die Drüsensekrete kleiner asiatischer Hirsche (Moschus) oder solche des Magens des Pottwals (Ambra) angenehm riechen? Wohl nur gesellschaftliche Konventionen entscheiden über das Für und Wider bestimmter Sitten und Gebräuche. Und lässt man die Logik walten, kann man an solcherlei Bräuchen und Verständnis auch des Christentums durchaus eine gewisse Folgerichtigkeit erkennen. Aedh mindestens ist König von Irland geworden.

Eine Verehrung menschlicher Fäkalien verehrungswürdiger Männer und Frauen ist durchaus im Sinne der Schrift. Denn schon in den »Apokryphen« wird von Wundern berichtet, die von den Windeln Jesu ausgingen oder aber von dem Wasser, in dem sie gewaschen wurden. So nahmen die Weisen aus dem Morgenland die Windeln des Heilandes mit: »Nachdem sie der Sitte ihres Landes gemäß ein Feuer angezündet hatten, beteten sie jene an … und als sie die Windel in das Feuer geworfen hatten, nahm sie das Feuer an und bewahrte sie auf.«[61] Noch direkter und plastischer wird die Heilung eines Jungen vom Teufel beschrieben: Als »die heilige Jungfrau Maria die Windeln Christi des Herrn gewaschen hatte und an einer Stange zum Trocknen aufhing … nahm ein gewisser Knabe … der vom Teufel besessen war, eine herunter und legte sie auf seinen Kopf. Und sogleich kam der Teufel aus seinem Munde heraus und flog in Gestalt von Krähen und Schlangen hinweg. Und von dieser Zeit an war der Knabe durch die Kraft Christi des Herrn geheilt«[62].

Die Windeln Jesu

So viele Dinge mussten helfen gegen die zahllosen Versuchungen dieser Welt. Ob Tücher mit dem Schweiße des Herrn; ob das Waschwasser, das den Teufel vertreibt oder Krankheiten heilt; ob Reliquien, die, soweit es sich um Knochen handelt, zusammengesetzt ganze Heerscharen von Heiligen ergeben würden; oder der Verzehr des Leibes des Herrn in Form von Oblaten und Wein: Immer basiert das Prinzip – es mag der gläubige Christ sich noch so sehr dagegen wehren – auf blankem Materialismus. Der Körper des Herrn, der Heiligen oder eben Stellvertreter in Form von Körperteilen oder -flüssigkeiten bringen oder »verkörpern« das Heil. Am Ende behält der Evangelist Matthäus sicher uneingeschränkt Recht:»Begreift ihr noch nicht, dass alles, was in den Munde eingeht, in den Bauch geht und in den Abort ausgeworfen wird. Was aber aus dem Munde ausgeht, kommt aus dem Herzen hervor, und das verunreinigt den Menschen. Denn aus dem Herzen kommen hervor böse Gedanken, Mord, Ehebruch, Hurerei, Dieberei, falsch Zeugnisse, Lästerung. Diese Dinge sind es, die den Menschen verunreinigen; aber mit ungewaschenen Händen essen, verunreinigt den Menschen nicht.«[63]

Dieser so wichtige Platz für die Menschheit

In der Geschichte der Päpste spielt der *Sella stercoraria*, der berühmt-berüchtigte Stuhl mit durchbrochener Sitzfläche, auch Kotstuhl genannt, angeblich eine große Rolle. Man kolportiert, der Papst habe sich bei seiner Weihe auf ihn zu setzen, während der 113. Psalm erklingt:»Wer ist wie der Herr, unser Gott? Der sich so hoch gesetzt hat, und auf das Niedrige sieht im Himmel und auf Erden; der den Geringen aufrichtet aus dem Staube und erhöhet den Armen aus dem Kot, dass er ihn setze neben die Fürsten, neben die Fürsten seines Volkes.« Zu gut Deutsch: Wer mich aus der Scheiße zieht, erreicht, dass ich meine Nase erhebe über selbige, aber auch auf sie hinabschaue und anerkenne, dass sie etwas von mir ist...

Letztlich war Sinn und Zweck der Übung, dem Papst die Demut als zukünftige Begleiterin an die Seite zu stellen, denn er sollte daran erinnert werden, woher er kam. So wie hinter jedem römischen General beim Triumphzug immer ein Sklave stand, der ständig wiederholte: »Bedenke, Staub bist du, und zum Staub musst du zurück.«

Danach erst nahm er auf dem prächtigen Thronstuhl Platz. Dem normalen Kirchenvolk erschien diese Geschichte zu abstrakt und es erzählte sie um: Der kleinste Diakon habe sich in die Nähe des leicht erhöht stehenden Stuhls zu stellen, und, wenn der Papst sich auf diesem niedergelassen, zu überprüfen, ob er wirklich ein Mann sei. Schon einige Male soll es Unstimmigkeiten gegeben haben, man denke an die Päpstin Johann(a) VIII., die von 855 bis 857 das Amt innegehabt haben soll. Der Diakon hatte dann, so die Erzählung, ein dreifaches »Habet!« auszurufen zur Bestätigung, dass es sich bei dem Papst um einen Mann handelte, worauf das dankbare Kirchenvolk mit einem lauten »De gratias!« antworten musste. Die peinliche Zeremonie soll erst im 16. Jahrhundert abgeschafft worden sein.

▲ Päpstlicher »Kotstuhl«

Der heilige Sebastian in der Kloake

Die Geschichte des ersten Martyriums des heiligen Sebastian ist im Allgemeinen bekannt. An einen Baum gefesselt und durchbohrt von den Pfeilen orientalischer Bogenschützen, die auf Befehl des Kaisers Diocletian flogen, der zuvor vergeblich versucht hatte den Befehlshaber seiner Prätorianergarde von seinem Bekenntnis zur Sekte des Christentums abzubringen, findet sich diese Darstellung in der abendländischen Kunstgeschichte in vielen Kirchen.

Die seines zweiten Martyriums ist weit weniger bildwirksam und deshalb weniger bekannt. Das hat seinen Grund durchaus in dem Missverständnis des Mittelalters gegenüber den zivilisatorischen Errungenschaften des alten Rom und konnte so erst im Laufe der Renaissance wiederentdeckt werden. Denn der Legende nach war der Heilige nach seinem ersten Martyrium beileibe nicht tot. Als eine Christin ihn bestatten wollte, stellte sie fest, dass noch Leben in ihm war, und pflegte ihn wieder gesund. Sebastian, nicht faul, mutig oder dumm, trat wieder vor seinen Kaiser, der ihn prompt ein zweites Mal zum Tode verurteilte und ihn in einem Zir-

▲ Der heilige Sebastian wird in die Cloaca Maxima geworfen, die in diesem mittelalterlichen Bild als Abtritt gemalt ist.

kus erschlagen ließ. Seine Leiche warfen sie in die *Cloaca Maxima*, diese im Mittelalter weitgehend in Vergessenheit geratene römische Konstruktion.

Auf einem mehrteiligen Altar der Städtischen Gemäldesammlung zu Köln findet sich ein solcher Zyklus des »Meisters der Heiligen Sippe« (1480 bis 1520). Zu sehen ist, wie der heilige Sebastian in einen Abtritt geworfen wird. Auf einer anderen Tafel des Altars bricht ein Strahlenkranz aus einer Art Brunnen, der vom Leichnam des Heiligen ausgeht. Das setzt einen hohen Grad an Abstraktionsfähigkeit voraus, aber anders hätten die Zeitgenossen des Meisters nicht verstanden, um was es geht. Denn die Darstellung der *Cloaca Maxima* als das, was sie war, nämlich eine Kanalisation, hätte das Mittelalter nicht mehr verstanden. Schließlich flossen europaweit durch die Städte meist unüberdachte offene Kloaken, wenn nicht gleich die Straßen selbst als solche dienten.

Die Bedeutung der Latrine in der Klosterarchitektur

Die Abtei von St. Gallen gilt nicht ohne Grund als das beste Beispiel mittelalterlicher Systematik christlicher Baukunst. Der Plan des Baumeisters Eginhard sah, unter Abt Gospert, eine Wiedereinrichtung des Jahrhunderte zuvor vom irischen Bruder Gallus gegründeten Klosters vor. Es entstand eine autarke Klosterstadt mit drei Brauereien, Getreidespeichern, Schulräumen, einer Bibliothek, Schreib- und Sprechzimmern, mit Wohnungen, Gästehäusern, einem Krankenhaus und Latrinen – schlicht mit *Feldgang (feltgang, vaaltgangr, ganga til gards, ganr, gang)* ins Mittelhochdeutsche zu übersetzen, womit bereits fast alles gesagt wäre.

Im Kloster fand erstmalig in Europa auch eine professionelle Bierproduktion statt. Über 100 Mönche arbeiteten in drei verschiedenen Brauereien und oft musste das Bier wegen der geringen Haltbarkeit wie gebraut, so getrunken werden. Toiletten waren ein unverzichtbares Muss, denn Bier treibt. Im gesamten Klosterbereich waren also Aborte angelegt, besonders zahlreich im Bereich des Gästehauses und an der äußeren Schule, wo sie in einer Art Reihenbauweise zwischen zwei und 18 Menschen gleichzeitig zu einem anständigen »Schiss« verhelfen konnten. Der Abort hieß hier bereits *Exitus necessarius: Exitus* ist der Ausgang und er hatte hier schon etwas mit *necessarius,* der Notwendigkeit, der »Notdurft« zu tun. Es hatte sich etwas verändert im mitteleuropäischen Einstellungsmuster.

In der Klosterarchitektur besitzt der Bau von Latrinen eine große Bedeutung, was nicht überrascht, da die Klöster zwischen der römischen Antike und dem Mittelalter vermittelten, denn in ihnen waren diejenigen zu Hause, die lesen konnten – und deshalb auch die Bedeutung der Latrinen in der römischen Gesellschaft und ihre Sinnhaftigkeit erkannten. Außerhalb der Klöster maß die Menschheit zumindest im Hochmittelalter dem Bau von Toiletten keine allzu große Bedeutung bei.

Bei dem erhaltenen St. Galler Klosterplan handelt es sich nicht um den Bauplan eines wirklichen Klosters, sondern um einen Musterplan für Klosterarchitekten. Alles, was in der damaligen Zeit zu einem

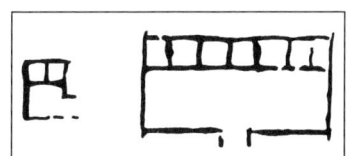
▲ Darstellung von zwei- und mehrsitzigen Latrinen im Klosterplan von St. Gallen

Klosterbau gehörte und unabdingbare Voraussetzung für das Leben der Mönche nach Ordensregeln war, verzeichnete der Plan: Kirche, Wohngebäude für die Klosterinsassen, Amtswohnungen, Gästehaus, Krankenstuben, Gärten und Wirtschaftsgebäude. Die Grundrisse der Gebäude sind rechteckig angeordnet, die einzelnen Hauspläne mit denjenigen antiker Gebäude verwandt. Selbst der Bau von Bodenheizungen war vorgesehen und auch Bäder fehlten nicht. Die 23 Latrinen erinnern mit ihren eng aneinander gereihten Sitzen an römische Einrichtungen. Vom Abt abgesehen genossen die Gäste – sofern ein Bett nicht mehrfach belegt war – und die Kranken den höchsten Komfort. Auf zwei bis drei Betten kam ein Abtritt.[64] Die Aborte sollten in enger Verbindung zu den Schlaf- und Wohntrakten stehen. Wie aus einer Reihe von schriftlichen Quellen hervorgeht, war Schweigsamkeit eine wichtige Forderung des asketischen Mönchstums. Zur Unterstreichung der Forderung nach »monastischem Schweigen« ordneten sie getrennte Abtritte für den Abt, die Mönche, die auf Besuch weilenden Klosterbrüder, die weltlichen Gäste und die Schüler an. Aber noch waren diese separierten Aborte vorwiegend mehrplätzig.

Ganz im Gegensatz zum Schweigegebot heißt sinnigerweise der Abtritt auf Mittelhochdeutsch auch *sprâchhûs*. Für das Rathaus, wo im Allgemeinen wie auf einer Gemeinschaftslatrine debattiert wird, existierte dieselbe Bezeichnung.

Cloaca egressi sunt demones

Dennoch galten Latrinen im Mittelalter im Gegensatz zu den römischen Anlagen überwiegend als ein eher düsterer, unheimlicher Ort, wo sich der Teufel und Dämonen aufhielten. Der Bischof Thietmar von Merseburg schildert in seiner um die erste Jahrtausendwende verfassten Chronik auf anschauliche Weise, wie einem kranken Klosterbruder Dämonen erschienen. Diese entstiegen dem Abtritt (wörtlich: »*Tunc e cloaca egressi sunt demones*«) und versammelten sich um das Bett des Kranken, um ihm seine Missetaten vorzuhalten. Erst die Erscheinung des heiligen Veit befreite den bedauernswerten Mönch aus seiner ungemütlichen Lage.

Deswegen war für den Gemeinschaftsabtritt der Mönche ein Kerzenleuchter zur Steigerung der Bequemlichkeit vorgesehen und das Licht sollte böse Geister abschrecken.

Die Frage, ob die Latrinen des Klosters St. Gallen so gebaut wurden, wie sie der Idealplan vorschreibt, beantwortet eine einschlägige Anekdote. Der St. Galler Mönch Ekkehard II. (um 965) war

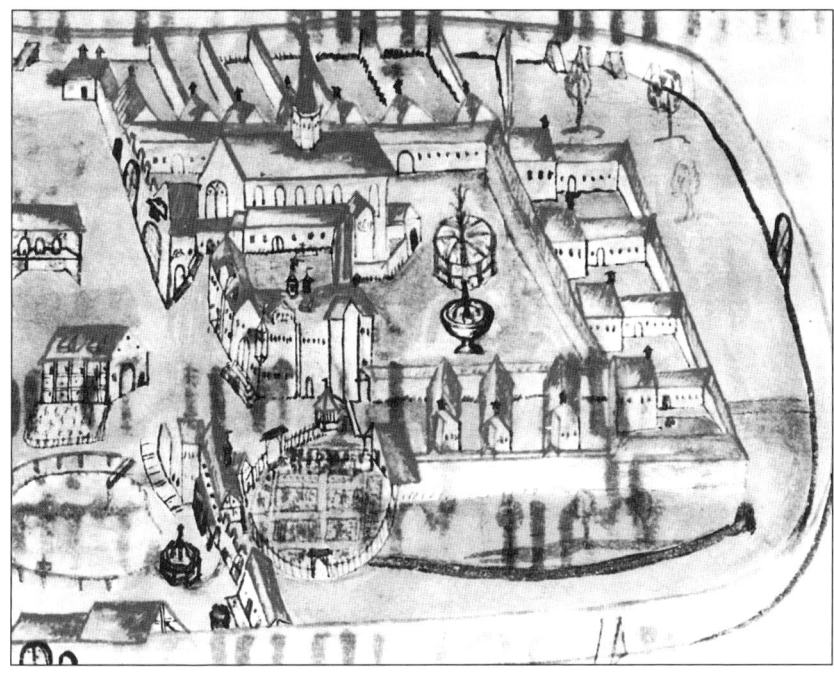

▲ Die Kartause von Ittingen um 1640. An den Kreuzgang schließen sich die Häuschen der Mönche an (oben im Bild). Latrinengänge trennen die einzelnen Gärten und führen zu den Abtritten an der inneren Umfassungsmauer des Klosters.

Lehrer der verwitweten Herzogin Hadwig von Schwaben. Diese Verbindung missfiel Ruodmann, dem Abt des Klosters Reichenau, offenbar in erster Linie aus Neid und Eifersucht. So schlich er sich eines Nachts ins Kloster St. Gallen, um belastendes Material gegen Ekkehard zu finden. Diesem gelang es, den Eindringling zu stellen, der von der Kirche aus in den Schlafsaal der Mönche und von dort aus irrtümlicherweise – Reichenau muss anders gebaut worden sein – auf den Abtritt getappt war. Nur mit knapper Not entging Ruodmann einer Tracht Prügel. Einen mit dem Dormitorium, dem Schlafsaal der Mönche verbundenen Abtritt, so lässt sich daraus schließen, gab es im Kloster St. Gallen also tatsächlich.

Aufgrund heute noch bestehender Anlagen und Kenntnisse aus archäologischen Grabungen darf man den Bau von Latrinen zum festen Bestandteil der Klosterarchitektur zählen. Vom Kloster Cluny, dem wohl größten Klosterkomplex, den das Abendland je gebaut hat, ist nicht mehr viel erhalten, doch die Grundrisse der

Gebäude sind bekannt. Von der Latrine des Dormitoriums heißt es: »Die Latrina ist 70 Fuß lang und 28 Fuß breit [etwa 23 mal 7 Meter]; 48 Sitze sind in ihr angebracht, und pro Sitz gibt es in der Mauer eine zwei Fuß hohe und einen halben Fuß breite Öffnung [*fenestrula*, etwa 17 mal 70 Zentimeter]; und über den aufgestellten Sitzen [sieht man] eine Holzschicht [?], und über dieser Holzkonstruktion befinden sich 17 Fenster von drei Fuß Höhe und eineinhalb Fuß Breite [etwa 100 mal 50 Zentimeter].«[65]

Gestörter Lauf der Gelüste Man kann sich diese Latrine als einen länglichen, teils getäfelten Raum vorstellen, an dessen Wand sich die Sitze mit je einem Lüftungsschlitz aufreihten. Auch in den Konventen der Zisterzienser zeugen die erhaltenen Spuren der mittelalterlichen Latrinen von einer gewissen Gemeinschaftlichkeit des mönchischen Lebens. Boshafte Zungen vermuten dahinter eine moralische Komponente. Denn so sollte es den Mönchen unmöglich gemacht werden, ihren Gelüsten ungestörten Lauf zu lassen und Hand an sich zu legen. Was nach menschlichem Ermessen – wenn schon, denn schon – wohl bei Kollektivsitzungen zum gegenseitigen Eingreifen geführt haben mag.

Anders war es in den Bauten des im Jahre 1084 gegründeten Kartäuserordens, der sich einem strengen Eremitenleben verpflichtet hatte. Deren Zellen lagen in kleinen, voneinander abgetrennten Reihenhäuschen, die sie vom Kreuzgang aus betreten konnten. Neben dem eigentlichen Wohnraum gehörte auch eine Werkstatt oder ein Arbeitsraum sowie ein mit Mauern umschlossener Garten zu einer Zelle. In diesem abgeschlossenen Bereich verbrachten die Mönche ihr Leben mit Arbeit und Gebet; wann und zu welchen Anlässen (etwa zum gemeinsamen Chorgebet) sie die Zellen verlassen durften, schrieben die Ordensregeln genau vor. Der Toilettengang gehörte nicht dazu.

Wegen dieser strengen Ordensregeln gestaltete sich der Bau von sanitären Einrichtungen in Kartäuserklöstern anders als in den übrigen Konventen. Jede Zelle war mit einer Frischwasserleitung oder wenigstens einer einfachen Rinne ausgestattet. Die Mönche erhielten ihre Speise durch eine Klappe in der Wand. Und statt der gemeinschaftlichen Latrine verfügte jede Wohn- und Arbeitszelle über einen eigenen Abtritt. Dieser lag meist an der Außenmauer der Mönchsgärten am Ende eines schmalen Ganges. Die Mauern des Abortganges schieden die einzelnen Gärtchen voneinander.

Die Traditionserhaltung und Schamlosigkeit im Mittelalter

Zwischen Keller, Erker und Danzke

In der weltlichen Architektur gehen die ersten mittelalterlichen Erwähnungen von Latrinen auf das zehnte Jahrhundert zurück. Am Hof des norwegischen Königs Olaf I. (995 bis 1000) soll es eine 22-plätzige Gemeinschaftslatrine gegeben haben. Eine isländische Saga aus dem elften/zwölften Jahrhundert berichtet von Torstein dem Gruseler, der nachts auf dem königlichen, elflöchrigen Abort die Bekanntschaft eines tückischen und bösen Geistes gemacht und dabei seinen Beinamen erworben habe. Das lässt in erster Linie auf das Vorhandensein von Latrinen im frühen Mittelalter in Norwegen und Island schließen, aber auch auf die Gemeinschaftlichkeit der Notdurftverrichtung selbst in Herrscherkreisen. Nicht nur im alten Europa galten Latrinen als bevorzugte Aufenthaltsorte der bösen Geister. Aber auch hier hatte, wer sie betrat, sich besser durch ein Gebet oder einen Segen zu schützen.

Auch die Bessergestellten hatten ihre sanitären Probleme: *Der Höllenpfuhl von Erfurt*
Nach und nach versammelten sich in dem prachtvollen Sitzungssaal der Burg zu Erfurt die Grafen, Edlen und Ritter. Minute um Minute wuchs die Menge zu einer am Ende mehrhundertköpfigen Menschenschar, quasi die oberen Zehntausend des Reiches. Man war sich seiner Bedeutung bewusst und stolzierte mit stolzgeschwellter Brust durch die Reihen. Bevor *er* erschien. Ein Summen, Klappern und Rauschen lag über dem etwas übervölkerten Saal. So fiel den wenigsten – und auch nur den am Rand des Raumes Stehenden und Sitzenden – auf, dass aus der Wand mehrfach ein Knirschen zu hören war. Nur die Vorsichtigsten legten ihr Ohr an die kalten Steine, leicht irritiert, um herauszufinden, woher das Geräusch kommen mochte, oder fragten einen der zahlreichen Bediensteten. Allen dagegen war schon beim Betreten des Raumes aufgefallen, dass es bestialisch stank. Und das konnte seine Ursache nicht allein in der Menschenmenge haben, die sicher das Ihre dazu beitrug. Darüber hatte es bereits heftige Wortgefechte mit den Zu-

ständigen gegeben, wie unangemessen ein Versammlungsraum war, der so intensiv nach Fäkalien roch. Aber nun war es zu spät, daran zu rühren.

All das aber ging im Laufe der Minuten unter im Tosen und Schwatzen der vielen Menschen, die sich zum Teil seit Jahren nicht mehr gesehen und entsprechend viele Neuigkeiten auszutauschen hatten. Und dann betrat der Kaiser den Raum. Alle Konzentration fokussierte sich auf Seine Majestät. Die Gespräche verstummten. Würdevoll und gemessenen Schrittes, rechts und links grüßend bewegte er sich durch die enge Schneise zwischen den Menschenmauern zu seinem Thron in Fensternähe. Einige hatten das Gefühl, der Boden würde unter ihnen nachgeben, riefen sich aber zur Ordnung. Schließlich waren sie keine Weiber und fielen bei jeder Gelegenheit gleich in Ohnmacht, nur weil sie beeindruckt waren. Hätten sie nur auf ihr Gefühl gehört!

Hundert Ritter im stinkenden Tod

Denn plötzlich ertönte ein Krachen durch den Raum wie ein Peitschenknall, Bersten und Brechen von Holz und dann ein lautes, aber weiches Schmatzen. Langsam und einer nach dem anderen verabschiedeten sich die in den Mauern ruhenden Balkenköpfe von dem Rest der morschen Träger: Der Reichstag von 1184 verlor im wahrsten Sinn des Wortes den Boden unter den Füßen.

Anfangs langsam, dann immer schneller, begleitet von weiterem schweren Krachen kippte der gesamte Boden des Sitzungssaales in den darunter liegenden Raum. Die Welt schien unterzugehen, der Höllenschlund hatte sich aufgetan. Und so roch es auch. Tische, Stühle und Menschen gerieten ins Rutschen, purzelten durcheinander, hielten sich an irgendetwas fest, das keinen Halt mehr geben konnte und selber in Bewegung war. Alles und alle gerieten durcheinander, traten sich weiter in den klaffenden Abgrund. Panik brach aus. Eine Katastrophe! Der Kaiser und einige wenige günstig Postierte konnten sich durch einen Sprung aus Fenster und Türen aus dem Chaos befreien. Für die anderen nahm das Verhängnis seinen Lauf.

Unter dem Gewicht der versammelten Fürstenschar und Würdenträger brachen die wohl schon morschen Balken des Sitzungssaales der Pfalzburg von Erfurt zusammen und senkten sich in die unter dem Saal liegende und seit Jahren nicht mehr entleerte Kloake der Burg. In dieser fanden drei Fürsten, fünf Grafen, viele Edle und über hundert Ritter den stinkenden Tod. Es ist nicht überliefert, ob sie mehrheitlich ertranken oder Balken und Bretter sie erschlugen. Fast wünscht man ihnen Letzteres.

Der Chronist dieses Ereignisses, Albertus von Stade, verschonte die Kleriker, wahrscheinlich weil er selber geistlichen Standes war (Abt von Stade 1240 bis 1256). Am tiefsten im Dreck steckte der mächtige Heinrich von Schwarzenberg, der sich bei den Gesprächen zuvor bei jeder Gelegenheit mit der Beteuerung gewehrt haben soll, wenn er dies oder jenes gesagt oder getan hätte, spränge er in die Latrine. Der Edelmann hatte wohl doch dieses und jenes gesagt und getan und hielt buchstäblich Wort. Das war man von ihm nicht gewohnt und es hatte keiner von ihm verlangt.

In mittelalterlichen Burgen war es Usus, Aborte in der Nähe von Wohn- oder Versammlungsräumen zu installieren, meist in den darunter liegenden Kellerräumen, dem Prinzip der Schwerkraft Tribut zollend. Unter den Wohnräumen konnte man davon ausgehen, dass die wenigen Abfälle, die »anfielen«, beizeiten weggeräumt werden würden und also keine weitere Bedrohung darstellten. Bei Versammlungsräumen verhielt es sich ähnlich, da allein wegen der geringeren Mobilität der Menschen diese nicht so häufig und regelmäßig genutzt wurden wie beispielsweise heute. Aber bisweilen täuschte man sich offenbar auch. Das fiel dann unter menschliches Versagen.

▲ Abort-Erker in Form einer Pechnase, 1535

Dieser Mangel an Mobilität wurde manches Mal auch übertrieben. Von Venedig berichtet Michael de Montaigne um 1580, dass es in den Sitzungssälen der Nobili bestialisch stänke, da sie gezwungen seien im Saal bis zum Ende der Sitzung zu verharren: »…weil niemand, der darin ist, ehe die Sitzung zu Ende ist, herauskann. Also hier viel lassen muss, was er sonst gerne in die freie Luft ließe. Ehe man in den Saal kommt, ist noch eine Art Vorsaal, wo man zu pissen pflegt, dies denn den Gestank noch gar sehr vermehrt«[66].

In nur wenigen mittelalterlichen Burgen lässt sich ein echter Abtritt finden, meist im Eingangsstockwerk zu den Verliesen neben dem Heizkamin. Die um 1120 gegründete Habsburg hatte einen sol-

Der Schlossgraben als Kloake

chen, ebenso die Lützelburg in Wasgau (1100 gegründet). In der Wartburg entdeckte man, außergewöhnlich, einen Abort mit je einem Sitz für Mann und Frau, was sich unschwer an der Form der Öffnung erkennen ließ.

Bei näherem Nachforschen und vorsichtigem Anklopfen stößt der Hobbyhistoriker heute noch auf Türöffnungen, die schlicht ins Freie führen, in die Wand gebrochen, ohne Brücke oder Weg auf eine andere Seite. Dort muss man sich einen hölzernen Kasten vorstellen, oft unbedacht: einen Abort, die so genannte Garderobe, eine Art historisches Einzelklo, heute verfault und verfallen, von dem der Kot direkt in den Schlossgraben fiel. Das Leben als Schlossherr und -dame war alles andere als einfach, intim und bequem. Es war schwierig, kollektiv, unbequem und vor allem ungesund. Und es stank. Allüberall. Manche Abtritte waren an der Turmwand angebracht und hatten lediglich eine Öffnung nach draußen, durch deren schrägen Kanal die Fäkalien langsam herunterrieselten (Burg Landsberg, 1144).

Die am meisten verbreitete Art der »Toilette« aber war der Pechnase nachgebildet. Von außen unterschied sie sich im Wesentlichen nur dadurch, dass sie nicht über Wegen und Toren angebracht war, da durch die Pechnase schließlich heißes Pech und Teer auf die heranstürmenden Feinde herabgelassen und durch jene eben nicht der tägliche Verkehr kommentiert werden sollte. Ansonsten war sie eine von innen, meist direkt von Ballsaal oder Kapelle aus betretbare – sehr dezent war der mittelalterliche Mensch nicht – sehr kleine Aussparung im Mauerwerk, die über dieses hinauskragte, eine Art Abtritterker. Die Zeichner von einst

▲ Burg Sargans aus der Berner Chronik. Am linken Turm ist ein Abtritterker angebracht.

▲ Abtritterker mit hölzernen Fallrohren bei Wohnhäusern. Links in Zürch (16. Jahrhundert), rechts in Hinterrhein (1986)

scheuten sich nicht, die Funktion dieser Erker mit eindeutigen Strichen zu markieren oder sogar mit brauner Farbe zu kolorieren. Der nicht informierte Betrachter könnte die Abtritterker sonst mit Pechnasen verwechseln. Der Teil der Fäkalien, der nicht ins Wasser fiel, blieb an der Hausmauer kleben und trocknete langsam an.

Die Pechnasen

Andere Abtritte dieser Zeit, manche von ihnen nie gereinigt, da sie im Kerker- oder Turmbereich angelegt und die Benutzer entweder Soldaten oder Gefangene waren, bestanden lediglich aus einer etwa 60 Zentimeter breiten Öffnung im Fußboden, die etwa drei Meter tief war und sich im unteren Bereich bis zu 1,5 Meter verbreiterte. Der Nutzer schob die darüber liegenden Bretter zur Seite, stellte sich breitbeinig über das Loch und ließ fallen, was fiel. Im Laufe der Jahre, je nach Besuchermenge, füllte sich das Loch langsam an. Doch verfaulten die Fäkalien auch, was deren Volumen wiederum verringerte. Allein der Gestank muss mörderisch gewesen sein, selbst für eine mittelalterliche Nase, die sicher mehr gewohnt war als unsere heutige. Andererseits: Was ist eine »betäubte Nase« für den, der in einem zugigen Gefängnis schlecht versorgt auf altem Stroh liegt und nicht weiß, ob er es je wieder würde verlassen können…

Die Verhältnisse halten sich bis in die Neuzeit; hier eine Beschreibung von 1720: »Ein einziges Zimmer fasste die Gefangenen, alte und junge, weiblichen und männlichen Geschlechts, 48 an der Zahl, in sich; hier spannen sie Wolle, hier aßen und schliefen sie auch zum Teil auf halb vermodertem Stroh, hier verrichteten sie auch ihre Notdurft. Ein unerträglicher Gestank hatte sich durch das ganze Gemach verbreitet, der Fußboden war mit Schmutz überzogen… Ich konnte es hier nicht lange aushalten. Noch trauriger waren die Behälter, wo die Mannspersonen auf einem feuchten Fußboden die Nächte durchschliefen oder vielmehr durchwachten, denn das Ungeziefer, das unzählbar war, gestattete ihnen nicht, zu schlafen. Um es zu vertilgen, goss man öfters im Sommer so viel Wasser hinein, dass dieses 8 Zoll über der Erde stand, und doch wurde es nicht vertilgt! Hier blieben auch die Unglücklichen gemeiniglich, wenn sie erkrankten – und das Erkranken war häufig –, und mussten oft genug den Tod als Wohltat ansehen lernen. Sie riefen ihn auch oft genug gewaltsam herbei.«[67]

Deutschorden In den Burgen und Festen, in denen eine größere Ritterschaft als ständige Besatzung anwesend zu sein hatte, die sich in permanenter Kampfbereitschaft befand, begann man frei stehende Abtritttürme zu bauen. Vor allem Deutschritterburgen scheuten diesen Aufwand nicht. Von der Burg führte eine gedeckte Brücke zum Abtrittturm, die bei mehreren Wohngeschossen mehrstöckig angelegt war. Die Abtritte lagen direkt über dem Fluss, die Fundamente des Turms waren an beiden Ufern platziert. Solche Einrichtungen heißen *Danzke*, benannt nach der vom Deutschen Orden erworbenen Stadt Danzig.

▲ »Danziger« an einer Deutschritter-Burg. Die Abtritte lagen meist direkt über einem Gewässer.

Als *Danziger* erfuhr der Begriff eine Bedeutungserweiterung und meint seitdem größere, über fließenden Gewässern stehende Anlagen.

Dieses Prinzip war insofern ausgeklügelt, als dass die Aborte so gleich durchlüftet waren und jede Seuchengefahr – im gesamten Mittelalter sehr real – wegen der Durchspülung gebannt war.

Spätmittelalterliche Städte

◄ Aus einer Schmähschrift gegen den Reformator Martin Luther, der unter spöttischem Katzengeschrei in einen Abort plumpst. Oben die Raufe für das Stroh (als »Toilettenpapier«). Holzschnitt von Thomas Murner

Die mittelalterliche Stadt suhlte sich in Matsch, Kot und Dreck: »Die eingesunkene Straße, die zum Tor führte, war matschig. Jenseits des Tores wurde sie breiter, während sie einer launenhaften Route durch die Stadt folgte. Ein dreckiges Rinnsal verlief in ihrer Mitte, gespeist von Jaucheflüsschen, die aus nahe gelegenen Dunghaufen sickerten. Bei Regen war sie ein matschiger Morast, in der Sonnenhitze eine Wüste erstickenden Staubs, in der sich menschliche Bälger, Enten, Hühner, Hunde, ja sogar Schweine trotz der wiederholten Verbote alle miteinander wälzten.«[68]

Dennoch verfügten einige städtische Bürgerhäuser, wie mittelalterliche Burgen, über so etwas wie hölzerne Abtritterker, die entweder direkt über den Ehgräben oder einem Bach, beides mehr oder weniger offene Kloaken, oder der Fäkaliengrube an der Hauswand hingen. Diese Konstruktionen hielten sich bis Anfang des 20. Jahrhunderts. Oder man baute die Abtritthäuschen gleich direkt auf die Fäkaliengrube, die mit Brettern und Balken überdeckt war. Manche waren auch in die Häuser integriert, vom Dach bis zum Keller, und nannten sich heymliche Kammern oder schlicht Heymlichkeit, prevaet oder ähnlich. In ihnen stand die so genannte Commode, eine Holzkonstruktion mit Loch, in die geschissen wurde und dann über die daran angeschlossenen Abflussrohre, die so genannten Pfeifen, in der gemeinsamen Grube der Nachbarschaft verschwand, was verschwinden sollte.

Außerdem installierte man eine Art allen zugängliche Toiletten auf den Brücken, die die öffentlichen Gewässer überspannten. In London existierten allein deren elf auf der Brücke über den Fleet River, der im Laufe der Jahrhunderte zur Fleet Street »zugeschissen« wurde und heute die Zeitungsmeile Londons ist.

Der Abtritterker mutierte zum Statussymbol par excellence, nicht nur weil es ihn auch bei den hohen Herren auf den Burgen gab, sondern weil er bequem war, dem Wohnraum wesentlich näher lag als das Häuschen im Garten. Die Plumpsklos in den Hinterhöfen der spätmittelalterlichen Städte glichen stark den hölzernen Abtritten der Bauernhäuser noch im 19. und 20. Jahrhundert. Allein so lässt sich verstehen, weshalb einzelne mittelalterliche Chronisten gezeichnete Stadtansichten, ob reale oder fiktive, enthusiastisch mit Abtritterkern schmückten.

Von Albrecht Dürer (1471 bis 1528) weiß man, dass auch er keinen weiten Weg zurückzulegen hatte, wenn er sich vom Esstisch erhob, um seinem »Geschäft« nachzugehen, denn er bewohnte in Nürnberg ein Haus, in dem der Abtritt als einfacher Bretterverschlag in der Küche integriert war.

Diese unter hygienischen Gesichtspunkten zwar fragwürdige Lösung machte zweifellos deshalb Sinn, weil es so für den Ablauf des Küchenwassers und der Latrine nur einer Leitung bedurfte.

Ende des 16. Jahrhunderts begannen sich französische Ärzte und Architekten intensiver mit der Einrichtung von Toiletten zu befassen. Mit dem Verweis auf den menschlichen Körper, dessen Ausgang auch am weitesten von Augen und Nase entfernt läge – was man, solange man den aufrechten Gang auch für das Mittelalter unterstellt, schwerlich nachvollziehen kann –, beklagten sie, dass die Abtritte sich in der Mitte des Hauses befänden. So beschloss man die Abtritte unter das Dach zu verbannen, damit vor allem die Gerüche die Menschen in den Wohnungen nicht belästigten.

▲ Hygienisch fragwürdig: der Abort direkt neben der Küche (hier in der Zürcher Altstadt, in den dreißiger Jahren des 20. Jahrhunderts). Diese Anordnung fand sich auch in vielen Bürgerhäusern des späteren Mittelalters.

In den spätmittelalterlichen Städten waren Fäkaliengrube und Ehgraben, in Deutschland auch Reihe genannt, die wichtigsten Einrichtungen zur Lösung der Entsorgungsprobleme, abgesehen von der Abflussrinne in der Mitte der Gassen. Das Wort »Ehgraben« leitet sich vom mittelhochdeutschen Begriff *eh* ab, der für Recht und Gesetz, das für alle Zeiten Festgesetzte steht – für eh und je.

Ehgräben

Ehgräben waren offene Kloaken, in denen das schmutzige Wasser in ein offenes Gewässer, das andererseits wieder die Trinkwasserversorgung der Gemeinde garantierte, oder auf ein freies Feld zur Versickerung abfloss. Warum es im Mittelalter zu den verheerenden Typhus-, Cholera- und Pestepidemien kam, lässt sich anhand dieses Kreislaufs leicht erahnen.

Die festen Stoffe blieben meist liegen und faulten vor sich hin. Häufig legte man Stroh aus, um den Kot zu binden. Von Zeit zu Zeit wurden die Gräben gesäubert, der Mist zur Gärung gelagert und anschließend auf die Felder ausgetragen. Der Ehgraben markierte zugleich rechtsgültig die Grenze zwischen zwei Grundstücken. In Hamburg bezeichnete man die zwischen Straße und Häuserzeile verlaufenden offenen Kanäle als Fleete. »Die Fleete nehmen aus Gassen und Häusern eine Menge Unreinlichkeiten auf ... wer an einem Fleete wohnt, darf es ungescheut zum Rezipienten seiner tierischen Ausleerungen machen; und das thut auch ein jeder.«[69] Gleichzeitig waren die Fleete die Wasserspülungen der Abtritterker Hamburger Wohnhäuser, die so ausgerichtet waren, dass der Kot direkt in sie hineinfiel. Und sie waren selbstverständlich nicht gegen das Grundwasser, die Brunnen und Flüsse, die der Trinkwasserversorgung dienten, isoliert.

Schwindgruben   Bei der Lösung des Entsorgungsproblems mit Hilfe von Schwindgruben ließen die Bewohner mittelalterlicher Städte die häuslichen Abwässer auf dem eigenen Grundstück versickern. Meist handelte es sich um Sickerschächte, die die festen Stoffe in der Grube zurückhielten, während die flüssigen durch den Boden oder undichte Wände ins umliegende Erdreich flossen. Auch damit gelangte verschmutztes oder verseuchtes Wasser in die Brunnen und in die Trinkwasserversorgung, allein dadurch ein wenig gemildert, dass man die Brunnenschächte tiefer legte als die Schwindgruben. So bestanden zumindest keine direkten Verbindungen zwischen Gruben und Trinkwasserbrunnen entlang derselben wasserführenden Bodenschicht. Der Münchner Rat verbot zum Beispiel seinen Bürgern zum Schutze der Brunnen, beim Bau von Abtrittgruben eine wasserundurchlässige Lehmschicht zu durchstoßen.

»Jeder hat in seinem Haus einen Abtritt; von dieser Vielzahl von Fäkalgruben gehen abscheuliche Dünste aus. Die nächtliche Leerung verbreitet den scheußlichen Geruch im ganzen Viertel und kostet manche der Unglücklichen das Leben, deren Elend an der gefährlichen und widerlichen Tätigkeit ermessen kann, der sie nachgehen. Diese Senkgruben sind oft so schlecht angelegt, dass sich ihr Inhalt in die benachbarten Brunnen ergießt. Die Bäcker, die sich für gewöhnlich des Brunnenwassers bedienen, verzichten deswegen nicht darauf; und das alltäglichste Nahrungsmittel wird unweigerlich durchtränkt mit diesen mefitischen und bösartigen Bestandteilen.«[70]

Wohlgemerkt, wir befinden uns in einer Zeit, in der Kapitän Cook in Neuseeland bei den »Wilden« Aborte entdeckte, die der Entsorgung von jeweils bis zu drei, vier Hütten dienten; einer Zeit, in der in Madrid, in der eigener Einschätzung nach höchstentwickelten Nation des gesamten Erdkreises, im Zentrum der Zivilisation keinerlei Aborte existierten – bis ins Jahr 1760. Die per Dekret beschlossene Einführung derselben und das damit einhergehende Verbot, nächtens seine Nachttöpfe auf die Straße zu entleeren, hätte dort fast zu einem Aufstand der Massen geführt, der Speerspitze der Zivilisation.

In Gesellschaft der Gesellschaftsinseln

Und damit befand diese sich, wie wohl in weit mehr Bereichen, als man sich das in Europa bis heute vor Augen führen möchte, eher auf der hygienischen Entwicklungsstufe der Bewohner der gerade entdeckten Gesellschaftsinseln: »Auf den Gesellschafts-Inseln werden Auge und Nase des Wanderers jeden Morgen mitten auf den Pfaden von den natürlichen Ergebnissen einer gesunden Verdauung beleidigt; aber die Eingeborenen der Marquesas-Inseln haben die Gewohnheit nach Art unserer Katzen, diese Augen und Nase beleidigenden Dinge in der Erde zu vergraben. Auf Taheite verlassen sie sich indessen auf die freundschaftliche Mithilfe der Ratten, die diesen wohlriechenden Leckerbissen verschlingen …«[71]

Und es half der Ausbreitung von Krankheiten, gerade während der Jahre der vielen Feldzüge. Manchmal lohnt es sich eben doch, auf die Bibel zu hören. »Die neben dem Lager angelegten Abtrittsgruben und der Boden zwischen diesen und den Zelten waren ganz rot vom Blut der Leute, die sich hin- und herschleppten. Unzählige große Fliegen tanzten über diesem schrecklichen Ort. Wir hatten vielleicht zehntausend Kranke, von denen eine ungeheure Menge starben.« (Karl von Hessen, 1779 über die Ruhrepidemie während der Bayrischen Erbfolgekriege[72])

In der Stadt Bern spülte der Bachmeister die Ehgräben je nach Jahreszeit wöchentlich oder alle 14 Tage durch. Das Problem der Leerung und Reinigung von Ehgräben und Fäkaliengruben war in anderen Städten anders geregelt. Auch wenn die Beseitigung der Fäkalien und des Unrates im Allgemeinen zu den Aufgaben der Hausbesitzer zählte, übernahmen je nach Entwicklung eines städtischen Gemeinwesens auch von der Obrigkeit kontrollierte Privatunternehmer die Entsorgung. Zuweilen übten städtische Beamte, die zugleich auch die Abtrittgruben der offiziellen Gebäude räumen ließen, die Aufsicht über die Grubenleerer aus.

Pappenheimer, Nachtmeister und Goldgrübler

Die zeitlichen Abstände der Reinigung einer Abtrittgrube oder eines Ehgrabens bestimmten neben dem Reinlichkeitsempfinden des Grubenbesitzers oder der Anwohner wirtschaftliche Faktoren.

Stadtbewohner, die noch eng mit der Landwirtschaft verbunden waren, benötigten den Inhalt der Gruben als Dünger, und so reinigten sie diese meist einmal pro Jahr in der kälteren Jahreszeit – die Scheiße war hart gefroren, ließ sich leichter abtransportieren und stank nicht so.

Für andere lohnte sich ein solcher Aufwand nicht. Sie bauten Gruben von mehr als 20 Kubikmetern Inhalt, die erst nach einigen Jahren oder gar Jahrzehnten gefüllt waren. Es gab Städte, in denen ein reger Misthandel im Gange war, und andere, wie etwa Nürnberg, die ihre Abtrittstoffe an einer bestimmten Stelle einfach in den Fluss kippten.

Ort der Heymelichkeit

Die Leute, die die Leerung der Fäkaliengruben und Ehgräben beruflich ausübten, trugen besondere Berufsbezeichnungen. Die viel zitierten Pappenheimer reinigten die Abtrittgruben der Stadt Nürnberg. Dort nannte man sie zuweilen auch Nachtmeister, weil die Grubenleerung aus nahe liegenden Gründen sehr oft nachts erfolgte. Die Münchner nannten ihre Leute, die den Schlamm aus den Gruben schöpften, beschönigend und zugleich bezeichnend Goldgrübler. In Frankfurt mutierten diese zu Heymelichkeitsfegern – Heymelichkeit hieß zu dieser Zeit schon so viel wie Abort; allerdings waren heymliche Frauen Prostituierte –, in Schaffhausen lautete die Berufsbezeichnung Ehgrabenrumer. Es kam eben immer darauf an, welchen Aspekt der Tätigkeit man gerade betonen wollte. Dazu Mercier über die Pariser Verhältnisse: »Der Beruf der Kloakenentleerer ist erst seit dem neuen Erlass frei zugänglich geworden; vorher war er es nicht. Wer hätte das geglaubt? Es gibt wohl kein Gesetz, das Menschen, und wären es Verbrecher, dazu verurteilen könnte, täglich ins Innere der Gruben hinabzusteigen, dort die unreine Luft einzuatmen und alle ihre Sinne den übel riechenden und giftigen Dämpfen auszusetzen, die sie zerrütten, zerfressen, verdorren lassen und ihren Gesichtern die [sollte man ›Arschfahle‹ sagen] Grabesblässe gibt.«[73] Paris nannte seine Müllmänner *maître fyfy*.

▲ Latrine zwischen zwei Wohnhäusern (15. Jahrhundert)

Der Weltenerfinder

Wie zu fast allen menschheitsbewegenden Problemen hat auch zu dem der Entsorgung menschlicher Fäkalien »unser aller« Erfinder Leonardo da Vinci das Seine beigetragen. Seine etwas undurchsichtige Zeichnung eines Klositzes kommentierte er: »Der Sitz der Latrine muss sich drehen wie das Fensterchen in den Klöstern, in dem er durch ein Gegengewicht in seine erste Stellung zurückkehrt. Und der Deckel über ihm sei ganz durchlöchert, damit er ausdünsten kann.«[74]

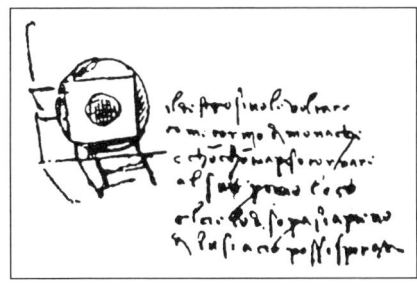

▲ Klokonstruktion von Leonardo da Vinci

Das hier gemeinte Fensterchen in den Klosteraußenmauern lagert so um eine senkrechte Achse, dass man Speis und Trank – oder auch auszusetzende Kinder – in eine Lade legen und durch Drehen von der anderen Seite entleeren kann ohne Sichtkontakt haben zu müssen. So ähnlich hat der Meister sich auch seinen Klositz vorgestellt. Hinter dieser Wand plante er dann wohl einen Abzugsschacht.

Das aber waren bei weitem nicht seine einzigen Gedanken zu diesem Thema, die er in Skizzen niederlegte. Man fragt sich, wo der Mann die Zeit hernahm, sich über all diese Dinge, von der Kunst über das Fliegen bis hin zum Scheißen, so intensiv Gedanken zu machen?

Da er neben seinem Maler- und Ingenieursherz offenbar auch das eines Stadtplaners in seiner Brust schlagen fühlte und tatsächlich die »Kraft der drei Herzen« in sich zu vereinen schien, tauchen in seiner Hinterlassenschaft auch stadtplanerische Skizzen auf. In ihnen entwickelt er ein quasi dreistöckiges Straßensystem, das ein wenig wie ein Vorgriff auf das Autobahnsystem in Los Angeles erscheint.

Die obersten Straßen, die rechts und links kleine Gassen begleiteten, waren offenbar für die besseren Kreise reserviert, die so die Chance hatten, trockenen und sauberen Fußes ihrer Wege zu gehen. Das Nullniveau war dem normalen, sprich arbeitenden Erdenbürger und seinen Beschäftigungen wie dem Waren- und Lastenverkehr vorbehalten. In den darunter liegenden Straßen, die unterirdisch verlaufen sollten, hatte das gesamte die Fäkalienwirt-

Die Visionen des Leonardo da Vinci

schaft ausmachende Gewerbe der Reiniger, der Schißhuß- und Heymelichkeitsfeger seinen »höllischen« Ort:

»Die Wege M liegen um 6 Ellen höher als die Wege P S. Und jeder der (oberen) Wege muss mindestens 20 Ellen breit sein und von der äußeren Kante zur Mitte eine halbe Elle Neigung haben … und auf dieser Mittelinie sei auf jede Elle ein Spalt von einem Finger Länge, wo das Regenwasser in die Gruben ablaufe … Und sorge, dass an jedem Kopfende des vorerwähnten Weges ein Bogengang von 6 Ellen Breite auf Säulen stehend sei. Und verstehe, dass derjenige, der über den ganzen Platz gehen will, die hoch gelegenen Straßen für seinen Zweck benutzen kann. Wer durch die niederen Straßen gehen will, kann dasselbe tun. Durch die (oberen) Straßen darf kein Fahrzeug oder ähnliches Ding fahren; denn sie sind nur für den Gebrauch der Vornehmen. Die Lastwagen und Lasten für den Bedarf und die Gemächlichkeit der Bewohner gehen durch eine der niedrigen Straßen. Ein Haus muss dem anderen seinen Rücken zudrehen, die niedrige Straße zwischen sich lassend. Vorräte wie Holz, Wein und solche Sachen sind durch die Türen zu fahren. Durch die unterirdischen Straßen soll man die Latrinen, die Ställe und ähnlich übel riechende Dinge entleeren, von einer Arkade zu anderen.«[75]

Die Straßengebilde und Stockwerke sind Realität geworden; die unterirdische Kanalisation kann man tatsächlich als (Abwasser-)Straßenverlauf begreifen – ohne dass in ihnen viel menschlicher Verkehr stattzufinden hätte, aber alles konnte da Vinci auch nicht vorhersehen und erfinden – und sie erfüllen den ihnen von da Vinci im 16. Jahrhundert zugedachten Zweck; allein die hierarchische Zuordnung über der Erde funktioniert so nicht. Das verdanken wir der größten Dreckschleuder der Menschheitsgeschichte, der Demokratisierung der Distanzüberwindung und damit der Wege und Straßen: dem Automobil. Leonardo da Vinci hätte es (trotzdem) geliebt.

Obwohl seit dem 16. Jahrhundert einige Bürger in ihre Häuser Toiletten einbauten, dienten zu der Zeit in dem, was sich später Deutschland nennen sollte, doch vornehmlich Straßen und Höfe als mehr oder weniger öffentliche Abtritte. Der Abwasserfluss allerdings war bis weit ins 20. Jahrhundert – und, wie es humorige Filme heute gerne zeigen, scheinbar in mittelmeerischen Gefilden bis ins 21. Jahrhundert – häufig an die das Dorf oder die Stadt passierenden Bäche und Flüsse gebunden.

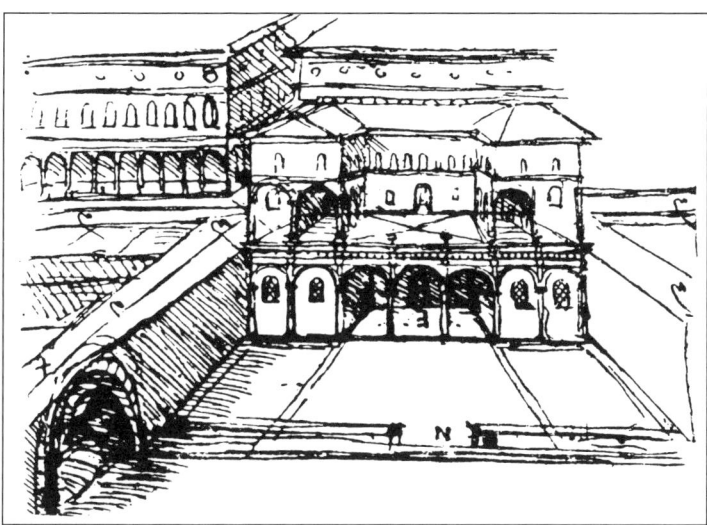

▲ Wie Leonardo da Vinci sich eine saubere Stadt vorstellte: im Untergrund die Fäkalienwirtschaft

Aber was waren das auch für Zeiten: »Er hat gern, dass man ihm auf den Kackstuhl entretenierte, aber es ging gar modeste; denn man sprach mit ihm und wandte ihm den Rücken zu; ich habe ihm oft so entreteniert in seiner Gemahlin Kabinett, die lachte von Herzen darüber, schickte mich allein hin, ihrem Herrn zu entretenieren«, heißt es in einem Brief vom 15. Mai 1716 über einen Sohn Ludwigs XIV. Immerhin geht es hier um gemütliche Unterhaltungen unter den Vornehmsten der Vornehmen. Die Angehörigen des französischen Adels rissen sich um das Privileg eines Gesprächs mit dessen Vater in derselben Lage in derartigem Ausmaße, dass schließlich dafür eine Gebühr von 15.000 Louisdor erhoben werden konnte.

Zu der Zeit waren selbst die Nachtstühle, die ihren Benutzer oft stundenlang »ertragen« mussten – was man zum Beispiel von dem Jean-Jacques Rousseaus weiß –, mit einem großen Luxus ausgestattet: »Jedes Schlafzimmer hat seinen Nachtstuhl mit Samt überzogen und mit Fransen geziert, mit Porzellanbecken und einem Leuchtertische zu lesen. Der Marquis von Bethune hat einen Nachtstuhl neben den meinigen bringen lassen und wir verbringen die Tage an diesem Ort der Freude.«[76]

Das mittelalterliche »Geschirr«:
Von Prunzscherben, Schüttsteinen und Nachttöpfen

Die Nacht war hereingebrochen. Der Bauer Hans Spiess von Ettiswil hatte die Läden seiner hölzernen Bretterbehausung geschlossen und hätte am liebsten einen ähnlich festen Riegel vor seine Ohren geschoben. Aber das 15. und 16. Jahrhundert kannte noch keine Kopfhörer. Sie war wirklich nicht sehr komfortabel, seine Hütte. Aber sie hatte einen Tisch, ein Bett und einen Nachttopf. Was brauchte der Mensch mehr? Seine Gattin lag im Bett und ihm schon seit Jahren in den Ohren, dass es langsam Zeit würde, sich nach einer besseren Unterkunft umzusehen; dass er zu nichts nütze sei; wenn er sich doch nur umschauen würde: wie sein Nachbar sich hochgearbeitet habe und nun seinen eigenen Acker bestellte und wie dieser lebe... Irgendwann, nachdem er sich schon in sein Nachtgewand gekleidet und vor dem Bild des Herrn bekreuzigt hatte, knackte etwas in seinem Schädel und er schritt zur Tat.

Hans Spiess benützte einen Holzzuber mit langem Stiel als Nachtgeschirr, wie auf einem kolorierten Bild seiner Schlafkammer zu erkennen ist, die der Luzerner Chronist Diebold Schilling zeichnete. Das eigentliche Thema der Darstellung ist allerdings die Ermordung seiner Ehefrau, die er im Bett liegend erwürgte.

Die verhältnismäßig vielen schriftlichen und bildlichen Quellen von spätmittelalterlichen Abtritten können nicht darüber hinwegtäuschen, dass die Menschen aller sozialer Schichten meist Nachttöpfe benutzten. Für die Anwesenheit des Kaisers in Nürnberg wurde im Jahr 1471 angeordnet, »in alle kamer prundzscherben aufzustellen, in der keisers gemech [Schlafzimmer] weise verzinte pecklein [kleine Becken] in der herren kammer verglast, sust [sonst] weiß scherben zu jedem pet [Bett]«[77].

Mittelalterliche Illustrationen, die Einblicke in Schlafzimmer bieten, zeigen fast immer einen Nachttopf unter oder neben der Bettstatt. Unter dem Bett des sterbenden Grafen von Toggenburg zeichnete der Chronist Werner Schodeler Anfang des 16. Jahrhunderts einen hohen Krug mit Henkel: Der Adel pisste vornehmer. Das Formenspektrum reichte von flachen Schüsseln mit Henkeln über einfache Schalen zu echten Krügen. Frauen benutzten im 18. Jahrhundert ovale Nachttöpfe mit beidseitiger Einbuchtung zum

▲ Dem Maler Diebold Schilling (1513) ging's um den Mord, doch von heutigem Interesse ist vor allem der Nachttopf unterm Bett.

Urinieren, eine Art Saucière, die so genannten Bourdaloues. Louis Bourdaloue (1632 bis 1704) war Jesuitenpater und Hofprediger Ludwigs XIV. Er hielt berühmte Predigten, von denen die in seiner Kirche sitzenden Hofdamen nicht ein Wort verpassen wollten – und sich also lieber besagter Gerätschaft bedienten als die Messe zu verlassen.

Aus der Anzahl der Nachtkrüge ließ sich leicht auf die Anzahl der Personen pro Schlafzimmer schließen. Denn das Mittelalter schlief nicht allein: Mehrere Personen teilten sich einen Raum oder gar das gleiche Bett – zur gleichen Zeit oder auch im Schichtschlaf. Es kostet nicht allzu viel Fantasie, sich vorzustellen, wie es am »Morgen danach« roch.

Die Leerung der Nachtgeschirre erfolgte nach dem schon mehrfach vorgestellten altrömischen und sehr praktischen Konzept. Der Inhalt der Brunzkachel ergoss sich aus dem Fenster auf die Straße. In Frankreich, Wiege der guten Sitten, war es üblich, vorübergehende Passanten mit dem Ausdruck »*gardez l'eau!*« (Achtung, Wasser!) zu warnen. Der Ausruf gerann zur stehenden Redewendung – noch heute sagt der Franzose »*gardez l'eau!*«, wenn er »Kopf weg!« meint – und wurde im Laufe der Zeit in allen Teilen Europas verstanden: »Und siehe, es gibt nirgends ›goaks‹ im ganzen Königrei-

Gardez l'eau

che (Schottland) noch sonst irgendetwas für unsere Dienstboten, außer einem Fasse mit einer quer darüber gelegten Feuerzange, und dahinein werden noch die ganzen Leibstühle der Familie jeden Tag einmal ausgeleert, in dieses selbige Fass; und um zehn Uhr Abend schleudert man dann die ganze Ladung zu einem hinteren Fenster hinaus, das auf irgendeine Straße oder ein Gässchen Aussicht hat, und das Dienstmädchen schreit dann den Vorübergehenden zu: ›Gardy loo!‹ (Nehmt euch in Acht), und das bedeutet so viel als: ›Herrgott, sei uns gnädig!‹, und so etwas geschieht in Edinburgh in jeder Nacht in jedem Hause.«[78]

Denn das Anbringen von Aborten in Bürgerhäusern wie auf Landadelssitzen war auf den britischen Inseln zu der Zeit eine Neuheit. Sir John Harrington, ein Vetter der Königin Elizabeth, sorgte für großes Aufsehen, als er 1596 eine Abhandlung über einen Abtritt auf seinem Landsitz veröffentlichte, in der besonders dessen

▲ »Nationale Gebräuche«, Grafiken von James Gillray (1757 bis 1815). Oben links England (»Wasser-Closett«), daneben Frankreich (»Bequemlichkeit«). Unten Holland (»Der See«) und Schottland (»Der Eimer«)

ungewöhnliche Ausstattung auffällt, die nahezu jeden technischen Fortschritt der kommenden Jahrhunderte vorwegnahm.

Das allererste Water closet

England gilt als Ursprungsland der modernen Sanitärtechnik. Sir John Harringtons Abtritt mit Wasserspülung glich noch stark einem Plumpsklo. Neu waren das Spülreservoir sowie die Klosettschüssel, die Mechanik und die Ventile unter dem Abtrittbrett. Vom Spülreservoir führte eine Leitung zur Klosettschüssel, die sich so leicht mit Wasser füllen ließ. Zum Spülen hatte die auf dem Abtritt sitzende Person mit einem Stab die am tiefsten Punkt des Klosettbeckens angebrachte Schleuse zu öffnen. Der so entstehende Sog riss die Fäkalien in die Jauchegrube hinunter.

Harrington pries seine Erfindung mit einem illustrierten Buch an, das den Titel »A New Discourse of a Stale Subject, called the Metamorphosis of Ajax« (Eine neue Betrachtung über ein altes Thema: die Verwandlung des Ajax) trug. Als Günstling mit wechselndem Geschick am Hofe von Königin Elizabeth I. war er anscheinend gezwungen mit originellen Einfällen und Publikationen die Aufmerksamkeit auf sich zu lenken. Dabei zeigt sich, dass Harrington für seine Zeit sehr gebildet war und aus vielen antiken Texten zu zitieren wusste. Offenbar mit Erfolg: Die Königin, übrigens seine Taufpatin, ließ Harringtons Klosett im Schloss Richmond einrichten. Ansonsten fand er kaum Nachahmer. Auf seine Innovation folgte eine ungünstige Zeit für Erfinder von Klosettapparaten. Zwischen 1617 und 1775 wurden keine britischen Patente für Klosetts mehr angemeldet. Gefragt waren höchstens Nacht- und Leihstühle, die sich als harmlose Sessel oder gar als Stapel von Büchern tarnen ließen.

Der gewöhnliche Adelige und der gewöhnliche Bürger, der zwar selber für die Fäkalienbeseitigung zuständig war, leisteten sich keine teuren Einrichtungen und bei denen, die sich welche hätten leisten können, war das hygienische Bewusstsein gering, weil sie über eine Dienerschaft verfügten, die sie mit der Beseitigung der Exkremente beauftragen konnten. Alle Welt begnügte sich mit tragbaren Gefäßen.

An Tapeten, in Kamine

Zum Hausinventar des Sonnenkönigs Ludwig XIV. zählten 208 einfache Nachtstühle mit Becken und 66 größere Möbel mit einem Geschirr in einer ausziehbaren Schublade. Obwohl diese Zahlen beeindrucken, scheuten sich die Herrschaften nicht, gelegentlich selbst in Anwesenheit von Damen, an die Tapeten und in die Kamine zu pissen, so jedenfalls berichten einige einschlägige Anekdoten aus jener Zeit.

In England war es nicht viel anders als in Frankreich. Jonathan Swift beklagte sich in einer 1745 für das Dienstpersonal verfassten Lehrschrift über die Frauen, die er für zu stur und faul hielt sich die Mühe zu machen, in den Garten zu gehen, um »eine Rose zu pflücken«. Lieber würden sie für die Erledigung ihrer Notdurft einen ekligen Nachttopf, oft im Schlafzimmer selbst oder zumindest in einer dunklen Kammer nebenan, benützen. Offenbar war es gang und gäbe, in Ermangelung einer Latrinenanlage sich einfach im Garten hinter die Büsche oder ins Nebenzimmer aufs Töpfchen zu setzen.

Erst gegen Ende des 18. Jahrhunderts stieg das Interesse an technischen Erfindungen wieder. In England und in Frankreich begannen Konstrukteure am geruchsfreien Abtritt zu werkeln. Der eigentliche Durchbruch zum Wasserklosett findet aber erst im letzten Viertel des 19. Jahrhunderts statt. Seitdem unterscheidet man zwischen Klappen-, Pfannen- und Trichterklosetts sowie den Vorbildern der heute noch im Gebrauch stehenden Toiletten: dem Flachspül-, Tiefspül- und Absaugklosett.

Harringtons Abhandlung erwähnte aber auch ein paar interessante Einzelheiten, etwa dass Richard III. auf einem Seile statt einem Balken sitzend ebendort mit Terril den Mord an seinem Neffen beratschlagte.

(Ab-)Ort des Lebens und des Todes

Das war beileibe nicht der einzige Fall um Leben und Tod, der an diesem Orte geplant beziehungsweise begangen wurde. Heliogabalus ermordete man in einer Latrine, aus der man die Leiche, da die Latrine zu klein war, wieder herausholte, um sie alsdann mit einem Stein beschwert im Tiber zu versenken, wie Aelius Lampridius in »Scriptores historiae Augustae« (Kapitel 17) zu berichten weiß. Andreas Gryphius widmete sich 1593 in »In latrinis mortui et occisi«[79] ausschließlich dem Thema Geburt und Tod berühmter Menschen an ebenjenem Ort. Über ihn wissen wir von Arius, dem bedeutenden Häretiker, dessen Eingeweide angeblich auf einem Abtritt herausfielen; Papst Leo ereilte das gleiche Schicksal. Karl V., Kaiser von Deutschland und König von Spanien, wurde von Johanna von Aragonien in Gent in einem Abort im Jahre 1500 geboren.

In einer Badewanne fand Marat sein Ende; Rudi Dutschke verunglückte in ihr letztlich tödlich; Bubi Scholz erschoss seine Frau durch die geschlossene Klotür, und Uwe Barschel – niemand weiß Genaues, außer dass er tot in einer Badewanne lag. Der Schottenkönig James I. wollte, von seinen Verfolgern überrascht, durch das Loch seines Abortes fliehen beziehungsweise sich dort verstecken. Nie kam ein Monarch unsauberer zu Tode, denn nach zwei Tagen fanden ihn seine Mörder und machten kurzen Prozess.

»Das Klosett ist ein wichtiges Möbel, und in der Tat, Sie können sich seine Bedeutung, die sich während des ganzen Lebens den Größenverhältnissen des Körpers und in der freiwilligen Zeitdauer der Verwendung dem Wunsch nach tiefer Gedankeneinsamkeit anpasst, nicht groß genug vorstellen. Da ist zunächst der tägliche Festakt der ersten Lebensjahre. Später liebt das kleine Kind, mit Vater und Mutter mitzugehen und ihre Tätigkeit am stillen Ort zu beobachten; wird es größer, so sucht es sich Kameraden, um weiter zu studieren und zu enträtseln; dann kommt die Pubertät, und wieder spielt auf dem Klosett das am tiefsten greifende Erlebnis dieser Jahre, ja vielleicht des ganzen Lebens sich ab, die Onanie. Nach der Entwicklung beginnt die Verdummung des Menschen und er begnügt sich, statt den Wundern des Lebens nachzugehen, damit, die Zeitung zu lesen, sich zu bilden, bis schließlich das Greisenalter kommt und nicht selten der Schlaganfall auf dem Klosett allem ein Ende macht. Von der Wiege bis zum Grab.«[80]

Chronik von London

Manche der überlieferten Ereignisse hatten aber auch Tiefgang und fallen gleichzeitig in die Rubrik der Extravaganzen. Die im 15. Jahrhundert verfasste »Chronik von London« weiß von einem bemerkenswerten Unfall zu berichten, der zumindest die Stringenz der Befolgung jüdischer Religionsgesetze, vielleicht ein wenig christlichen Antisemitismus, auf jeden Fall eine Menge schwarzen englischen Humor unter Beweis stellt. In ihr wird berichtet, dass ein Jude in der Stadt Tewksbury an einem Samstag in einen örtlichen Abort fiel, aber mit Rücksicht auf die Gesetze des Sabbats nicht dulden wollte, dass er an ebenjenem Tage daraus befreit werden konnte. Der zuständige Graf von Gloucester wollte ihm in nichts nachstehen und erlaubte nicht, dass er an dem da-

▲ Der ehemalige Mönch Hegner stürzt auf dem Weg zum Abtritt zu Tode. Das »stille Örtchen« lag im Freien; über den beiden Sitzen hingen Körbe mit Stroh als »Toilettenpapier«.

rauf folgenden christlichen Ruhetag befreit würde. Die Chronik endet mit der Feststellung, dass der Jude in dem Abort jämmerlich zu Tode kam.

Der Tod in der Toilette aber ist kein spezifisch jüdisches Phänomen, sondern ereilt auch Christen – allerdings nur, wenn sie sich eines Vergehens schuldig gemacht haben. So stürzte der Ex-Mönch Baschi Hegner, der im 16. Jahrhundert beschloss aus seinem Kloster auszutreten und zu den Katholiken überzulaufen, auf der Treppe zum Klo und brach sich das Genick. Auch das wurde hämisch propagandistisch ausgenutzt. Denn schließlich ist der christliche Gott auch ein strafender.

Das mittelalterliche Badewesen

Ein verbreitetes Pauschalurteil lautet, die mittelalterlichen Städte seien förmlich in Kot und Dreck erstickt. Das stimmt, ist aber nicht die ganze Wahrheit. Sicherlich finden sich Belege für unsägliche Anhäufungen von Scheiße, Schmutz und Schlamm in den meist ungepflasterten Gassen. Steckenbleiben im Morast war eine plausible Entschuldigung für das Fernbleiben von Ratssitzungen, wie heute das Steckenbleiben im Stau. Statt Bad oder Haarewaschen zog derjenige, der es sich leisten konnte, Puder und Perücke vor. Die Geschwüre und Entzündungen chronischer Krankheiten wie Syphilis ließen sich unter Perücken, Schönheitspflastern und Schminke verbergen. »Sie hatten ihre Haare in Gestalt von Perücken zugestutzt, in welchen Läuse, welche ihren Stammbaum wenigstens so weit wie sie selbst hinaufführen konnten, ihren Sitz aufgeschlagen hatten.«[81] »Die Damen an den französischen und spanischen Höfen waren so vertraut mit Ungeziefer und vielleicht auch so gelangweilt von ihm, dass sie die Vorliebe entwickelten, ihre Lieblingsflöhe zu trainieren und zu füttern.«[82]

Einmal die Woche ins Bad

Die große Bedeutung des Badewesens aber relativiert das Bild des »schmutzigen« Mittelalters wieder ein wenig. Denn neben Müll und Dreck existierte ein erstaunliches Reinlichkeitsbedürfnis. Am Hof der englischen Könige war das Händewaschen vor der Tafel zeremonieller Zwang. In mittelalterlichen Bürgerhäusern schmückte häufig ein Waschgefäß die Wand. Ratgeber jener Zeit forderten das wöchentliche Reinigungsbad am Samstagabend, eine Sitte, die sich bis ins 20. Jahrhundert rettete.

Die Wurzeln dieser Bäderkultur gründeten natürlich in der badenden römischen Antike, obwohl deren Thermen zum Teil bereits in der Spätantike zweckentfremdet oder dem Verfall preisgegeben worden waren. Manches lernte das europäische Mittelalter durch die Begegnung der Kreuzfahrer und anderer »Reisender« mit der islamisch-arabischen Welt, in der die Badekultur sehr verbreitet war.

Begüterte Stadtbewohner konnten sich vereinzelt eigene Badestuben leisten. Das gemeine und schmutzige Volk musste die von

▲ Der Besuch im Badehaus diente auch der Gesundheitspflege.

den Badern unterhaltenen Badehäuser besuchen, von denen beispielsweise Paris im Spätmittelalter 26 besaß. Die Besucher badeten in hölzernen Zubern oder so genannten Badekufen.
Schon im 13. Jahrhundert ging man zum Baden ins Badehaus. Und es war zu der Zeit durchaus üblich, dass man sich vorher auszog – zu Hause. Man verließ das Haus nackt. Für die damalige Zeit war es nichts Ungewöhnliches, einen Nackten auf der Straße anzutreffen. Man wusste, was er vorhatte.

Im privaten Bad, in dem der Hausherr oder die Dame durchaus gerne Gäste empfing, und im öffentlichen Badehaus ging es mehr als allein um die Reinigung des Körpers. Das, was heute die so genannten Erlebnisbäder anbieten und als eine Erfindung des 20. Jahrhunderts anpreisen, übertraf das Mittelalter mit dem üblichen Angebot eines Badehauses. Frauen und Männer badeten gemeinsam, umsorgt von dienstbaren Mägden. Sie aßen, tranken und spielten, ließen sich Haare und Bärte schneiden, schröpfen und wurden zur Ader gelassen. Gemäß der antiken Lehre von den Körpersäften war es Aufgabe des Baders, diese ins Gleichgewicht zu bringen. Zudem war er zuständig für die kleine Chirurgie: die Wundversorgung, die Behandlung kleinerer Geschwüre und Hautleiden. Die Bader galten als Handwerker und konnten nach einer längeren Ausbildung auch Amputationen vornehmen. Sie standen in direkter Konkurrenz zu den Scharfrichtern, die ihre ausgesprochenen Kenntnisse der menschlichen Anatomie ebenfalls dafür qualifizierte. Viele Pestärzte waren Bader.

Und natürlich reagierte schon damals die Gesundheits- und die Buchbranche. Ärzte verfassten Gesundheitsbücher, die empfahlen, damit das Baden gesundheitsfördernd wirke, bestimmte Regeln und die Konstellation der Gestirne zu beachten. Sie warnten, wohl schon mit stark moralischem Einschlag, eindringlich vor zu langem Verweilen im Wasser und allzu üppigen Gelagen im Bad.

Bademoral Mit der Wende vom 18. zum 19. Jahrhundert gewannen die Moralisten, bestärkt durch Reformation und Gegenreformation, langsam Oberwasser, was zu einem allmählichen Niedergang des Badewesens führt. Im Bern des 18. Jahrhunderts standen in der Malte, einem Unterschichtsquartier, rund 40 Badekabinen mit einer entsprechenden Anzahl von Frauen, wie Giacomo Casanova zu berichten weiß: »Ich stieg einen treppenartigen Weg hinunter und sah plötzlich an die vierzig kleine Hütten vor mir, die nichts anderes als Badekabinen sein konnten. Ein Mann von anständigem Äußeren fragte mich, ob ich baden wolle, und öffnete mir auf meine bejahende Antwort ein Badehäuschen. Sogleich kamen mir eine Anzahl Mädchen entgegen. Der Mann sagte mir, dass ... ich nun wählen dürfe ...«[83]

Casanova beschränkte, wer hätte das gedacht, seinen Besuch vorerst aufs Baden, kehrte allerdings einen Tag später in Begleitung seiner Geliebten in das Etablissement zurück. So verwunderten die Einwände der Moralisten, Baden führe zu Selbstgefälligkeit, sinnlichen Blicken und autoerotischen Versuchungen, nur wenig.

Hygiene Im 18. und selbst zu Beginn des 19. Jahrhunderts war im Gegensatz zum mittelalterlichen Badekult der hygienische Nutzen des Reinigungsbades umstritten. Im Gegenteil, eine gute Schmutzschicht als »zweite Haut« sollte mithelfen den Körper vor Krankheit zu schützen. Leichtfertige Bäder ließen angeblich die Fasern des Körpers erschlaffen, verweichlichten den Organismus und führten zu allgemeiner Gleichgültigkeit – so die wichtigsten Argumente der Ärzte gegen das Baden.

Schließlich hielt auch die Angst vor der zu Beginn des 16. Jahrhunderts epidemisch auftretenden Syphilis und dem Wüten anderer Seuchen die Menschen vom gemeinschaftlichen Besuch der Badehäuser ab. Eine Verknappung von Holz führte zudem zu Beginn der Neuzeit zu einer Verteuerung des Badestubenbesuchs.

◀ Urkunde zur Hygiene-Ausstellung 1911 in Dresden. In antiken Motiven werden oben das saubere Paradies gezeigt und unten die Sümpfe der Unterwelt. Quellgöttinnen vertreiben mit reinem Wasser die bösen Geister.

Durch diesen Bruch waren Ende des 18. Jahrhunderts die Vorkämpfer der hygienischen Bewegung dazu aufgerufen, Körperpflege und Baden erneut als Basis für eine stabile Gesundheit anzupreisen, damit nicht auch die Neuzeit gänzlich in Schmutz und Dreck versank. Die Forderung, dass »das Waschen und Baden allgemeine Sitte der Menschen würde«[84], war im Mitteleuropa jener Zeit sehr berechtigt.

▲ Vornehme französische Badewanne in Form einer Chaiselongue

Gegen die gesundheitlichen Gefahren, die von der Unreinlichkeit ausgingen, begannen einzelne Ärzte, die Vorläufer der Hygieniker des 19. Jahrhunderts, zu kämpfen. Sie beriefen sich auf den Leipziger Arzt Platner, der die These entwickelt hatte, Schmutz verstopfe die Poren der Haut und verhindere die Ausscheidung der giftigen Stoffe aus dem Körper; der Gas- und Stoffwechsel des Organismus würde so unmöglich gemacht. Die These stand im engen Zusammenhang mit der Entdeckung der Osmose als physikalischem Prozess.

Zur Begründung der eher als lästig und unnötig empfundenen Reinigungsprozeduren nimmt der Mediziner Faust, Autor des Gesundheitskatechismus, darauf Bezug: »Weil die Hälfte von allem, was der Mensch isst und trinkt, durch die unmerkliche Ausdünstung der Haut aus dem Körper geht; und wenn die Haut nicht rein gehalten wird, so kann das nicht wohl geschehen, und dadurch leidet die Gesundheit sehr.«[85]

Aufgrund dieser Erkenntnis lag die Forderung nach regelmäßiger Waschung des Körpers nahe: »Man muss sich nicht allein Angesicht und Hände waschen, sondern man muss die Haut über den ganzen Körper in jeder Woche ein oder mehrere Male rein waschen und sich häufig baden.«[86]

Wannen und Sitzbäder des 18. Jahrhunderts, meist aus Holz gefertigt und mit Blech verkleidet, verstand diese Zeit eher als Möbel denn als Wohnungsausstattung oder sanitäre Einrichtung. Seit Mitte des 19. Jahrhunderts wurde zwar von ärztlicher Seite der gesundheitliche Nutzen des Badens nicht mehr bestritten, doch bis die Badewanne sich durchsetzte, galt es noch technische Probleme zu lösen: etwa die Warmwasseraufbereitung und die Herstellung preisgünstiger Wannen. Im 18. Jahrhundert versuchte man mit geschlossenen Stiefel- oder Sabotwannen den Wärmeverlust beim Baden möglichst gering zu halten. Zylinder- oder kolbenförmige Badeöfen, mit Holz oder Kohlen, später mit Gas zu beheizen, kamen etwa 1850 auf den Markt. Um 1880 boten Sanitärfirmen erste gusseiserne Badewannen an.

Bademöbel

Neue Wohnungen mit einer Nasszelle auszustatten, mindestens mit einem WC, einer Badewanne und einem Lavabo, wurde in städtischen Agglomerationen in Europa und Amerika erst nach dem Ersten Weltkrieg üblich. In Berlin noch später: Noch 1981 verfügten im Bezirk Prenzlauer Berg 16.000 Wohnungen nur über ein Außenklo, sprich eine Gemeinschaftstoilette. Das verhielt sich in Kreuzberg nicht viel anders. So einfach war es also nicht, die sich allgemein verbreitenden Einsichten der modernen Hygiene umzusetzen. Noch Mitte des 19. Jahrhunderts rieten Ärzte zu nicht mehr als einem Bad im Monat. Den ganzen Körper in Wasser zu tauchen galt als unkalkulierbares Risiko; Baden macht unfruchtbar – das Bad ist und bleibt ein äußerst verdächtiger Ort.

Bis ins beginnende 20. Jahrhundert hält sich in breiten Bevölkerungskreisen die Vorstellung, dass zu viel Sauberkeit nur schaden könne; der leichtfertige Umgang mit Wasser krank mache, denn schließlich reinige Dreck auch den Magen; und allzu häufige Bäder nur schwächten – und zwar auch die Intimität, die Individualität und die sexuellen Begierden. Also dienen die Bäder nicht nur dazu, die Sexualität anzuheizen, wie es die Moralisten sahen, sondern auch, sie zu schwächen. Es gab kein Entrinnen: Wer wollte da noch baden?

Was festzuhalten bleibt: Das Reinlichkeitsbestreben der mitteleuropäischen Menschheit nahm keinen geradlinigen Verlauf, so dass jedes pauschale Urteil über Reinlichkeit und Hygiene jener Zeit unmöglich ist. Viele Entwicklungen verliefen parallel, widersprüchlich und gegenläufig.

Vom öffentlichen Ärgernis zur privaten Scham

Königliche Ohnmacht

1184 stand König Philipp II., es muss Sommer gewesen sein, an einem Fenster seines Schlosses, so die Überlieferung, als eine Lastenkarre auf der Straße vorbeizog. Dabei wühlte sie sich mit ihren schweren Rädern in den Modder, und weil sie offenbar hoch beladen war, tief in den Schmutz der Straße. Die Räder und Hufe setzten einen so entsetzlichen Gestank nach Urin, Schlamm und Scheiße frei, dass der König von Frankreich ohnmächtig zusammensank.

»*L'etat c'est moi*«: Wenn denn Geschichte wirklich eine der Einzelentscheidungen und der großer Männer und Frauen ist, dann muss man in diesem Ereignis den Beginn der Versiegelung städtischen Bodens sehen – eine Maßnahme, die heute schon wieder durchaus problematische Ausmaße angenommen hat. Denn kaum aus der Ohnmacht erwacht und sich noch die Beulen reibend, gab der König Befehl, die Straßen von Paris zu pflastern. Damit war Paris die erste mittelalterliche Stadt, die damit begann. Es war ein langwieriges Unterfangen. Die ersten Bürgersteige bekam Paris erst 600 Jahre später, im Jahre 1782, und die »Kunst des Pflasterns« blieb eine, die die größte Aufmerksamkeit der Behörden genoss. Denn auch wenn die Pflasterung der Straßen die ungesunden Miasmen – bis zu Pasteurs Entdeckung der Mikroben bezeichnete die Medizin außerhalb des Körpers gebildete Ansteckungsstoffe als Miasmen – der Erde am Ausdünsten hinderte, so verband sich doch damit gleichzeitig die Gefahr, dass das Regenwasser nicht mehr in den Erdboden eindringen konnte, um so den Boden auszuspülen und zu reinigen. Ein durchaus aktuelles Problem.

Mit dem Mist und Kot, der die Städte überwucherte, hatten die hohen Herren immer wieder und immer zäher zu kämpfen. Je mehr Jahrhunderte ins Land gingen, desto schwerer wog, desto tiefer gründete das Problem. So soll es Kaiser Friedrich III. im 17. Jahrhundert widerfahren sein, dass er mitsamt Pferd um ein Haar gänzlich im Straßenkot der schwäbischen Stadt Reutlingen versank – wobei dieser immer als eine Mischung aus den drei großen Sch zu verstehen ist: Scheiße, Schmutz und Schlamm. Sein Besuch des ebenfalls schwäbischen Tuttlingen scheiterte daran, dass die Stadt zu schmutzig war, um den Kaiser empfangen zu können.

Auch in Burgen und Schlössern der besseren Kreise, und das selbst in der deutschen Provinz, ist ein zunehmend gespaltenes Verhältnis zu den menschlichen Ausscheidungen feststellbar. Was vorher offenbar auf Schritt und Tritt in jeder Ecke an fast jedem Ort erledigt werden konnte ohne Scham- und Peingrenzen zu verletzen, fand ab dem 15./16. Jahrhundert zunehmend kritischere Würdigung, die sich schon in der Wortwahl niederschlug. Was vorher »Verrichtung« war, geriet nun zur »Unzucht«, intimisiert und tabuisiert. So dekretierte der Markgraf Philipp II. von Baden-Baden im Jahr 1575: »Khein Unzucht so die Natur in Niechterkeit nothalber erfordert, solle anderer Enden dann an denen orthen, da es sich gebürt und die dazu verordnet, verricht und dargegen die schandtliche und ergerliche unhöflichkeiten und schanden, so anderwerts biss anhero bößlich und schändlich in vil weg fürgangen, gewisslich vermiden bleiben, bey gefengkhnus und unserer ungnad nachlässlicher gefahr ...«[87]

»Schandtliche und ergerliche unhöflichkeiten«

Einer der vielen Versuche, gerade in Paris einzuführen, was im alten Rom, das eine ähnliche Rolle für die römische Antike wie Paris für das Mittelalter gespielt hatte, gang und gäbe war, scheiterte. Bis tief ins 19. Jahrhundert war eine geregelte Abfallwirtschaft für die menschlichen Hinterlassenschaften nicht zu organisieren. Alle 100 Jahre wieder versuchten polizeiliche Maßnahmen neue Regeln und Gesetze durchzusetzen. Im 16. Jahrhundert steigerte sich die Frequenz dieser Versuche ganz erheblich: Die Renaissance, die Wiederentdeckung der Antike, fand nicht nur auf der Leinwand, sondern auch auf den Aborten statt.

Die Unbesonnenen

▲ Das verachtete Kämmerlein. Holzschnitt aus dem 15. Jahrhundert

»Wir, Franz, König von Frankreich, durch Gottes Gnade, machen für jetzt und alle Zukunft Folgendes bekannt. Wir haben uns ausreichend vergewissert, dass der Zustand unserer guten Stadt und Gemeinde Paris und ihrer Vorstädte sich sehr verschlimmert hat und dass sie derartig verfallen und beschädigt sind, dass man an vielen Stellen nicht mehr ohne Gefahr und nur äußerst unbequem reiten oder mit der Kutsche fahren kann. Die Stadt und ihre Vorstädte befinden sich schon lange in diesem Zustand und es ist derartig dreckig und so voller Schlamm, Kot, Schutt und anderen Abfällen, die jedermann liegen lässt und gemeinhin ohne jede Vernunft, sowie gegen die Anordnungen unserer Vorgänger vor die Haustür wirft, dass es bei allen Personen von Stand und Ansehen großen Abscheu und sehr großes Missvergnügen hervorruft. Diese Dinge sind ein großer Skandal und werden von den Leuten, die Unsere genannte Stadt und ihre Vorstädte besuchen und häufiger in ihnen verweilen, heftig getadelt, da sie wegen der Verpestung und Verschmutzung durch den genannten Schlamm, Kot und anderen Unrat ganz ohne Grund in die Vergangenheit zurückfallen. Daher haben Wir beschlossen, dass all die oben gesagten Dinge, so wie sie uns von mehreren Mitgliedern Unseres Großen Rates und von anderen angesehenen Persönlichkeiten dargelegt worden sind, es erfordern, dass ganz schnell gehandelt wird und geeignete Mittel für die gute Verwaltung Unserer genannten Stadt und ihrer Vorstädte ... gefunden werden.« (Edikt vom November 1539)[88]

Das hatte bereits König Philipp der Schöne im Jahre 1285 versucht. Er verbot die Untugend, Gefäße nachts einfach auf die Straße zu entleeren, und befahl den Bürgern, die Gasse vor ihrer Tür selber zu reinigen. Der Brauch war stärker, die Sitte in Fleisch und Blut übergegangen und hielt sich also über die Jahrhunderte. Solche Verbote mussten die Franzosen häufiger über sich ergehen lassen: 1372, 1495, 1513, 1533, 1539, 1697, 1700 ...

Nächtens spazieren zu gehen blieb gefährlich. Nicht nur weil die Städte dunkel und die Wegelagerer zahlreich und hemmungslos, sondern eben auch weil die Bürgersleute Ferkel waren. Immer musste man damit rechnen, von oben durch die aus den Fenstern entleerten Nachttöpfe berieselt zu werden – es konnte auch dicker kommen! Der nächste Regen würde es regeln und die Gülle in den nahe gelegenen Bach schwemmen:

»Die Dueña (öffnet das Fenster): Die Nacht ist dunkel. (Sie leert ein Gefäß über dem Kopf von Don Japhet) Vorsicht, Wasser!
Don Japhet (schreit): Vorsicht, Wasser! Du lieber Himmel! Unrat! Dieser Vorfall verspricht nichts Gutes! Ah, Hündin von Dueña, oder Dienerin, oder Dämon, Du hast mich völlig vollgepisst, abscheuliche Pisserin, Grab lebendiger Knochen, Wohnsitz des Teufels …
Die Dueña (erneut): Vorsicht, Wasser!
Don Japhet: Die Teufelin hat die Dosis verdoppelt. Abscheuliche Vogelscheuche! Wenn es nur Rosenwasser wäre. Man könnte es ertragen, weil es einen stark abkühlt. Aber ich bin völlig bedeckt von deiner stinkenden Sintflut, Und, wenn ich doch noch auf die Rückkehr meiner Schönen wartete, Völlig besudelt, was mach ich dann mit ihr? … Verflucht seien die Liebe und die verfluchten Balkone, Von denen man voller Urin und ohne Anzug zurückkehrt!«[89]

»Vorsicht, Wasser!«

Das hier von Molière beschriebene Vorgehen war offenbar eine in der mehr oder weniger zivilisierten Welt nicht nur weit verbreitete und äußerst hartnäckige Sitte, sondern scheinbar ohne Alternative. Edward Burst auf seiner Reise durch Schottland: »Wir … waren recht lustig, bis die Uhr zehn schlug. Dies ist die Stunde, da jedermann die Freiheit hat, auf ein durch die Stadttrommel gegebenes Zeichen seinen Unflath aus dem Fenster zu werfen … Wie ich auf meinem Weg nach Hause, durch einen langen engen Gang, der hier Wynd heißt, gehen musste; so ward mir ein Wegweise mitgegeben, dier, um ein Unglück, das mir hätte begegnen können, abzuwenden, beständig mit lauter Stimme schrie:

▲ Holzschnitt von 1494

Hud your Haunde, d.i: d Haltet ein! Ich zitterte, wenn ein Fenster geöffnet ward, da immer nicht weit von mir der schreckliche Guss, von hinten und vorne, herunter stürzete. Jedoch ich entgieng aller Gefahr glücklich, und kam nicht allein wohlbehalten und gesund, sondern auch wohlriechend und rein in meinem neuen Quartiere an. Allein, wie ich im Bette lag, musste ich meinen Kopf zwischen den Laken verstecken. Denn der Geruch des Unflaths, dien die Nachbarn an der

Strafgeld

Hinterseite des Hauses ausgeworfen hatten, drang dergestalt in das Zimmer, dass ich vor Gestanke fast hätte ersticken mögen.«[90] Anderswo sah es nicht anders aus:
»Da kam eine Jungfrau fein
Recht wie ein Turteltäubelein
Geschlichen vor das Palasttor
Und wollte gern davor
Das Wasser sich erlassen.«[91]
Was hier in einem Schwank von Konrad von Würzburg (1440) beschrieben wird, war wohl der Alltag. So verordnete der Rat der Stadt München schon im Jahre 1370: »Wer Unflat vor seine Tür oder auf die Straße wirft oder schüttet, also nicht in den Bach trägt, gleichgültig, ob es bei Tag oder Nacht geschieht, der zahlt in jedem einzelnen Übertretungsfall dem Richter 24 Pfennig ... Wer in der inneren Stadt und vor seiner Tür oder auf die Straße geschütteten Mist oder Kehricht nicht noch an demselben Tage abfährt, muss der Stadt 36, dem Richter 7, dem Schergen 12 Pfennig Strafe bezahlen.« Oder: »Art 4. Wir untersagen, Müll, Asche, stinkenden Unrat oder irgenddie Flüssigkeiten auf die Straßen oder Plätze der genannten Stadt und der Vorstädte zu werfen oder zu schütten und in den genannten Häusern längere Zeit Harn und modrige oder verfaulte Flüssigkeiten aufzubewahren. Überdies ordnen wir an, dieselben schleunigst zur Gosse zu tragen, sie dort auszuschütten und dann einen Eimer sauberen Wassers darüberzugießen, damit die abfließen ...

Art 21. Wir ordnen an, dass alle Eigentümer von Häusern, Gasthäusern und Unterkünften, in denen es keine Abtrittgruben gibt, sofort, und ohne Verzug und umgehend solche anlegen lassen.«[92]

Offenbar regelte dieses Edikt nicht nur die Reinigung der Stadt mit Hilfe von Wasser zu einer glänzenden, bürgergerechten Stadt, in der niemand sich durch die Exkremente von Tieren oder Straßenlümmeln belästigt fühlen musste, sondern stellte auch eine eigenartige Hierarchie des Mülls auf. An deren Ende steht eindeutig das menschliche Exkrement: »überdies ordnen Wir an, diesen Kot und Unrat innerhalb der Häuser zusammenzutragen und in Gefäße und Körbe zu tun, um sie dann aus der genannten Stadt und ihren Vorstädten heraustragen zu lassen.«[93]

Neben der Hierarchie lässt sich dem Edikt entnehmen, dass es einen festgelegten Abtritt nicht unbedingt voraussetzt, denn dann

▲ Till Eulenspiegel (15. Jh.) hatte ein höchst unkompliziertes Verhältnis zu seiner Notdurft.

müsste man den Kot nicht erst innerhalb der Häuser zusammentragen. Es beschreibt ein Einstellungsmuster, aus dem in späteren Jahrhunderten und in manchen Ländleteilen bis heute das »Jeder kehre vor seiner eigenen Tür, und das bitte regelmäßig« wird. Eine »Domestizierung« des Abfalls, der Scheiße.

Aber das Bild von Paris – und nicht nur von Paris, doch dient die Stadt als gut dokumentiertes Beispiel – veränderte sich bis ins 19. Jahrhundert nur wenig: »Abtritte: Drei Viertel der Latrinen sind schmutzig, entsetzlich und Ekel erregend: In dieser Hinsicht sind Geruchssinn und Augen der Pariser Unrat gewöhnt. Die Architekten waren in Verlegenheit wegen der engen Räumlichkeiten der Häuser und verlegten ihre Röhren aufs Geratewohl; und nichts muss einen Fremden mehr verwundern, als ein Amphitheater von Latrinen zu sehen, die einen über den anderen sitzend, an die Treppen stoßend, ganz nahe bei den Küchen und von überall her den widerlichsten Geruch ausströmend.«[94] Der Boden der mittelalterlichen Stadt hatte sich über die Jahrhunderte um einige Meter angehoben. Kot und Dreck erhöhten das Straßenniveau und bereiteten den Boden für Cholera und andere Epidemien.

Die Domestizierung der Scheiße –
ein kurzer Prozess der Intimität

Das Edikt von München wirft ein Schlaglicht auf den Prozess der Intimität (oder Zivilisation, wie es Norbert Elias nennt) beziehungsweise der Privatisierung, der »Verhäuslichung von Vitalfunktionen« und damit der galoppierenden Zunahme von Scham- und Peinängsten. Der Ort der Notdurft wird intimer, privater, von einem kommunikativen Ort zu einem Ort des inneren Monologs. Ein jeder kehre vor seiner Haustür und behalte seinen Schmutz bei sich. Die Ausscheidung wird ins Innere des Hauses verdrängt, die Scheiße privatisiert: »Besonders im näheren und weiteren Umkreis des Hofes entwickelt sich das, was wir heute wohl eine ›psychologische‹ Betrachtung des Menschen nennen würden, eine genauere Beobachtung des anderen und seiner selbst über längere Motivationsreihen und größere Zusammenhänge hin, eben weil hier die Überwachung seiner selbst und die beständige, sorgfältige Beobachtung anderer zu den elementaren Voraussetzungen für die Wahrung der gesellschaftlichen Position gehört.« (Elias)[95] Da sich aber das Großbürgertum in seinem Verhalten dem Adel an die Fersen heftete, musste dieser immer neue Formen des Verhaltens, immer neue Ausprägungen des Feingefühls entwickeln. Und so wurden die Vorgänge, die Scham- und Peingefühle auslösen konnten – in erster Linie körperliche wie der Geschlechtsverkehr oder die Harn- und Kotentleerung –, zunehmend mit Ängsten und Verboten belegt und in die eigenen vier Wände abgedrängt, bis uns die damit verbundene Scham heute wie selbstverständlich, wie angeboren erscheint.

Was schön ist, riecht nicht

Die Renaissance bestärkte noch das Primat des Sehens. »Der Aufschwung des Sehens geht daher mit einer gleichzeitigen Herabwürdigung des Geruchs einher. Das Primat des Sichtbaren hatte die von Kant auf die Spitze getriebene Folge, dass das, was schön ist, nicht riecht. Die Historiker wissen wohl, dass eine Geschichte der Sinne hier ihren Angelpunkt hat: Von der Promiskuität geht man zur Scham über, und dieser Wechsel vollzieht sich nicht ohne eine Verfeinerung des Geruchssinns und ohne dass die Dinge als übel riechend empfunden werden, die es einst anscheinend nicht waren. Der Vorrang des Sichtbaren im Bereich der Ästhetik konnte sich also nur auf der Grundlage dessen herausbilden, dass Küchengerüche und andere, noch unangenehmere Gerüche in den hintersten Teil des Hauses verbannt wurden. Was riecht, stört die Sicht.«[96] Das Einstellungsmuster, dass das, was schön ist, nicht riecht, lässt die Scham wachsen. Dinge, die die Menschheit vorher als nicht unangenehm empfunden hat, werden plötzlich als übel riechend verbergens- und verdrängenswert: Was riecht, stört jetzt die Sicht.

Je tiefer die Kanalisation unter die Städte und damit aus dem Blickfeld der Menschen versenkt war, desto höher wuchsen Peinlichkeitsgrenzen; desto intensiver die Peinlichkeitsvermeidungsstrategien, darüber zu reden oder sich öffentlich dazu zu bekennen; desto privater die Menschen. Es entstehen Städte unter den Städten, und je mehr dieses Problem aus den Augen der Menschheit verschwindet, desto weniger Gedanken werden von jedem Einzelnen darauf verschwendet. Aus den Augen, aus dem Sinn. Am Ende dieser Entwicklung steht der berühmte »moralische Bruch«. Der Mensch sieht nicht mehr, was er anrichtet, sieht seine Defäkation, seine Abfallproduktion in keinem Zusammenhang mehr mit den Folgen wie etwa der Wasserverschmutzung, da die dazwischen liegenden Zusammenhänge verschwinden.

Wie nebenbei entsteht auch ein Bruch zwischen Stadt und Land beziehungsweise wird der schon entstandene Bruch unüberbrückbar. Alles, was der Stadt stinkt, wird aufs Land gekarrt, das sich fortan des schlechten Leumunds von der »stinkenden Landluft« erwehren muss. *Omne malum ab urbe*, wusste das Mittelalter; die Sterblichkeit in den Städten war höher als auf dem Land, die Lebenserwartung niedriger.

Stadt und Land sind wie Vorder- und Rückseite einer Medaille: »Kot und Gold ist dasselbe, aus der Farbe des Kots sind wir auf das Gold gekommen.«[97] Beide sind nicht voneinander zu trennen. Die Stadt wird zum Ort des Unverweslichen, die Natur wird ausgeschlossen, gesäubert, verdrängt, versiegelt, gezähmt, eingesperrt, bestenfalls kultiviert zu besichtigen – alles andere bedroht diese, die Organisation des Zusammenlebens so vieler Individuen auf so geringem Raum; es droht Anarchie, Revolution, auf jeden Fall Unordnung. Das Verhältnis zur Natur lässt sich auch als ein Zeichen des Verhältnisses zur Zivilisation interpretieren – siehe John Lockes »Zurück zur Natur«, zurück in die Scheiße. Oder war das doch anders gemeint? Währenddessen wird das Land, Heimstatt der Natur,

»Kot und Gold ist dasselbe«

zur Stätte des Lebens und Sterbens. Der Abfall der Stadt wird zum Gold auf dem Land, auf den Feldern. In der Stadt stinkt nicht mehr die Scheiße, allenfalls der Bourgeois »nach Geld« oder der Prolet nach »Armut«.

Staatsentwicklung

Und das Verhältnis zur Scheiße hat etwas mit der Ausbildung des modernen, regelnden Staates zu tun. Der vereinigte, zentrale, absolutistische, der erstarkende Staat der Neuzeit wirkte in allen Bereichen auf seine Untertanen ein. Wie ein Erzieher seinen Hund zwingt die Ausdünstungen seiner Hinterlassenschaft einzuatmen, so zwingt der Staat seine Untertanen zum Privaten und damit zur Disziplin. So entsteht eine neue Erfahrung des Geruchssinns.

Und das ist die Neuerung, die das Primat des Augensinns bricht: Riechen wird erlernt – und Riechen tut nur alles Nichtschöne. Der Geruchssinn erlebt für eine Weile nach dem Ende der Renaissance, zum Ende des 18. und dann im Laufe des 19. Jahrhunderts, eine Wiedergeburt – seit der Antike behaupten diverse Autoren das Primat des Geruchssinnes, da die Nase dem Gehirn am nächsten säße –, da er zwar der animalischste, aber auch derjenige ist, der im Rahmen der Lehre von den Miasmen den Menschen am besten vor der Gefährlichkeit von Stoffen warnt. Das Riechorgan antizipiert die Gefahr und erkennt das Vorhandensein von Schädlichem schon aus sicherer Entfernung. Die Französische Revolution markiert die Wende, an der auch eine Revolution des Geruchssinnes gegen das Primat des Sehens und Hörens stattfand, das noch auf Platon zurückging, frei nach dem Motto: »Der Geruchssinn war weniger notwendig für ihn [den Menschen], denn er war zum aufrechten Gang bestimmt, er sollte schon aus der Ferne entdecken, was ihm als Nahrung dienen könnte; das gesellschaftliche Leben und die Sprache waren dazu da, ihn über die Eigenschaften der ihm essbar erscheinenden Stoffe aufzuklären.«[98]

Grobianismus

Für die Trojaner war die menschliche Notdurft ein öffentlicher Akt, die Römer verbrachten ihre Zeit bevorzugt auf Gemeinschaftslatrinen, heutigen Stammtischen ähnlich, mit vermutlich ebenso intensiven und Zeit verschlingenden Diskussionen. All das sind nicht die Kulturen, von denen sich Europa distanziert. Trotzdem hatte sich etwas grundlegend verändert.

Denn der Umgang mit seinem (körper-)eigenen, jetzt sehr privaten Abfall bestimmt das Verhältnis zur Gesellschaft. So wurde beispielsweise erst Mitte des 18. Jahrhunderts in Frankreich allge-

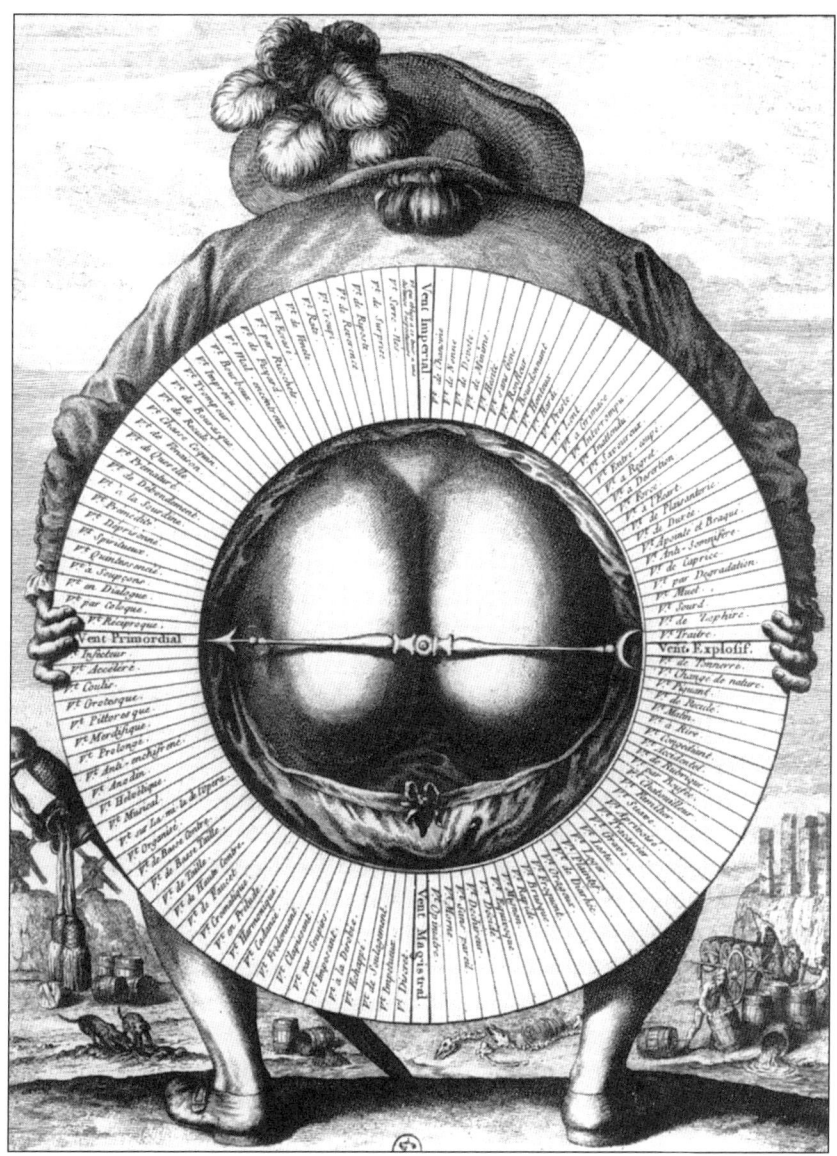

▲ »Neuer Kompass für sensible Nasen«, zusammengestellt von Bombardoni

mein eingeführt, Leichname, in gewissem Sinne eine bezeichnende, spezielle und sehr private Ausprägung des Abfalls, getrennt zu beerdigen. Anfänglich aus hygienischen Überlegungen, damit die Friedhöfe nicht mehr so stänken, am Ende gerechtfertigt durch das Prinzip der Würde und der Frömmigkeit, der personellen Integrität. Nicht länger mehr galt die Sitte der Gemeinschaftsdefäkation als allgemein verbindlich – die sich dennoch bis ins 19. Jahrhundert nicht nur bei australischen Ureinwohnern hielt.

Jetzt existiert allerdings ein klar hierarchisches Gefälle: Das gemeinsame Scheißen hielt sich in Mitteleuropa nur in den »gemeinen« Volkssitten und galt eben dann (und mit ihm die Menschen) als unfein: »Holzhacker im Gebirge gelten durchweg als saugrobe Gesellen, in Frankreich so gut als in Süddeutschland. Manches Stücklein, was diese Gesellen zu erzählen wissen, geht über das Bohnenlied. Auch das Zusammenschei…, die defaecatio zu zweien und dreien ist etwas ungemein Grobianisches, das aber von Kennern der Holzhackerleute als wohl verbürgt gilt. Zwei Individuen setzen sich mit dem Gesäß stoßend zusammen ad cacandum, die Beine des einen werden an die Beine des anderen gebunden. Der ›Witz‹ besteht darin, dass der Stärkere den Unterliegenden per merdam zieht … Eine andere, gemeinere Art besteht darin, dass sich eine Waldarbeiterin mit entblößtem Gesäß an das Gesäß einer anderen oder eines Waldarbeiters sitzt. Wer ein schmales Gesäß hat, muss dem breitgesäßigeren Partner die Restspanne in Bierglas ausgedrückt beim nächsten Zahltag als Bierstoff schenken oder bei Frauen oft in Liebzelten oder einem bunten Tuch.«[99]

Abfallpolizei Der mehr und mehr politische Umgang mit der Scheiße verlangte gerade bei den drastischen Strafen seit dem 16. Jahrhundert eine Abfallpolizei, die überwachte, dass Edikte durchgesetzt beziehungsweise notfalls angedrohte Strafen vollzogen werden konnten. Sie setzte Privatleute tatsächlich unter Druck, in ihren Häusern Aborte anzulegen, die in Frankreich dann *retriats* (Rückzug) oder *privés* (Privat) hießen.

Mit der Industrialisierung fluteten seit dem 17. Jahrhundert immer mehr Menschen in die Großstädte. Die Aborte verschwanden von den Höfen und wurden in die Häuser integriert. Körperentleerung auf Straßen und Plätzen galt zunehmend als unfein, unanständig, bald proletarisch oder schlicht rückständig und bäurisch – mindestens »saugrob«. Die Scheiße und der Scheißer stanken, die öffentliche Begegnung auf der Latrine über dem Mist wurde peinlich.

Stank die mittelalterliche Stadt so sehr zum Himmel, dass die Menschen sich selber nicht mehr riechen konnten und beschlossen, ihren Geruch und damit sich selbst in der Phase, in der sie ihn produzieren, einzuschließen? Wie im Übrigen auch bei der gegenseitigen Entlausung, die bis dahin ein öffentlicher Vorgang war und wohl in den Bereich der Zärtlichkeit fiel: »Die Frau des Hauses lauste ihren Liebhaber, die Dienerin ihren Herrn, die Tochter ihre Mutter.«[100]

Geruch – Gestank

Und gewann der Mensch damit langsam das sich bis heute haltende Gefühl, dass der Geruch der am tiefsten in den Menschen eindringende Schmutz, die tiefste (Schmutz-)Verletzung von allen ist? »Ich saß in einem weißen Fiat und fuhr an Reihen von Abfallhalden entlang, die viele Stockwerke hoch waren. An einer turmhohen Reihe entlang und um die Ecke zur nächsten, Dampfschwaden stiegen auf, und in der Luft hing ein Gestank, der meinen Mund erfüllte und durchdringend genug erschien, um meine Kleidung zu versengen. Warum glaubte ich eigentlich, ich sei schon mit dieser Erfahrung im Hirn auf die Welt gekommen? Warum war das etwas so Persönliches? Ich dachte, warum hat man den Eindruck, dass uns üble Gerüche etwas über uns mitteilen? Der Firmendirektor fuhr mich an den dampfenden Reihen entlang und ich dachte, jeder üble Geruch handelt von uns …«[101]

Die Frage, wo problematische Industrie in den Städten angesiedelt werden sollte, entschied im 19. Jahrhundert vor allem der Grad der Geruchsbelästigung. Nicht das Ohr, der Lärm, oder gar das Auge, die Ästhetik, waren entscheidend für eine mögliche Ansiedlung, sondern die Nase, der Geruch. Natürlich nicht die Nase der in den Fabriken Arbeitenden. Deren Beschreibung und die ihres Umgangs mit den industriellen Abfallstoffen fiel eindeutig aus: Sie war unempfindlich und anpassungsfähig, wie beispielsweise eine französische Kommission von Chemikern im Jahre 1809 diagnostizierte: »Der Arbeiter an sich ist nicht in der Lage, seine Umgebung angemessen wahrzunehmen.« Nein, gemeint und entscheidend waren die Nasen der Besitzer der an diese Fabriken angrenzenden Liegenschaften. Denn durch die Gerüche hätten ihre Immobilien an Wert verlieren können und das galt als alleiniges Kriterium für und wider eine Industrieansiedlung.

Ekel   Der Wandel in der Wahrnehmung der Welt setzt wohl erst ein, seit sich der Umgang mit der Welt erschwert; seit es den Begriff der Zivilisationsentwicklung im Bewusstsein der Menschen gibt; seit dem Prozess der Individualisierung und der Unterscheidung von »privat« und »öffentlich« – und mit dem Problem: Wo fange ich als Person an, wo höre ich auf, was bin ich? Und was glauben die anderen, dass ich wäre?

»Genau betrachtet, ist der Ekel, den ein natürlich denkender Mensch vor dem Kot oder Urin empfindet, unnatürlich. Denn tatsächlich ist das Endprodukt der Verdauung nur ein Glied im Prozesse des Werdens und Vergehens. Die Pflanzen erfreuen zuerst unser Auge, parfümieren die Luft und erquicken unsere Nase, dann schmücken sie unsere Tafel, befriedigen unseren Magen, passieren unseren Darm, und schließlich düngen sie wieder das Feld, dem sie entstammen.«[102]

Aber es gibt den Ekel weit häufiger als den natürlich denkenden Menschen. Und so kann schon jede Beschmutzung und Besudelung zur Berührung, zu einem Angriff auf die eigene Person werden. Sie tastet an und beschädigt, weil sie belästigt. Dabei können verschiedene Zonen der Beschmutzbarkeit unterschieden werden, die wiederum ein deutliches Zeugnis davon ablegen, wie sehr das Empfinden von Schmutz mit dem Empfinden von Individualität zu tun hat. Denn in aufsteigender Reihenfolge beginnt die Beschmutzung faszinierenderweise an den Extremitäten und klettert langsam nach oben, so dass das Gesicht zur Zone der größten Beschmutzbarkeit wird.

Verwunderlich? Wohl nicht. Denn weil der Mensch, spätestens seit dem Descartschen »Cogito ergo sum«, den Kopf und seinen Ausdruck, das Gesicht, noch am ehesten als Sitz des Individuums, des eigenen Ichs, begreift, ist er hier am verletzlichsten. Selbst der Chinese, der mit Descartes so viel nicht zu tun hatte, »verliert sein Gesicht«, wenn er, bloßgestellt oder blamiert, seine Schamgrenze übertreten wurde.

Privat/ Öffent- lich   Die Frage nach »privat« und/oder »öffentlich« aber geht tiefer und beginnt früher, nämlich bei der eigenen Person, dem Schmutzerzeuger. Solange sich der Kot im Menschen befindet, gilt er als sauber, lässt sich nicht in Kategorien wie »sauber« oder »unsauber« messen. Seine Existenz beginnt im Grunde erst mit der Ausscheidung. Dennoch lässt sich bereits hier subtil unterscheiden. Denn

▲ Der »Schmutz« wird beseitigt: Arbeiter einer Kübelwäscherei leeren, waschen und desinfizieren die Fäkalbehälter.

schon der Kehlkopf bildet eine klar definierte Grenze. Alles dahinter ist nicht wirklich beschmutzbar, da es genau genommen selber Schmutz ist. Aber solange der Schmutz sich im Körper befindet (wie die Scheiße), wird er nicht als ein solcher begreifbar. Erst wenn er austritt, erbrochen oder anderweitig ausgeschieden, wird er zum Schmutz. Schmutzerzeugung findet also nur außen statt – auch ein Indiz dafür, dass »schmutzig« eine soziale Kategorie ist: im Rinnstein, an der Hauswand, auf der Kleidung oder auf der Haut. Und da verwandelt sich fast alles in der Berührung mit ihr zum Schmutz. Scheiße, Tränen, Regen, alles kann einen Menschen verschmieren, beschmutzen. Auch oder gerade, wenn es aus ihm selber kommt.

Nicht immer hat die Menschheit in der Haut die wohl wichtigste Grenze vom Privaten zum Öffentlichen, vom Noch-nicht-Schmutz zur peinlichen Beschmutzung gesehen und somit den gleichen Vorstellungen vom Schmutz und Ekel gehuldigt. Der Römer konnte sich vor vielem, was uns heute als eklig erscheint, gar nicht ekeln, da er diese Grenze nicht kannte. »So ließe sich denn beweisen, dass jede Reinigung allein wegen eines Verstoßes gegen die gesellschaftliche Übereinkunft erfolge, aus keinem anderen Grund, wie immer man die Verstöße im Einzelnen auch benenne, wie laut man auch behaupte, sie verletzen die Gesetze der Hygiene, des Schönheitsempfindens oder des Instinkt.«[103]

Zwischen Ville du merde und Ville du monde – Paris, das Beispiel des 18. Jahrhunderts

Eine ungeheure und großartige Ansammlung von Häusern, durchzogen von einem rauschenden Fluss, der sich an den mehr oder weniger unbefestigten Ufern der vielen Inseln bricht. Ab und zu treibt ein aufgeblähtes, schon länger totes Schwein vorbei, ein verfaultes Rind oder auch ein traurig-federfeuchtes Huhn. Gemüsereste, Kisten und Kästen, nicht identifizierbare Objekte. In den meisten Städten, die man zu der Zeit bisher sehen konnte, lebten höchstens ein paar Tausend Menschen. Nicht dass sie jemand gezählt oder das auch nur vermocht hätte. Aber hier war alles größer, sehr viel größer. Paris war ein Moloch. Die Kirchen wuchsen gleichsam in den Himmel. Paris schien den Menschen mindestens wie neun Städte.

Die meisten, die hier neu waren, verliefen sich über den Tag mehrfach zwischen Menschen, Fuhrwerken, Häusern und Plätzen. Irrten ziellos in den engen Gassen umher. Hielten sich die Nase zu, gelangten an breite Straßen und standen staunend vor den Steinhäusern wohlhabender Menschen.

Eine Kloake ohne Abfluss

Es stank. Auch hier. Die anderen Straßen waren dunkler, enger und meist noch nicht gepflastert. Bei Licht besehen, das hier nicht schien, eine Kloake ohne Abfluss. Die Menschen stapften durch Exkremente, wichen Schweineherden aus, die durch die Straßen trieben und Abfall beseitigten. Schweine waren Allesfresser.

Man konnte Ehepaare ihre Häuser betreten sehen. Noch in der offenen Tür bückte sich die Frau und machte sich über ihre und die Schuhe ihres Mannes her. Fing an den Schlamm abzukratzen, zu putzen und zu wienern. Zum Glück hatte die Menschheit zu der Zeit schon das Parfüm erfunden *(pare fumier/per fumus:* »durch den Rauch«, eine Art Schutzvorrichtung gegen unangenehme Gerüche). Das wurde allerdings bis Mitte des 18. Jahrhunderts auch durchaus unter Zusatz von Fäkalien »gesunder, kräftiger Individuen« zubereitet. Von denen glaubte nicht nur der deutsche

Gelehrte Johann Joachim Becher (»Physica subterranea«), dass sie »Lebensfeuer« enthielten.

Zwischendurch konnte man in ein großes Kirchenschiff treten, um den Gestank zu fliehen. Hier strich dem Besucher der Weihrauch beruhigend in die Nase. Die Kirche war eine Oase. Das Haus Gottes, ein Ort der guten Gerüche und der Ruhe. Es sei denn, er geriet in eines der Gotteshäuser, in denen allzu viele Tote vor nicht allzu langer Zeit aufgebahrt oder bestattet worden waren. Dann konnte es passieren, dass Leichengerüche durch das Hauptschiff waberten.

Louis-Sébastian Mercier verdanken wir eine anschauliche »Pariser Nahaufnahme« aus dem 18. Jahrhundert, die kürzlich in der »Anderen Bibliothek« neu erschien und beredte Klage führt: »In Paris war eine große Kanalisation gebaut worden, die Canal Turgot hieß, weil sie angeordnet wurde, als er Bügermeister von Paris war … Dieser breite und tiefe Kanal war nicht zugedeckt; die Arbeiter konnten leichterhand daran Reparaturen ausführen … Dem Stadtmagistrat gefiel es, das Gelände dieses Kanals zu verkaufen; er wurde überdeckt und man erlaubte, ihn zu überbauen … die geringste Öffnung hat einen gefährlichen Windwirbel zur Folge; vorher hatten Luft und Sonne wenigstens die schrecklichen Aussonderungen absorbiert. So also war durch den Eigennutz einiger Privatpersonen in ein gesundes Viertel die Pest eingesperrt worden.«[104]

Was muss alles passiert sein, dass die Franzosen es dennoch fast zeitgleich geschafft haben, zu einer Kulturnation aufzusteigen, Adelshäusern weltweit ihre Sprache, ihre Küche, ihre Mode vorzuleben? Was muss da alles passiert sein?

Denn die Hauptstadt war keine Ausnahme. Auch Versailles war kaum anders. »Die schlechten Gerüche im Park, in den Gärten und sogar im Schloss selber erregen Übelkeit. Die Zuwege, die Innenhöfe, die Nebengebäude und die Korridore sind voller Urin und Fäkalien; am Fuß des Ministerflügels schlachtet und brät ein Fleischverkäufer jeden Morgen seine Schweine …«[105]

Der Gestank von Versailles

Auf diesem Gebiet ging es also bis zum frühen Absolutismus in den Zentren der europäischen Zivilisation relativ egalitär zu. Selbst Schlösser wie Fontainebleau, Saint Cloud und Versailles hatten so gut wie keine Toiletten. Die einzigen *water closets* in Versailles waren dem König und Marie-Antoinette vorbehalten. Die wiederum verstieß gröblichst gegen die französische Etikette: »Als Marie-Antoinette zum ersten Male am französischen Hofe übernachtete, fühlte sie Verlangen nach Befriedigung eines kleinen Bedürfnisses. Sie beugte sich unter das Bett und zog das Geschirr herbei und besorgte ihre Sache. Die Kammerfrau bemerkte dies und war außer sich vor Verwunderung. Und die Oberzeremonienmeisterin gar konnte sich nicht enthalten, der Prinzessin den Vorwurf zu machen, dass sie die französische Etikette in gröblichster und leichtfertigster Weise verletzt hätte: Die Gemahlin des Thronfolgers darf eher das Bett voll machen als sich den Nachttopf halten.«[106]

Die Etikette regelte alles und reglementierte jeden. Personen, die gerade dabei waren, ihr »Geschäft« zu erledigen, durften nicht gegrüßt werden: Man hatte so zu tun, als wären sie nicht da. Die Etikette regelte im Übrigen nur Situationen, die oft genug vorkamen, um geregelt werden zu müssen. Erasmus von Rotterdam war es, der seine Zeitgenossen im 16. Jahrhundert darauf hinwies, dass es »unhöflich« sei, »jemanden zu grüßen, der gerade seinen Harn oder Kot lässt«[107]. Der Anschlag, den man im britischen Königsschlosse im Jahre 1589 anzubringen sich genötigt sah, liefert den Hintergrund: »Hiermit wird jedermann, gleich welchen Standes, untersagt, zu irgendeiner Zeit, ob vor, während oder nach dem Essen, früh oder spät, die Treppenaufgänge, Gänge oder Räumlichkeiten mit seinem Urin oder anderem Schmutz zu besudeln.«[108]

Lieselotte von der Pfalz

Manchmal führte diese (Scheiß-)Situation in einer nicht allzu scham- und peingeprüften Zeit der lockeren Moral und Sitte auch zu Verstimmung – zumindest zu Unbequemlichkeiten. Lieselotte von der Pfalz, die bei Paris wohnte, wusste in einem Brief an die Kurfüstin von Hannover herzhaft davon zu berichten: »Sie sind in der glücklichen Lage, scheißen gehen zu können, scheißen Sie also nach Belieben! Wir hier sind nicht in derselben Lage, hier bin ich verpflichtet, meinen Kackhaufen bis zum Abend aufzuheben; es gibt nämlich keinen Leibstuhl in den Häusern an der Waldseite. Ich habe das Pech, eines davon zu bewohnen, und darum den Kummer, hinausgehen zu müssen, wenn ich scheißen will, das ärgert mich, weil ich bequem scheißen möchte, und ich scheiße nicht bequem, wenn sich mein Arsch nicht hinsetzen kann. Dazu wäre noch zu bemerken, dass uns jeder beim Scheißen sieht: Da laufen Männer, Frauen, Mädchen und Jungen vorbei, Pfarrer und Schweizergarden können einander zusehen; nun, kein Vergnügen ohne Mühe, und wenn man überhaupt nicht scheißen müsste, dann fühlte ich mich in Fontainebleau wie der Fisch im Wasser.

Es ist äußerst betrüblich, dass meine Freuden von Scheißhaufen behindert werden: ich wünschte, dass der, der das Scheißen erfunden hat, er und seine ganze Sippschaft, nur durch eine Tracht Prügel scheißen könnte! Wie war das am Dienstag? Man müsste leben können, ohne zu scheißen. Setzen sie sich zu Tisch mit der besten Gesellschaft der Welt, wenn sie scheißen müssen, müssen sie scheißen gehen oder verrecken. Ach, die verdammte Scheißerei! Ich weiß nicht Ekeligeres als Scheißen. Sie sehen eine hübsche Person, niedlich, reinlich, Sie rufen aus: ach wie reizend wäre das, wenn sie nicht schisse! Den Lastenträgern, Gardesoldaten, Sänftenträgern, dem Volk dieses Kalibers billige ich es zu. Aber: die Kaiser scheißen, die Kaiserinnen scheißen, die Könige scheißen, die Königinnen scheißen, der Papst scheißt, die Kardinäle scheißen, die Fürsten scheißen und die Erzbischöfe und Bischöfe scheißen, der Pfarrer und die Vicare scheißen. Geben Sie zu, die Welt ist voll von ekelhaften Leuten! Denn schließlich scheißt man in der Luft, man scheißt auf die Erde, man scheißt ins Meer, das Weltall ist angefüllt mit Scheißern und die Straßen von Fontainebleau mit Scheiße, vor allem mit Schweizerscheiße und die pflanzen Haufen – ebenso große wie Sie, Madame. Wenn Sie glauben einen hübschen kleinen Mund zu küssen, mit ganz weißen Zähnen – Sie küssen eine Scheißmühle: alle Köstlichkeiten, die Biscuits, die Pasteten, Torten, Füllungen, Schinken, Rebhühner und Fasanen usw., das ganze existiert nur, um daraus gemahlene Scheiße zu machen …«[109]

Noch der junge Jean-Jacques Rousseau zögerte im 18. Jahrhundert die Hauptstadt zu betreten, da ihm die übelsten Gerüche entgegenschlugen. Beim Verlassen der Stadt, die er so liebte und hasste, prägte er den Spruch, den später im übertragenen Sinne die Hygieniker auf ihre Fahnen schrieben:»*Adieu, ville de boue!*« (Lebewohl, Stadt des Drecks!) Ob im Justizpalast oder im Louvre, in der Oper oder in den Tuilerien, überall fühlte er sich von den Gerüchen der Fäkalien verfolgt. In den Parks roch es nach abgestandenem Urin; die Kloakenentleerer, die tagsüber durch die Straßen zogen und auf ihren Karren in löchrigen Fässern den Inhalt der Senk- und Sickergruben transportierten, verpesteten zusätzlich die Luft; um sich den Weg zum Schindanger zu sparen, kippten sie die Tonnen einfach in den Rinnstein; die Walkmühlen und Weißgerber trugen das Ihre dazu bei; die Fassaden der Häuser waren zum Teil vom Urin zersetzt; in den Gossen lagen tote Tiere – summa sum-

Pestilenzialische Luftströme

marum war die Merciersche Beschreibung von Paris als dem Schlund zur Hölle so weit hergeholt nicht und die Luftverschmutzung nicht erst Thema des 20. Jahrhunderts:

»Die zu engen Röhren verstopfen leicht; sie werden nicht frei gemacht; die Fäkalien häufen sich säulenartig an, steigen bis zum Abtrittsitz hoch, das überlastete Rohr platzt; das Haus ist überflutet; die Verseuchung breitet sich aus, aber niemand zieht weg: die Pariser Nasen sind unempfindlich gegen solche stinkenden Unfälle.

Wer auf seine Gesundheit achtet, sollte niemals seine warmen Exkremente in diese Löcher fallen lassen, die man Latrinen nennt, und sollte auch niemals seinen halb offenen Anus diesen pestilenzialischen Luftströmen aussetzen; da wäre es sogar besser, den Mund hinzuhalten, da die Magensäure sie mildern würde. Von diesen gefährlichen Sitzen, wo faulige Miasmen ausströmen, die man in seinen Körper gelangen lässt, nehmen etliche Krankheiten ihren Ausgang. Die Kinder ängstigen sich vor den verseuchten Löchern; sie glauben, dort sei der Weg zur Hölle: das war in meiner Kindheit auch meine Überzeugung. Glücklich die Bauern! Sie entleeren sich unter der Sonne; sie sind frisch und munter.«[110]

Die Gleichsetzung der Hölle mit der Fäkaliengrube ist eine alte Vorstellung und schon von Tertullian im Jahre 200 zu vernehmen: »Die Hölle ist eine tiefe, finstere Gestankgrube, in die der Unrat der ganzen Welt stets zusammenfließt.«[111]

Pariser Nahaufnahmen

Der Pariser des 18. Jahrhunderts war zivilisierter, sprich sensibler geworden. Was er vorher wie selbstverständlich hingenommen hatte, den Zustand der Straßen, die Kloakenentleerung oder das Ausschlämmen der Senkgruben, führte immer häufiger zu aktenkundigen Streitereien. Der Pariser fühlte sich zunehmend geruchsbelästigt. Fäkalien, Unrat, Schlamm und ihre Gerüche beleidigten jetzt die Nase des 18. Jahrhunderts, die früher nicht höher über mindestens ebenso verdreckte Straßen getragen wurde. Aber die Empfindlichkeiten hatten sich verändert und neue Moden, wie die des Spazierengehens, beförderten diese Entwicklung. Wiederum Mercier berichtet uns darüber:

»Liebe Leser, wollt ihr euch keine willkürliche Krankheit zuziehen? Dann setzt euch nicht auf diese gräulichen Löcher. Wenn ihr einen Garten besitzt, dann nehmt eure Darmentleerung mittags vor, unter den Strahlen der Sonne. Die Sonne teilt den Ausscheidungen durch ihre milde Wärme ein wohltuendes Phlogiston [alle

▲ Kanalanlage in der Rue Saint Antoine, Paris, 1830. Straßenreiniger sind am Werk.

brennbaren Körper enthalten ein gemeinsames Element der Entzündbarkeit, das beim Verbrennen entweicht, so die Theorie des Chemikers Ernst Stahl von 1697] mit, das in eure Eingeweide aufsteigt; und ihr, grobe Pariser, die ihr keinen Garten habt und auf Stockwerken wohnt, die einen über den anderen, und auf Fußböden aus Gips und dünnen Tragebalken, entleert euch in ein Gefäß mit frischem Wasser; die Lebensgeister sind selbst noch in euren Ausscheidungen. Achtet darauf, dies ist ein physikalisches Gesetz. Überdenkt, was alles zum Bereich der Gesundheit gehört; es gibt eine Vielzahl harmonischer Gesetze. He! Wer von euch würde seine Exkremente auf feurige Glut entleeren? Keiner; er würde instinktiv merken, dass das Feuer seine Eingeweide angreifen könnte. Na gut, genauso ist es auch hier. Flieht alltäglich diese Kloaken, deren Bösartigkeit sich in einem langen Rohr zusammendrängt, wie um das Gift noch zu verstärken; flieht diese kotigen Farben, diese widerlichen Gerüche. Wie konnte nur die Gewohnheit diesen Instinkt abstumpfen in euch, der die Tiere doch nicht verlässt. Denn keines von ihnen würde tun, was ihr tut. Pariser, die ihr mit Katzen lebt, die ihr Katzen liebt, beobachtet sie und ahmt ihre Sauberkeit nach. Ihr bewundert ihre kraftvollen Amouren; warum richtet ihr euch nicht nach der Lektion in Körperhygiene, die sie euch von den Dächern herab erteilen? Sie suchen Luft und Sonne auf, und dann mit den Pfoten den Staub verteilend, entziehen sie den Blicken, was verborgen werden muss.

Man hat die Kunst entdeckt, die Senkgruben zu desinfizieren. Dieser Apparat besteht aus einem Flammofen. An dessen Glutkern ein Rohr befestigt ist, das sich in die Tiefe der Grube verlängert, und indem es die dort herrschende mefitische Luft ansaugt, zwingt es die Luft der Atmosphäre an ihre Stelle.

Die Entleerung der Gräben, Senkgruben und Abtritte geschieht obendrein noch durch antimefitische Pumpen als auch durch den Einsatz eines Ventilators. Zwei Gesellschaften erhielten das ausschließliche Privileg für diese doppelte Prozedur, und es erging das Verbot an jedermann, die besagte Entleerung nach der alten Methode vorzunehmen.

Der Mefitismus [die Einatmung giftiger Gase und die dadurch verursachten Krankheiten] war eine endemische Heimsuchung; sie hatte eine Menge Unheil in der Hauptstadt angerichtet; und da sie noch nicht die Aufmerksamkeit der Naturforscher erregt hatte, be-

fasste sich auch die Regierung nicht mit den Todesfällen. Die Abtritte, Senkgruben und Latrinen haben zahllose Unglückliche das Leben gekostet: man legte sie in einen Sarg und deckte sie zu. Und die in Atemstillstand Verfallenden wurden für tot gehalten, die Beerdigung folgte sofort auf den Scheintod …
Erst seit einiger Zeit wendet man die Kraft des Feuers an, die glückliche Agens und das mächtigste von allen, das der Luft die lebendige Spannkraft wiedergibt.

Auf diese Weise sind heute die Abtritte und Senkgruben, die so viele unschuldige Opfer zugrunde richteten, gereinigt: die Chemie konnte die tödlichen Ursachen des Atemstillstands entdecken und hat sie erfolgreich bekämpft …«[112]

Nicht dass Paris anders als andere Städte war – größer vielleicht. Aber auch in Wien sah es nicht viel besser aus: »Die früheste Kanalisation Wiens war von den Römern angelegt worden, als die Männer der Dreizehnten Legion ihre Garnison Vindobona mit Wassergräben zur Donau durchzogen. Die Legionäre waren es auch, die die ersten Aborte mit Wasserspülung errichteten – ein Umstand, der den Menschen des nachfolgenden Mittelalters höchst überflüssig schien. Kanal und sanitäre Errungenschaften gerieten in Vergessenheit. Hygiene verlor an Bedeutung. Erst nach der zweiten Belagerung durch die Türken im siebzehnten Jahrhundert gingen die Bewohner Wiens dazu über, ihre neuen Gebäude an die offenen Straßenkanäle anzuschließen. Als aber 1830 die Donau über die Ufer trat, überschwemmte sie tagelang die gesamte Stadt. Der Inhalt der Senkgruben und offen liegenden Kanäle wurde durch Häuser und Gassen gespült und führte zum Ausbruch der Cholera. Tausende starben. Als Folge davon legte man den Grundstein zum Labyrinth der Wiener Kanalisation …«[113]

Wiener Alchemie

Auch die Berliner waren Schweine. Im Jahr 1671 musste jeder Bauer, der seine Ware in Berlin anbieten wollte, auf dem Rückweg eine Fuhre Mist aus der Stadt transportieren. Als auch diese Maßnahme das Problem nicht minimieren konnte, wurde 1732 mit dem den Berlinern eigenen Charme angeordnet, dass Bürgern, die ihren Kot weiterhin auf die Straße entleerten, dieser wieder durchs Fenster zu werfen sei. Ob's was gebracht hat? Der Kurfürst versuchte die Berliner – besonders aus dem 17. Jahrhundert sind diese verzweifelten Versuche überliefert – wiederholt zur Disziplin zu

Berliner Schweinerei

rufen, was aber entweder auf taube Ohren oder auf Gegenargumente des Rats der Stadt stieß, bis hin zu dem Argument, darum könne sich keiner kümmern, weil die Bürger mit Feldarbeit beschäftigt seien. Des Öfteren waren nicht nur einzelne Straßen »verstopft«: Die Misthaufen und Abfallhügel waren teilweise so groß geworden, dass kein Fuhrwerk mehr daran vorbeikam. Über den Gestank reden wir hier nicht, da sich daran erst Mitte der neunziger Jahre des 20. Jahrhunderts etwas änderte. Die Berliner Müller und ihre Mühlen mahlten langsam und beschwerten sich laufend, da das Wasser, auf das sie angewiesen waren, nicht garantiert war. Die Bürger kippten ihre Abfälle von der Langen Brücke und anderen Plätzen und Orten in das offene Wasser, so dass die Rinnen der Mühlen verstopften und eben nichts »mehr lief«.

Der preußische König Friedrich Wilhelm I. erließ am 27. März 1735 – deswegen als Geburtsjahr der Berliner Stadtreinigung gefeiert – eine Kabinettsordre, mit der er versuchte, dem Schmutz generalstabsmäßig zu Leibe zu rücken. Vergeblich. Noch Friedrich der Große musste drakonische Strafen androhen, um die Verschmutzung der Straßen und der Spree ein wenig zu reduzieren. Auch das brachte nicht viel. Der Berliner schiss und schmutzte, wo er stand und ging.

Noch zu Beginn des 19. Jahrhunderts sah es nicht rosig aus: »In Berlin kannst du unaufhörlich deine Nase im Schnupftuch tragen, denn gegen Morgen duften noch die Ausbeuten der erst in die Rinnsteine ausgeleerten Nachtstühle dir entgegen, oder ladet erst ein Dorfbewohner den gesammelten Mist eines Hauses auf, so ist die Luft der ganzen Stadt verpestet. Wenig sieht man darauf, todte Hunde und Katzen zu entfernen und ich habe oft den halben Tag todte Pferde in sehr lebhaften Straßen liegen sehen … es giebt auch einige Örter, die man zu öffentlichen Abtritten gemacht hat, und wehe dem Fußgänger, der im Finstern sich hierher verirrt. Hat es geregnet, so werden die Kothaufen in den Straßen zusammengeworfen, und da diese oft Tag und Nacht auf den Abholer warten müssen, so kann man es im Finstern sehr leicht versehen, hienein zu gerathen und bis an die Knie verunreinigt zu werden.«[114]

In Berliner Abtrittsgebäuden von 1828, die jeweils mehreren Wohnhäusern zugeteilt waren, entfiel statistisch gesehen ein Sitz auf etwa 44 Personen. Unterteilt waren sie nach Geschlechtern oder Alter: Frauen, Männer, Mädchen, Knaben. Jede Abteilung hatte einen eigenen Zugang und die einzelnen Sitze waren durch Querlatten statt Brillen unterteilt. Die unglaublichen Verunreinigungen der Hinterhöfe schrie förmlich nach einer Erweiterung des Baus von Latrinen, was die Stadtverwaltung offen boykottierte. Die Obrigkeit in immer noch aktueller Verkennung von Ursache und Wirkung sah in Latrinen prinzipiell einen Hort der Unmoral und meinte, in ihnen könnte es zu nicht überprüfbaren »Exzessen unmoralischen Gesindels« kommen.

Ein Sitz für 44 Personen

Noch Mitte des 19. Jahrhunderts befand sich im Berliner Schauspielhaus ein Raum zum Urinieren für die Männer. Jeder, der hier seiner Notdurft nachging, hatte an der Wand einen eigenen *pots de chambre,* den er, nachdem er ihn gefüllt hatte, eigenhändig in den in der Mitte stehenden großen Gemeinschaftsbottich zu entleeren hatte.[115]

Diese Zeit diskutierte über eine große Reform des Latrinenwesens, die aber erst mit der Hygienebewegung und den einsetzenden Fortschritten der Medizin zur Umsetzung fand. Und »umgesetzt« heißt in diesem Fall nicht spontane, temporär begrenzte Reaktionen auf einen Krankheitsausbruch, sondern der grundsätzliche Versuch, Städte in ihrer Gesamtheit zu begreifen und eine Perspektive zu entwickeln, das allgemeine Latrinenwesen mit der sozialen Frage zu verbinden und schließlich eine Gesundheitspolizei aufzubauen. So entstanden die ersten ansehnlichen, teilweise noch heute das Berliner Straßenbild zierenden Pissoirs, öffentliche Urinale.

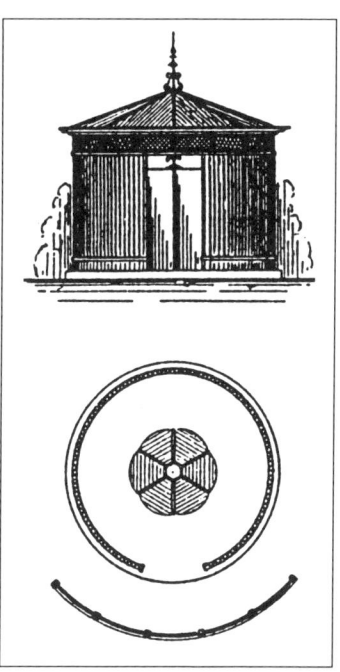

▲ Pissoir in Hamburg, 1893

1907 ging die Stadt den Bau einer unterirdischen Kanalisation an und kaufte benachbarte Güter, die als Rieselfelder dienten. Spezifisch für Berlin wurde das Klo in der Litfaßsäule. »PP« stand für Pinkelpause; die Nummer »00« an den Aborttüren kennzeichnete den Raum schamhaft in Amtsgebäuden, deren andere Türen ebenfalls durch Nummern gekennzeichnet waren, als ein nicht normales Zimmer, ohne direkt auf dessen Funktion hinweisen zu müssen.

Raum Nr. 00

Industrielle und sanitäre Revolution

Öffentliche Toiletten

Spätestens seit der römischen Zivilisation waren sie nichts Unbekanntes mehr. Für das Jahr 300 nach unserer Zeitrechnung lassen sich allein für die Stadt der Städte 144 öffentliche Toiletten, meist luxuriös ausgestattet, nachweisen. Sie waren Treff- und sozialer Mittelpunkt.

Bis zum Mittelalter hatte sich alles wieder verändert. Kloaken glichen der Hölle und Scheiße roch wie der Tod: Das christliche Abendland fürchtete sich vor beiden gleichermaßen. Der verwesende Kadaver war nichts anderes als Abfall und erinnerte schmerzhaft an die eigene Sterblichkeit. Und die Verbindung war noch enger geknüpft, da dem Geruch, den Miasmen der menschlichen Exkremente eine tödliche Wirkung nachgesagt wurde. Also hielt man Distanz.

Dieses System brach erst wieder auf über die Beziehung zum Tod, als nach der Französischen Revolution das Prinzip der Gleichheit auch auf den Leichnam ausgedehnt wurde. Mittelpunkt eines Kults, wurde er individuell zu Grabe getragen und mutierte zum guten Exkrement, gleichermaßen konserviert. Das drückte sich auch darin aus, dass sich Grabmäler und Kloaken ästhetisch und architektonisch annäherten. In viktorianischer Zeit sind beide – wie später auch die Metroeingänge, diese Eingänge zur Unterwelt – in Paris, Wien, Berlin und anderswo von der gleichen Liebe zum floralen, barocken Schmuck und dem Zwang zur Reinlichkeit geprägt. Die kleinen Kapellen und die Bedürfnisanstalten glichen sich von außen an. In beiden wurde ein hohes Amt zelebriert. Ihre Identität stand für das Bewusstsein oder die Bewusstwerdung über Herkunft und Ziel menschlichen Daseins, die in »Asche zu Asche, Staub zu Staub« steckte.

Im Übrigen auch in den Zentren ihrer eigenen Macht, wie in London, und das bezeichnenderweise nach dem Vorbild einer Ironie, nämlich der Jonathan Swifts noch aus dem 18. Jahrhundert –

▲ Eingang zu einer unterirdischen öffentlichen Toilette in London (19. Jahrhundert)

war's Prophetie oder erzeugte die vorweggenommene Kritik erst deren Gegenstand? »Entwurf zur Erbauung und Unterhaltung von öffentlichen Bedürfnisanstalten in den Stadtzentren und den Vorstädten in London und Westminster: Die erwähnten Bedürfnisanstalten werden quadratisch aus Portlandsteinen erbaut. Die Umgänge und die Ornamente der Fassaden sind aus Mamor: Die Statuen, die Basisreliefs der Säulen und der Pilaster stellen Positionen dar, wie sei bei der Entleerung der Gedärme eingenommen werden. Die Höfe werden mit Marmor gepflastert, und in der Mitte steht ein Becken, das mit einer Figurengruppe geschmückt ist, die auf die Bestimmung des Gebäudes anspielt. Man baue einen gedeckten Säulengang mit einer flachen Decke, die rund um den Hof von Säulen getragen wird. Zwischen zwei Säulen gibt es jeweils eine offene Tür, die zu einem geheimen Ort führt.

Die genannten geheimen Orte werden mit Fresken von angemessener Groteskheit verziert. Die Sitze sollen mit feinem, durch Baumwolle verstärktem Tuch bedeckt werden. Schließlich soll man im Winter türkische Teppiche auf dem Boden ausbreiten, und im Sommer bestreue man ihn mit Blumen und Laub.«[116]

Nürnberger Geschlechtertrennung

In Nürnberg, mit über 50.000 Einwohnern zu der Zeit eine der größeren deutschen Städte, lassen sich spätestens für das 15. Jahrhundert öffentliche Bedürfnisanstalten nachweisen, die wie heute, fein säuberlich nach Geschlechtern unterschieden, ihren festen Platz im Stadtbild gehabt haben mussten: »Es muss vor rund 450 Jahren in Nürnberg auch schon eine öffentliche Bedürfnisanstalt gegeben haben; denn Tucher (der Stadtbaumeister) ordnet an, dass der Nachtmeister auch alljährlich räume und säubere ›die gemeinen heimlichen gemach, die auf der pegnitz sein so die mann und frawen auf geen‹. Gemein heißt hier so viel wie allgemein, öffentlich; die Anstalt hatte also wohl schon die uns wohl bekannten, getrennten Aufschriften: Für Männer. – Für Frauen.«[117]

Kaum zu glauben, dass die Freie Reichsstadt Nürnberg, die zu der Zeit noch von höherer Bedeutung war als heute, haben sollte, was Paris, das Zentrum des mittelalterlichen Europa, nicht hatte. Dennoch ist es wahr, dass es in Paris vor 1782 solche Einrichtungen nicht gab. »Sie fehlen in dieser Stadt«, rügte seinerzeit der bereits zitierte Mercier. »Man ist in großer Verlegenheit in diesen belebten Straßen, wenn sich das Bedürfnis meldet; man muss aufs Geratewohl eine Privatperson in einem unbekannten Haus aufsuchen. Man prüft die Türen und erweckt ganz den Anschein eines Spitzbuben, obwohl man gar nicht etwas mitzunehmen sucht.

Früher war der Tuileriengarten und der Palast unserer Könige ein allgemeiner Treffpunkt. All die Scheißer reihten sich hinter eine Taxushecke auf und erleichterten sich dort. Es gibt Leute, denen es eine Wollust bereitet, diese Absonderung unter freiem Himmel vorzunehmen: die Terrassen der Tuilerien waren unbegehbar durch den scheußlichen Geruch, der dort ausstieg. Der Graf d'Angiviller ließ den Taxus ausreißen und vertrieb dadurch die Scheißer, die eigens von weither kamen. Man errichtet öffentliche Toiletten …

Der eine stürzt in einen dunklen Hausflur und macht sich anschließend davon; der andere ist genötigt, in einer Rinnsteinecke das öffentliche Schamgefühl zu verletzen, wieder ein anderer bedient sich einer Droschke oder eines Handwagens; er verwandelte den Sitz einer Kutsche in einen Abtritt; diejenigen, die noch ihren Beinen vertrauen, laufen halb gekrümmt zum Flussufer.

Die Quais, die heutzutage Promenaden sind und eine Verschönerung der Stadt darstellen, empören gleichermaßen Auge wie Nase; vielleicht wäre es Aufgabe eines Arztes, an diesen Stellen spazieren zu gehen: für ihn wäre das regelrecht ein Thermometer der herrschenden Krankheiten; er würde erfahren, in der Jahreszeit es den Mägen an Kraft fehlt, und die öffentliche Unsauberkeit würde zumindest ein Gewinn für den beobachtenden Geist.«[118]

In London sah es 1763, durch die italienische Brille Giacomo Casanovas betrachtet, kaum anders aus: »Wir setzten unseren Spaziergang fort, ohne ein bestimmtes Ziel zu haben, und sprachen von Literatur und allerlei Gebräuchen. Plötzlich bemerkte ich in der Nähe von Buckingham-House zu meiner Linken im Gebüsch fünf oder sechs Personen, die ein dringendes Bedürfnis verrichteten und dabei den Vorübergehenden den Hintern zukehrten. Diese Stellung erschien mir empörend unanständig und ich sprach Martinelli gegenüber meine Abscheu aus, indem ich besonders bemerkte, diese schamlosen Menschen müssten doch zumindest den Vorübergehenden ihre Gesichter zukehren: ›Keineswegs!‹, rief er; ›denn dann würde man sie vielleicht erkennen, und ganz sicherlich würde man sie ansehen, während sie durchaus keine Gefahr laufen, erkannt zu werden, wenn sie nur ihre Hintern den Blicken preisgeben‹ … ›…in allen Ländern wurzeln die besonderen Gebräuche sich ebenso fest ein wie die Vorurteile. Sie haben wohl schon bemerkt, dass ein Engländer, der auf der Straße seine Schleusen öffnen muss, nicht wie bei uns in einen Gang tritt oder sich an eine Tür stellt oder einen Prellstein als Deckung benutzt?‹ – ›Ja, ich habe gesehen, dass sich Leute nach der Mitte der Straße wandten; aber wenn sie auf diese Weise vermeiden, von den Leuten gesehen zu werden, die auf den Bürgersteigen oder in den Läden sind, so werden sie dafür von denen gesehen, die vorüberfahren, und das ist doch auch nicht richtig.‹ – ›Wer zwingt denn die Herrschaften, die bequem im Wagen fahren, hinzusehen?‹«[119]

Dringende Bedürfnisse in London

1826 kommt es in Paris zur großen Wende. Denn die anwachsende Hysterie, die Stadt könne in einem Schlamm aus Dreck und Fäkalien versinken, nimmt konkrete Formen an. Der große unterirdische Amelot-Kanal verstopft, andere Kloaken nähern sich demselben Zustand. Im Zentrum der Stadt entsteht ein langsam an-

Die Wende

▲ Die ersten Berliner Pissoirs entstanden in Litfaßsäulen – und provozierten Spott.

schwellender, stinkender See. Die Vorstädte stinken um die Schindanger. Paris ist umstellt und wird vom Zentrum her überflutet. Es ist Zeit zu handeln.

»Die Stellen, an denen man durch Inschrift das Verbot bekannt gemacht hat, ›bei Strafe körperlicher Züchtigung hier seine Notdurft zu verrichten‹, sind ausgerechnet diejenigen, wo die Geschäfte verrichtet werden. Die Inschrift scheint alle anzuziehen, statt sie davon abzuhalten ... Das ist die Folge einer unmäßigen großen Bevölkerung. Jeder Gang zum Tisch verlangt einen zum stillen Örtchen, und da es öffentliche Gastwirtschaften gibt, warum gibt es nicht auch öffentliche Toiletten?«[120]

Auch Berlin hatte erst 1824 seine erste öffentliche Bedürfnisanstalt in der Nähe der Nikolaikirche. Aber mit der Erfindung der Litfaßsäule, dessen Inneres als ein »einständiges« Pissoir genutzt wurde, änderte sich auch hier das Straßenbild. Denn schon bald war das »Café Achteck« – so die Berliner Schnauze – ein normaler Anblick. 1874 wurde das erste Pissoir für Frauen eröffnet. Der »Höchststand« war in der deutschen Metropole 1928 mit 240 Voll- und 380 Stehanstalten erreicht.

Öffentliche Reinigung, öffentliche Kanalisation

Das klassische Altertum wurde in der Renaissance nicht nur auf dem Gebiet der schönen Künste, sondern ebenso im Kult um die menschlichen Exkremente und dem Interesse an Hygiene-Experimenten ab dem 16. Jahrhundert in Europa wieder geboren. Angestoßen vor allem durch neue Übersetzungen aus der griechischen und römischen Antike, die so zumindest den Lesekundigen jener Zeit wieder zugänglich wurden, wiederverwendete man Fäkalien als Dünger. Denn das in Paris durch den verstärkten Ein- und Ausbau der Latrinen entstandene Problem der Entsorgung war in den antiken Schriften bereits gelöst: »Nach dem Taubenmist nimmt der Kot des Menschen die zweite Stelle ein« – in der Hitparade der Düngemittel.

Wie aber ist die Dichotomie aufzulösen zwischen dem Glauben an die Bedeutung und gute Wirkung des menschlichen Kots auf den Äckern der Nationen, aus denen die Lebensmittel beziehungsweise die Dukaten sprießen, und dem »Schmutzproblem« solcher Städte wie Paris, die zu harten Strafen bei Zuwiderhandlung führten (und übrigens nie durchgesetzt wurden)? Eigentlich erst mit der Erfindung des Kunstdüngers und damit der unbestreitbaren Zuordnung des menschlichen Kots in die Welt des Schmutzes. Bis dahin musste die Grenze zwischen »gutem« Kotdünger und »schlechtem« Kotschmutz im Kot selber gesucht werden.

Im 16. Jahrhundert entsteht eine Alchemie des Unrats. Die menschlichen Ausscheidungen werden intellektuell, nach einem langen Prozess der Umwandlung, in die Lage versetzt, den Boden zu düngen und Gutes zu bewirken. Zuerst jedoch mussten sie, getrocknet in einen Ruhezustand versetzt, sich absetzen und abklären, so dass die negativen Eigenschaften sich verflüchtigen konnten. Erst dann ließ sich das Material mit der Zumischung von Wasser und anderen Ingredienzen mit positiver Aura aufladen.

Alchemie des Unrats

Noch die Hygieneliteratur des 19. Jahrhunderts transportierte diesen Glauben in Verbindung mit der Beschreibung landwirtschaftlicher Techniken, der bei Petrus de Crescentiis »Opus ruralium commodorum« aus dem Jahr 1307, übersetzt 1532, unter dem Titel »Prouffits champestres et ruraulx« in der frühen Renaissance auftauchte, aber aus der römischen Antike überliefert sind: »[dass] es gut ist, seine Boshaftigkeit abzuschwächen, indem man andere

Arten von Kot beimischt ... Und vor allen Dingen muss man sorgfältig drauf achten, dass die Landarbeiter keineswegs einjährigen Kot benutzen, da dieser keinen Gewinn bringt und neben den anderen Schäden, die er anrichtet, verschiedene Tiere und Schlangen nährt. Der drei- oder vierjährige Kot ist in gutem Zustand, denn durch die Länge der Zeit wird das, was stinkt, abgedampft, und wenn es etwas Hartes darin gab, so wird es weich geworden sein« (1. Jahrhundert[121]).

Denn den Kot verstand die Menschheit als ein zutiefst körperliches, menschliches Produkt, das deren Bösartigkeit und Lasterhaftigkeit auf- und mitnahm auf seinen Weg ans Tageslicht und damit den Boden tränkte, der mit ihm gedüngt wurde. Er musste also behandelt und sein guter Geist geweckt, von der Körperlichkeit befreit werden. Die Unterscheidung verlief nicht zwischen den verschiedenen Exkrementen (etwa Kot, Milch und Urin), die Exkremente selbst enthielten Gutes und Wirkungsvolles und ebenso wirkungsmächtiges Böses.

Der Stercam konnte also gleichsam Prinzip des Guten und des Schlechten, des Lebens und des Todes sein. Auch heute wird zumindest auf der medizinischen Ebene noch »in der Scheiße gewühlt«, also gelesen. So weit entfernt ist sie uns durchaus noch nicht, die Vorstellung, dass die menschliche Körperlichkeit in der Scheiße steckt – positiv wie negativ.

Jules Michelet (1798 bis 1874), Chef der historischen Sektion der Nationalarchive Frankreichs und Verfasser der »Histoire de la Révolution Française«, ließ sich, wenn ihm nichts mehr einfallen wollte, von dem Geruch der Scheiße, der seine kreativen Kräfte angeblich belebte, anregen.

Alfred Krupp, deutscher Großindustrieller, war zwar überzeugt, dass seine eigenen Körpergerüche giftig seien, andererseits inspirierte ihn der Geruch von (Pferde-)Mist, so dass er sein Arbeitszimmer direkt über dem Pferdestall einrichten und die Stallgerüche direkt in seine Räume leiten ließ – zum Leidwesen seiner Ehefrau.

Das war früher noch anders. Hier musste »das, was stank«, erst verdampfen und dadurch den Pakt mit dem (übel riechenden) Teufel gebrochen haben, bevor aus ihr etwas Gutes hervorgehen konnte.

Sozialhygiene Nicht zu unterschätzen in dieser Diskussion um das Gute und das Schlechte der menschlichen Ausscheidung und damit letzten Endes der Sinnhaftigkeit moderner Stadtentwässerung und Kana-

◀ Aushänge an öffentlichen Bedürfnisanstalten, 1896

Die Wärterin ist verpflichtet:
1. Jedem Besucher in bescheidener Weise die gewünschte Zelle zur Benutzung anzuweisen;
2. gegen Empfang des in dem am Eingange befindlichen Tarif bezeichneten Eintrittspreises eine Quittung darüber zu übergeben, welche beim Verlassen der Anstalt mitzunehmen oder zu vernichten ist;
3. die Zellenthür während der Benutzung stets zu schließen;
4. die Anstalt, besonders die Toiletten, Becken und Sitzbretter stets in reinem Zustande zu erhalten, auch auf Verlangen des Besuchers vor seinen Augen nochmals zu säubern.

Sollten die geehrten Besucher durch ungebührliches Benehmen der Wärterin, durch Unsauberkeit oder in sonstiger Weise incommodirt werden, so wird gebeten, dies unter Namens- und Wohnungsangabe zu melden im

Stadtbauamt hierselbst, Jacobsplatz 13, 1 Treppe.

Das Publikum ist verpflichtet:
1. sich in den öffentlichen Bedürfnisanstalten anständig und bescheiden zu benehmen.
2. Es ist verboten, die Zellen zu verunreinigen, die Wände zu beschmieren und sich auf die Abortsitze zu stellen.
3. Die Gebühr für Benützung der Anstalt beträgt bei Inanspruchnahme der I. Klasse 10 Pf., II. Klasse 5 Pf. und wird vor Eintritt in die Zelle erhoben.
4. Bei Inanspruchnahme der I. Klasse ist der volle Betrag von 10 Pf. auch dann zu bezahlen, wenn die Waschtoilette nicht benützt wurde.
5. Die Zellenthüre ist während der ganzen Dauer der Benützung geschlossen zu halten. Die Eintrittsgebühr wird so oft erhoben, als die Zellenthür geschlossen wird.
6. Den Anordnungen der Wärterin ist Folge zu leisten.

Stadtbauamt hierselbst, Jakobsplatz 13, 1 Treppe.

lisation war immer auch der wirtschaftliche Aspekt. In London bildeten beispielsweise noch bis weit ins 18. Jahrhundert ausgehöhlte Baumstämme die Hauptwasserleitungen. Neben den immensen Kosten also, die eine sinnvolle und umfassende Kanalisation erzwang – ganze Städte mussten aufgerissen werden –, durfte man in diesen Zeiten auch den Wert der gesammelten Scheiße nicht unterschätzen. Im Jahr 1834 brachte allein das Sammelbecken von Montfaucon pro Jahr eine halbe Million Franc ein. Nach Berechnungen kritischer Zeitgenossen verloren die in dieser Beziehung hygienisch weit fortschrittlicheren Engländer durch die Einführung der Wasserspülung und der Schwemmkanalisation 250.000 Franc im Jahr.[122]

So hatten modernere Hygienekonzepte und die Vorstellung von der Reinigung der Städte mit der gleichzeitigen Nutzung des so gesammelten Materials als Düngemittel Hand in Hand zu gehen und wurden gar ausgedehnt auf die soziale Ebene – konsequent, denn hier geht es immer um den »menschlichen Abfall«. Es entstanden Pläne, welche die für diese Arbeiten vorgesehenen Menschen so wieder gesellschaftlich Gewinn bringend in die Gesellschaft zu integrieren trachteten. Man dachte über die Etablierung öffentlicher Toiletten nach, die von Armen betreut und gesäubert werden konnten, die so zur Sauberkeit der Städte sowie zu ihrer finanziellen Prosperität (und der eigenen Integration) entscheidend beitragen könnten, da »jedes Kilogramm [menschlicher Kot] so viel Wert ist, wie ein Kilogramm Weizen«[123].

Erst langsam im Laufe des 18. und dann vor allem des 19. Jahrhunderts setzte sich der Gedanke der Desodorierung des öffentlichen Raumes durch und ging (eigenartige) Verbindungen mit der zunehmend bedeutender werdenden sozialen Frage ein. Nun wurden nicht mehr nur Strafgefangene, Bettler und Arme als diejenigen betrachtet, die allein aufgrund ihrer sozialen Stellung dafür prädestiniert wären, den Unrat und Müll einzusammeln und zu entsorgen. Nun trat die Gruppe der Alten hinzu, die sich auf diese Weise nützlich machen und ein wenig von dem zurückgeben könnte, was der Staat aufwenden musste, um sie zu unterhalten. Zeitgenossen berichten fasziniert von Bern, der saubersten Stadt des Universums, in der »an Deichseln angekettete Zuchthäusler jeden Morgen große, vierrädrige Wagen durch die Straßen ziehen ... weibliche Sträflinge sind mit längeren und leichteren Ketten an die Wagen angebunden ... teils um die Straßen zu fegen, teils um den Unrat aufzuladen«[124].

Mit dem Gebot der »Sauberkeit in der Ordnung« und der Erziehung zum Hausputz ließen sich vielfältige Ziele verbinden, auch moralisierende Absichten. Der Sünder begann zusätzlich zu stinken und der Gestank wurde Sünde, das Waschen und Reinigen des Stadt- und des menschlichen Körpers diente zunehmend der Demonstration innerer Ordnung und Sauberkeit und ersetzte diese am Ende. »Der reumütige Verbrecher, der bereit ist, die neue soziale Taufe entgegenzunehmen, muss seine Wiedergeburt durch den Verlust des fauligen Geruchs beweisen, der ihn bis dahin mit seinem Komplizen verband.«[125]

Die menschlichen Ausscheidungen in Medizin und Wirtschaft

Das Geschäft mit den menschlichen Fäkalien

Der volkswirtschaftliche Nutzen menschlicher Fäkalien scheint zu allen Zeiten von allen Völkern erkannt worden zu sein. Mit an Sicherheit grenzender Wahrscheinlichkeit diente Harn der Menschheit als eine der ersten Seifen. Sicher kann man eine solche reinigende Verwendung des menschlichen Harns auch nicht von seiner medizinisch-religiösen Bedeutung trennen. Was äußerlich reinigt, kann seine Wirkung innerlich angewandt auch nicht verfehlen.

Eine weitere menschheitsbekannte Anwendung von Kot und Harn scheint das Gerben von Leder gewesen zu sein. Sowohl von den Apachen als von den Inuit, den Inkas, den Iren wird eine solche Nutzung berichtet. Verwendung fand der menschliche Harn auch beim Färben. Auf Kuba soll angeblich, mit weiblichem Harn, Tabak gebleicht worden sein – wohl ein Gerücht, das belegt, dass, wenn menschlicher Harn zum Einsatz kam, es bevorzugt der weibliche war.

Das wusste man auch in Deutschland: »Wovon man fett wird. Ein Seitenstück zu dem in den Neunzigerjahren [des 19. Jahrhunderts] viel besprochenen Berliner Käsehandel des Butterhändlers Vallentin, der seine Verkäuferinnen zu den scheußlichsten Manipulationen bei der Käsebehandlung zwang [nämlich ihren Harn zur Verfügung zu stellen] und trotzdem den größten Zulauf hatte, beschäftigte das Schöffengericht von Hannover, vor dem sich die Käsehändlerin Henriette Heßler wegen fast unglaublicher Vorgänge beim Harzkäsehandel zu verantworten hatte. Das Gericht warf ihr vor, in ihrem Stand in der Markthalle in eine Konservenbüchse zu harnen und in diesem Harn die Käsemesser aufzubewahren, die sie beim Verkauf von Harzkäse zu gebrauchen pflegte. Außerdem soll sie ihre Hände jedes Mal vor einem Käseverkauf in dem Harn gewaschen haben. Weiter legte man ihr zur Last, in diesem Harn einen Lappen befeuchtet und diesen über den Käse aus-

Merkwürdige Kräfte des Urin

gebreitet zu haben. Auf Vorhaltungen über diese Schweinereien sollte sie erwidert haben: ›Ach was in Hannover frettet sich alles weg.‹ In der Verhandlung bestritt die Angeklagte die ihr zur Last gelegten Handlungen, die Leute hätten sie nur aus Rache angezeigt.

Auf die Frage des Vorsitzenden an die Zeugen, warum sie eine derartige Schweinerei jahrelang mit angesehen hätten, ohne die Angeklagte anzuzeigen, erklärten mehrere Zeugen, dass die Heßler in der Markthalle eine mit Rücksicht auf ihr Mundwerk sehr gefürchtete Persönlichkeit sei und sie sich daher nicht getraut hätten, gegen sie vorzugehen. Das Gericht kam zu dem Schlusse, eine eingehende Untersuchung in dieser Sache noch einmal vorzunehmen, und vertagte die Verhandlung, in deren Verlauf angedeutet wurde, dass die Frau vielleicht einem verhängnisvollen Aberglauben mancher Käsehändler und Käseliebhaber zum Opfer gefallen sei.«[126]

Der eben darin bestand, Milch mit Urin zu versetzen, um diese so gegen den bösen Einfluss der Hexerei zu sichern, was – wie man vermuten darf – seinen Ursprung auch darin hatte, dass Urin wirkungsvoller Gärungsstoff war, der die Milch bei der Käseverarbeitung schneller gerinnen lässt.

Plinius hielt den menschlichen Harn für geeignet, Tintenflecke zu entfernen; die Alchimisten fanden schier unerschöpfliche Verwendungen auf ihrer Suche nach dem »Stein des Weisen«; menschlicher wie tierischer Kot wurde getrocknet als Heizstoff benutzt. Urin war menschheitsbekanntes Zahnwasser; von den Lappen wurde berichtet, sie würden ihren Rentieren in den Mund urinieren, damit diese auch über die Wintermonate an das für sie lebenswichtige Salz kämen; die Eskimos nutzten Harn wegen seines fettlösenden Ammoniaks und der Wärme als Spülwasser: »Nach Beendigung der Mahlzeit überreicht man einen kleinen flachen Eimer oder eine hölzerne Pfanne, jedem, der ein Bedürfnis dafür empfindet, den warmen Harn zu liefern, mit dem die Hausfrau die Tischplatte und die Messer wäscht. Es ist ganz gleichgültig, wer die Flüssigkeit liefert, ob es die Männer oder die Frauen oder die Kinder sind; und ich selbst habe häufig die Wirtin mit dem Abwaschwasser versehen. Fast in jedem Zelte bewahrt man einen kleinen Vorrat von getrocknetem Gras aus der Sommerzeit her auf. Ein kleines Bündel davon taucht man in den warmen Harn und es dient als Aufwaschlumpen und als Tellertuch. Diese Leute sind im Allgemeinen entgegenkommend und gastfreundlich und sorgten aufmerksam für die Bedürfnisse, die ich als Fremder hatte, den sie als hilfloser als einen Eingeborenen ansahen. Die Frauen pflegten deshalb oft zu mir zu kommen, nachdem sie Tischplatte und Messer abgewaschen hatten, und mir die Finger zu waschen, sowie das Fett von meinem Munde mit dem eingefeuchteten Gras abzuwischen.«[127]

Der sich über die Jahrtausende – bis zur Erfindung des chemischen Düngers – haltende, weltweit verbreitete und wirtschaftlich potenteste Nutzen der menschlichen Fäkalien aber bestand in seiner Verwendung als Dünger für den Ackerbau.

Hier stimmt die Chemie

Die Nahrungsaufnahme dient dem Körper als Energiezufuhr für die vielfältigen mechanischen und biochemischen Prozesse, die er Tag für Tag zu leisten hat, um sein Leben aufrechtzuerhalten. Die durch den Mund aufgenommene Nahrung wird im Magen zerkleinert und funktionalisiert weitergegeben, in der Blutbahn gelöst oder durch den Darm weiterverarbeitet. Alles, was ihn passiert und unverdaut bleibt, wird zuletzt durch den After ausgeschieden. Alles, was den Mund passierte, aber nicht mehr den After, ist zu einem Teil der Menschheit geworden.

Sowohl menschlicher Kot als auch Urin setzen sich im Wesentlichen zusammen aus Wasser und organischer Materie. Der Wassergehalt des Kots liegt bei etwa 77, der des Urins bei etwa 94 Prozent. Schließlich ist er flüssig, im Gegensatz zum Kot – jedenfalls meistens, es sei denn, der Mensch leidet unter Durchfall. Dann liegt auch der Flüssigkeitsgehalt des Kotes höher, weil er nicht so lange im Darm zwischenlagert und ihm also nicht so viel Wasser entzogen werden konnte.

Die anderen Inhaltsstoffe menschlicher Fäces sind abgestorbene Zellen, Bakterien – bis zu 100 verschiedene und bis zu 100 Milliarden pro Gramm –, Stickstoff, Kalzium, Phosphor, Kalium, Harnstoff, Kohlenstoff etc.

Ein normal ernährter, gesunder Erwachsener scheidet pro Tag etwa 100 bis 200 Gramm Scheiße aus, wobei Menge, Form und Farbe sowohl von der Ernährung – von der besonders –, aber auch der Funktionsweise des Darms und dem Körperbau abhängen.

100 Milliarden Bakterien pro Gramm

Schon 1898 stellten interessierte Kreise in Frankreich fest, dass die Scheiße des Bürgers (in Hotels und Restaurants) wesentlich nährstoffreicher war als die des Arbeiters oder Soldaten. Auch neuere Berechnungen – auf der Grundlage, wie viel guten Dünger sie ergäbe – bestätigen dies. Und zwar in einem Verhältnis von 9,74 Franc Düngerwert pro Tonne Arbeiterscheiße zu 15,47 Francs pro Tonne Bürgerscheiße. Aus einer Studie der Weltbank aus den siebziger Jahren des letzten Jahrhunderts geht hervor, dass der schwerste Kot derjenige der Hospitalangestellten Kenias war, mit durchschnittlich 520 Gramm pro Tag. Der leichteste war der Kot englischer Teenager mit 110 Gramm und malayischer Ärzte auf dem Land mit 135 Gramm. Nun lässt sich an den untersuchten Gruppen leicht erkennen, dass hier sowohl regionale wie soziale Aspekte unüberschaubar miteinander verwoben sind und somit der Erkenntniswert einer solchen Untersuchung gegen null tendiert. Nur eines ist klar: Allein die Schwere des Kotes sagt wenig über den Gehalt der Nahrung und den Wert des Düngers als Dünger aus, da er sich – wie oben ersichtlich – in erster Linie aus der Wassermenge ergibt. Den Kloakenfegern des 17. und 18. Jahrhunderts waren die Gruben der Armen wesentlich sympathischer als die der Bürger und Reichen. Allerdings aus einem anderen Grund: Die in den Gruben der Armen enthaltenen Fäkalien waren hart und leichter zu entsorgen, während die in den Gruben der Reichen durch die reichliche Nutzung von Spülwasser verflüssigt waren – und dadurch auch nicht so stickstoffhaltig und als Dünger weniger ergiebig.

Der Duft der Scheiße

Fleisch besteht aus Eiweißen und diese aus Aminosäuren. Tryptophan ist eine so genannte essenzielle Aminosäure, das heißt, sie wird vom menschlichen Organismus nicht selber gebildet, sondern mit der fleischlichen Nahrung aufgenommen. Ein Abbauprodukt dieser Aminosäure ist das Indol, das wiederum das Skatol als Abbauprodukt hat. Die drei sind verantwortlich für den Gestank der Scheiße. Oder anders: Je mehr Fleisch man isst, desto mehr stinkt es.

Andererseits sind die Aminosäuren und ihre Abbauprodukte auch in einigen Pflanzen wie Jasmin und Maiglöckchen, Flieder und Orchideen enthalten und sorgen auch dort für den Duft. Verwandtschaften, die einem nicht ohne weiteres aufgefallen wären…

Kot und Harn in Heilkunde und Hexerei

»Die Ärzte aber sind dünkelhaft geworden; sie schauen nicht mehr in den Nachtstuhl, sie machen sich sogar über die Urinprüfer lustig … Und woher rührt diese Geringschätzung? Einst waren sie dazu verpflichtet, hinzusehen. Es wurde ihnen sogar noch mehr abverlangt. Der Text einer von Heinrich II. erlassenen Vorschrift lautete folgendermaßen: ›… und es ergeht Recht wie bei jeder anderen Tötung, und die gemieteten Ärzte sollen gehalten sein, die Exkremente ihrer Patienten zu kosten … anderenfalls werden sie angesehen, deren Tod und Hinscheiden verursacht zu haben‹.«[128]

Kaum zu überschätzen ist der Glaube an die Heilkraft menschlicher Fäkalien. Karl II. ließ alle Senkgruben Londons öffnen, um die Pest zu besiegen. In Madrid wurden die Straßen über Kilometer mit Scheiße gepflastert, da man überzeugt war, mit dem Geruch der Kloake die Pest fern halten zu können. Dieser Glaube hält sich bis weit ins 19. Jahrhundert. Der Kot galt als Mittel gegen Rheumatismus, Schwindsucht und andere Krankheiten, weshalb für viele die Fleischer als Inbegriff viriler Männer galten, da sie den ganzen Tag mit Blut und Innereien der Tiere zu tun hatten.

Humus ist das wahre schwarze Gold

»Humus ist das wahre schwarze Gold
Humus hat einen guten Geruch
Humusduft ist heiliger und Gott näher
als der Geruch von Weihrauch
wer nach dem Regen im Wald spazieren geht
kennt diesen Geruch

Natürlich ist es etwas Ungeheuerliches
wenn der Abfallkübel
in den Mittelpunkt unserer Wohnung kommt
und die Humustoilette auf den schönsten Platz
zum Ehrensitz wird

Das ist jedoch genau die Kehrtwendung
die unsere Gesellschaft, unsere Zivilisation
jetzt nehmen muss, wenn sie überleben will

Der Humusgeruch ist der Geruch Gottes
der Geruch der Wiederauferstehung
der Geruch der Unsterblichkeit«[129]

Kot als Medikament

Frei nach dem jahrtausendealten Prinzip »Homo est Medicus et ex homine medicina paratur«[130], auf das sich von den Kannibalen über die Christen bis zu modernen Medizinern alle berufen (könnten), ist auch der Menschenkot und -harn – als Konsequenz der Idee, dass die Ausscheidung eines Menschen dessen Eigenschaften enthält – als Heilmittel mit schier unbegrenzten Möglichkeiten in die lange niedergeschriebene Medizingeschichte eingegangen.

Die Ägypter hielten offenbar viel vom Einsatz menschlicher Ausscheidungen im Kampf gegen die die Menschheit bedrohenden Gefahren. Viele ihrer Traditionen flossen im mediterranen Kulturtransfer ein in Sitten und Gebräuche der Griechen und Römer. Schon Hippokrates, 460 vor unserer Zeitrechnung geboren, sagten medizinische Autoren nach, dass er Kot gegen den Monatsfluss oder zur Austreibung des Fötus verordnet habe. Sein Zeitgenosse Aristophanes bezeichnete alle Ärzte wohl nicht ganz zufällig als »Dreckfresser«, »weil sie so große Verehrer davon gewesen seien, dass sie sogar von dem Kot der angesehenen Leute kosten wollen«[131], was allerdings eher auf bewährte Untersuchungsmethoden verweist als auf ein kulinarisches Interesse. Aber: »Dies war eher boshaft als wahr, denn die Zunftbrüder ließen ihre Kunden jedenfalls mehr davon essen, als sie selber genossen haben mögen.«[132] Was weder auf Untersuchungsmethoden noch auf kulinarisches Interesse, aber auf bewährte Heilmethoden verweist.

Kamelmist und -pisse

Als berühmteste und ergiebigste Quelle dieser Form medizinischer Indikation gilt Plinius' »Naturgeschichte« (Historia Naturalis) aus dem ersten Jahrhundert unserer Zeitrechnung. Nicht ganz unerwähnt bleiben soll, dass dort nicht nur dem menschlichen Harn und Kot größte Heilkraft zugetraut wird, auch verschiedenste tierische Ausscheidungen finden reichlich Erwähnung: »Zu Asche gebrannter und mit Öl angerührter Kamelmist kräuselt das Kopfhaar und macht es lockig, und nimmt man so viel, wie ein Mann mit drei Fingern fassen kann, in einem Getränk ein, so heilt er die rote Ruhr; ebenso heilt er die fallende Krankheit. Kamelpisse ist, wie man behauptet, ein gutes Mittel für die Walker, um damit das Tuch abzureiben; ebenso heilt sie jedes laufende Geschwür, das man darin badet. Es ist wohl bekannt, dass die Barbarenvölker den Harn ihrer Kamele aufbewahren, bis er fünf Jahre alt geworden ist, denn dann ist ein Schluck davon … ein guter Abführtrank.«[133]

Katzenkot auf den Nacken gerieben sollte helfen, wenn einem ein Knochen im Hals stecken geblieben war; Eselharn war gut gegen auf der Reise wund gewordene Füße; äußerlich angewendeter Ziegenkot wirkte gegen Knochenbrüche; Kaiser Nero soll Asche von Wildschweinkot in Wasser aufgelöst getrunken haben, da er skrufulös veranlagt war; Schweinekot äußerlich angewendet half gegen Geschwüre, Kälbermist gegen Taubheit, Ziegenbockkot gegen Schlangenbisse, Wolfskot gegen grauen Star. Manches war recht kompliziert: So war das Fleisch eines Igels, den man getötet hatte, bevor es ihm gelungen war, seinen Harn über seinen Körper zu lassen, ein äußerst wirksames Mittel gegen Harnzwang. Sollte ihm das Harnlassen aber vorher gelungen sein, hatte es genau die gegenteilige Wirkung.

Vom Katzenkot zum Eselsharn

In Indien diente und dient die menschliche Scheiße der verzweifelten Suche nach Fruchtbarkeit: »Ungefähr zehn englische Meilen (ca. 50 km) im Süden von Seringapatam liegt ein Dorf namens Nanja-na-gud mit einem Tempel, der im ganzen (Vasallenstaat) Mysore berühmt ist. Die Zahl der Anhänger aus jeder Kaste, die zu diesem Tempel hingehen, besteht zum großen Teil aus kinderlosen Frauen, die dem Gott des Ortes Opfer darbringen und um die Gabe der Fruchtbarkeit als Gegengeschenk bitten. Aber diesen Zweck kann man nicht mit den Gaben und Gebeten allein erreichen, sondern dazu ist es noch erforderlich, den ekelhaften Teil der Zeremonie auszuführen. Wenn die Frau und ihr Gatte von dem Tempel weggehen, begeben sie sich zu der gemeinsamen Kloake, von der alle Pilger im Drange eines natürlichen Bedürfnisses Gebrauch machen. Dort nehmen der Gatte und seine Frau mit den Händen ein wenig von dem Kot heraus, legen es beiseite und bringen ein Zeichen darauf an, damit das Häufchen nicht von einem anderen angerührt werden soll. Und mit ihren Fingern, die sich noch in entsprechender Verfassung befinden, schöpfen sie Wasser aus der Kloake in der hohlen Hand und trinken davon. Dann nehmen sie die Abwaschung vor und entfernen sich. Nach zwei oder drei Tagen kehren sie zu der schmutzigen Stelle zurück und suchen das Kothäufchen, das sie dort zurückgelassen haben, wieder auf. Sie drehen und wenden es in den Händen hin und her, zerbrechen es und durchsuchen es auf jede mögliche Weise; und wenn sie finden, dass irgendein Insekt oder Wurm darin (nach ihrer Meinung: entstanden) ist, so betrachten sie dies als ein günstiges Anzeichen für die Frau.«[134]

Indische Fruchtbarkeit

De Materia Medica

Den Ochsen auf der Insel Zypern sagte Plinius nach, dass sie ihre Leibschmerzen dadurch heilten, dass sie Menschenkot fraßen. Aber auch zur Eigenurintherapie riet er, denn die sollte beispielsweise gegen die vom Biss einer Brillenschlange herrührenden Wunden äußerst wirksam sein. Menschenharn galt ihm als geeignet und fand Verwendung zur Heilung der Bisse toller Hunde, und »in dem Falle, dass eine Frau mit Unfruchtbarkeit behaftet ist, empfehlen sie [die Griechen] die Anwendung eines Mutterkranzes aus frischem Kot, den ein Kind bei der Geburt entleert hat«[135]. Aber es war auch nicht ganz ungefährlich, allzu sorglos mit seinem Urin umzugehen. Allein »wer sein Wasser lässt, wo vorher ein Hund Wasser gelassen hat, wird Steifigkeit an den Lenden davontragen«[136].

Dioscorides führt diese Tradition um die Wende vom ersten zum zweiten Jahrhundert in seiner »De Materia Medica« fort: »Der Kot des Landkrokodils verschafft den Frauen eine gute Gesichtsfarbe und zarte Haut … am besten ist er, wenn er ganz hell ist und nach Art von kleinen Stärkekörnern sich in Wasser sogleich leicht auflöst, und wenn er gerieben wird, etwas säuerlich ist und nach Sauerteig riecht. Es gibt aber unter den Leuten, die ihn verkaufen, solche, die ihn mit dem einigermaßen ähnlichen Kot von Spechten verfälschen, die Reis gefressen haben.« Auch bei ihm spielt die Eigenurintherapie eine Rolle: »Trinkt ein Mensch seinen eigenen Harn, so hilft dies gegen Schlangenbisse und tödliche Gifte, auch gegen beginnende Wassersucht. Er ist auch gut gegen Bisse des Seeigels, des Skorpions und großer Schlangen.«[137]

Eine bemerkenswerte Unterscheidung trifft er bezüglich der Personengruppe, die sich des Kots oder kotähnlicher Stoffe bedienen dürfe. Bauern, wenn sie nichts Besseres zur Hand haben, ist es gestattet, dieses Heilmittel anzuwenden; Stadtbewohnern dagegen und Menschen, die sich eines besonderen Ansehens erfreuen, ist es untersagt.

Bei Krätze, Aussatz und Entzündungen

Galen, im zweiten Jahrhundert unserer Zeitrechnung einer der berühmtesten medizinischen Autoren und Leibarzt des Sohnes von Kaiser Marcus Aurelius, nimmt diese Tradition auf und berichtet davon, dass Knabenharn in Syrien Kranke tränken, die an der Pest litten. Er führt an, dass Knabenkot getrocknet und mit attischem Honig versetzt als Mittel gegen Schwindsucht eingenommen würde. Auch wenn er sich selber von der Anwendung menschlichen

Kotes distanziert, weil er »wegen seines Gestankes zu verabscheuen sei«, rät er in vielen Fällen zur Anwendung von Tierkot und beschreibt, wenn auch mit konsequenter Distanz, die vielfältigen Anwendungsgebiete menschlicher Fäkalien, die seine Kollegen ausgemacht haben: bei Krätze und Aussatz, zum Waschen von Geschwüren, bei Entzündungen des Ohres und der Geschlechtsteile, als Salbe für den Kopf gegen Grind und Schorf, und zur Schmerzlinderung wunder Füße von Bauern (!).[138]

Sextus Placitus erweitert in »De Medicamentis ex Animalibus« aus dem vierten Jahrhundert, im 16. Jahrhundert neu erschienen, besonders den Aspekt der heilsamen Wirkung des Harns und Kots von Knaben oder Mädchen – auch wenn sich das Werk seinem Titel nach scheinbar nur dem Thema der Medikamente aus tierischen Produkten zuzuwenden scheint. Dahinter steht sicher die Vorstellung, dass deren Ausscheidungen, zumal wenn sie »unschuldig« sind, »reiner« und damit wirkungsvoller seien: »Der Harn eines unschuldigen Knaben oder Mädchens war unschätzbar zu Umschlägen bei Augenkrankheiten; auch gegen den Stich von Bienen, Wespen oder anderen Insekten. Als Heilmittel gegen Elefantiasis musste man den Knabenharn reichlich trinken. Der Niederschlag des menschlichen Harns war nützlich bei Verbrennungen und Bissen tollwütiger Hunde. Gegen Krebs streute man zu Asche gebrannten Menschenkot auf die wunden Stellen; für das dreitägige Fieber musste es der Kot des Kranken selbst sein, man musste ihn beim Verbrennen in der linken Hand halten, in einen Lappen einwickeln und an den linken Arm binden, ehe die Zeit der Wiederkehr des Fiebers herankam.«[139]

Gegen Krebs und Fieber

Auch wenn Paracelsus gegen die Kurpfuschereien seiner Vorgänger gerade in Bezug auf die Verwendung menschlichen Urins und Kots wetterte: »Die alten Ärzte stellen viele Arzneien aus den schmutzigsten Dingen her, so z. B. aus Ohrenschmalz, Leibschweiß, Monatsblut der Weiber und aus etwas, wovon einem zu reden schaudert, aus dem Kot von Menschen und anderen Tieren (!), aus Speichel, Pisse, Fliegen, Mäusen, Asche von Eulenköpfen…«[140], war er sich nicht zu schade, die Anwendung menschlicher Fäkalien in manchen Situationen nicht gänzlich auszuschließen: »Das Salz aus dem Harn eines kleinen vollblütigen Kindes oder eines Mannes, so viel man will … Dies heilt den Krebs und erweicht Fisteln; es hilft auch denjenigen, die an Haarausfall leiden.«

Das im Jahr 1660 in London erscheinende Werk »Medicus Microcosmos« des Daniel Beckherius weiß von der Wirksamkeit der Eigenurintherapie als Prophylaxe in den Zeiten der Pest zwischen 1620 und 1630 zu berichten. Außerdem führt er eine wenn auch eindrucksvolle, so doch nicht direkt medizinische Wirkung des Urins auf, die einen verschütteten Bergarbeiter – nein, nicht befreite, sondern sieben Tage am Leben erhielt.

Heylsam Dreck-Apothek Der prominenteste Vertreter seiner Zunft ist mit großer Wahrscheinlichkeit der 1643 in Eisenach geborene Christian Franz Paullini mit seinem wegweisenden Werk »Heylsam Dreck-Apothek, wo nemlich mit Koth und Urin fast alle, ja auch die schwersten gifftigen Krankheiten vom Haupte bis zun Füßen, innerlich und äußerlich glücklich curirt worden. Durch und durch mit allerhand curieusen Historien und anderen Denkwürdigkeiten bewährt und erläutert« aus dem Jahr 1696. Erklärungsfrei sammelt es alle denkbaren und (bis dahin) undenkbaren Anwendungen der menschlichen Auswurfstoffe für dessen Gesundheit: »Jedem Bauern wächst seine Apothecke auff seinem Hoff, hinterm Zaun und auff den Misten.«[141]

Und der Mann war vielseitig, eine Eigenschaft, auf die das 17. Jahrhundert noch Wert legte. So verfasste er nicht nur biologische Schriften über den Regenwurm oder den Wolf, er schrieb auch über die Muskatnuss oder die »Hoch- und wohlgelahrten Teutschen Frauenzimmer«. Theologe und praktizierender Arzt, Leibarzt und Historiograf des Bischofs von Münster, am Ende seines Lebens Physikus seiner Heimatstadt Erfurt, hatte er einen nicht eben begrenzten Horizont und entsprechend einiges zu erdulden, nachdem er seine »Dreck-Apotheke« veröffentlicht hatte. Das lässt sich alleine daraus schließen, dass er sich gezwungen sah diese gegen allerlei »Anwürfe« zu verteidigen. »Gott ist und bleibt der alte Töpfer, so auf seiner Scheibe aus Koth täglich allerhand dreht und formiret. Womit erhalten wir die annoch so weit völlige Gesundheit und womit bringen wir die verlohrene wieder herbey? Mit Artzeneyen aus Kräutern, Wurtzeln, Thieren und Mineralien gemacht. Erforsche aber aller deren Ursprung, so hastu Dreck und nichts mehr ... Wer den Koth verachtet, der verachtet seinen Ursprung.«[142]

Das im Jahr 1725 in Dresden erscheinende Werk »Chylologica historico-medica« des deutschen Arztes Schurig greift nicht nur auf das Werk Paullinis zurück, sondern erwähnt über 700 andere medizinische Schriftsteller, die sich wohlwollend und mit Rezepten zur Anwendung menschlicher Fäkalien für die Gesundheit geäußert haben. So gesehen kann es kaum ein menschliches Leiden geben, das nicht durch innere oder äußere Anwendung des Kots oder Urins heilbar gewesen wäre ... bis hin zum Liebesleiden: »Ein junger Mann aus Leiden verliebte sich ganz närrisch in ein junges Mädchen, konnte aber die Einwilligung ihrer Eltern zur Heirat nicht erlangen. Es ergriff ihn ein starkes Fieber, verbunden mit Verstopfung. In seiner verzweifelten Lage kam er auf den Gedanken, es könne ihm das Trinken des frischen Harns seiner Geliebten helfen; er schrieb daher an sie und bat sie, seinem Verlangen zu entsprechen, was sie auch tat. Und als er sich an diesem Getränk satt getrunken hatte, fühlte er sich sofort erleichtert.«[143] Ob von der Verstopfung oder von seiner Leidenschaft, hat Paullini leider nicht mitgeteilt.

Die Reihe der Anwendungen und Veröffentlichungen zu diesem Thema – und es handelt sich hierbei ausschließlich um medizinische Veröffentlichungen; volksmedizinische Weisheiten blieben bisher außen vor – ließe sich beliebig verlängern. In allen Teilen der Welt – in Südamerika gegen die Blattern, in China gegen Nasenbluten, in Osteuropa gegen den bösen Blick, in Afrika zur Desinfizierung von Schnittwunden und Quetschungen – und in allen Jahrhunderten war der Gebrauch von Kot und Urin als Medizin üblich. Und ist beileibe nicht aus der Mode gekommen.

Vor allem der menschliche Urin galt und gilt als Multitalent. Die Ägypter waren es, die für Europa die Heilkunde und ein systematisches medizinisches Wissen begründeten und den Griechen überlieferten. In diesem Rahmen spielte Menschenkot und -harn eine wesentliche Rolle. Das prägte natürlich auch den Umgang: Was mich heilt, werde ich auch mit entsprechender Wertschätzung behandeln. Noch in der modernen Medizin hat die Untersuchung von Harn und Kot eine zentrale Bedeutung, von der Anwendung der Harnsäure ganz zu schweigen.

De Urinis

▲ Arzt mit Uringlas (Zeichnung von 1350)

Nicht zufällig wurde in der Renaissance, im Jahr 1608, und nicht zufällig in Paris, dem Zentrum der Welt, das Werk eines griechischen Arztes aus dem siebten Jahrhundert zum ersten Mal (!) veröffentlicht. Titel des Traktats: »De Urinis«.

Ärzte werden in der europäischen Kunstgeschichte seit Jahrhunderten mit einem Glas in der Hand dargestellt, das sie mit der einen Hand erhoben, gegen das Licht gedreht, kritisch zu begutachten scheinen: ein Harnglas, in dem sie den gelben Saft eines Patienten untersuchen. So das Bild noch eine zweite Person vorführt, hält diese häufig einen Bastkorb in der Hand, der dem sorgsamen Transport des Glases durch den Patienten diente und diesen auf dem Bild als solchen kennzeichnet.

So nennen arabische Ärzte des Mittelalters bis zu 275 verschiedene Arten des Aussehens und der Zusammensetzung von Harn. Auch Hildegard von Bingen schrieb in ihrem »Libri subtilitatum diversarum natur. creatur« über »de urina inspectione«, die Harnbeschau.

Unendlich viele Anekdoten ranken sich um den menschlichen Saft. Von Thomas Morus, dem englischen Großkanzler, 1535 von Heinrich VIII. zum Tode verurteilt, weil er diesen nicht als Oberhaupt der Kirche anerkennen wollte, wird kolportiert, dass er im Angesicht des Todes seinen Harn betrachtete und zu der Erkenntnis fand: »Dieser Mann könnte am Leben bleiben, wenn es dem König nur gefiele.«[144] Eine treffende Diagnose.

Moderne Detektei Noch die moderne klinische Medizin erweckt mit ihrem Versuch, in der genauen und analytischen Untersuchung des vom Menschen Ausgeschiedenen, von den Formen, Farben und Eigenschaften der menschlichen Fäkalien Rückschlüsse auf die Eigenschaften und den Zustand des Körpers ziehen zu können, den Eindruck einer Polizei, die den Auftrag hat, Nachforschungen anzustellen und aus den Indizien den Fall zu klären, den Täter zu identifizieren und bestenfalls unschädlich zu machen.

Die Vorstellung – halten wir das Wort »Tatsache« einmal zurück –, dass das vom Menschen Ausgeschiedene Eigenschaften und Charakter des Menschlichen weiterhin beinhaltet, ist letztlich nichts anderes, als was Constantin Porphyrogennetos in seiner »Geoponica de re rustica selectorum Constantino quidem Caesari nuncupati« im zehnten Jahrhundert beschrieb und, unter anderem, als eine (Wieder-)Entdeckung der Renaissance gelten kann: Nicht die Ausscheidung an sich hat – in seinem Fall »böse« – Eigenschaften, sondern das in ihr enthaltene noch-menschliche Element. Diese Einsicht hat sich offenbar bis heute in der Medizin gehalten. Kot und Urin enthalten Eigenschaften desjenigen, der sie ausgeschieden hat, von ihnen kann man auf ihn rückschließen. Oder, fundamentaler ausgedrückt: Kot und Urin sind nichts Aus- oder Abgeschiedenes, sondern immer noch, zumindest für eine lange Weile, Teil des Körpers.

Nicht nur das Altertum knüpfte medizinische Erkenntnisse an religiöse Vorstellungen. Es liegt kein weiter Schritt zwischen dem, aus Eingeweiden geopferter Tiere (oder Menschen) oder ihres Kotes auf die Zukunft eines Gemeinwesens, und dem, aus den Ausscheidungen des Menschen auf seinen inneren Zustand zu schließen. Damals waren die Deuter der Zukunft und der Gesundheit eines Menschen dieselben: Priester. Ihr Ansehen hat sich in dem der Ärztezunft gehalten, die heute für die menschliche Gesundheit verantwortlich ist. Reinheit spielte in Ägypten im kultisch-religiösen Bereich eine hervorragende Rolle, woran sich unschwer auch gesellschaftliche Normen ablesen lassen. So mussten sich Priester als Zeichen ihrer inneren wie äußeren Reinheit rituellen Waschungen unterziehen, ihre Körperhaare entfernen und ein weißes Gewand tragen.

Priester und Ärzte

»Reinlichkeit steht ihnen höher als Schönheit.«[145] Ist es gewagt, darauf zu verweisen, dass ägyptische Priester eben auch Ärzte waren und bestimmte Traditionen sich über die Jahrtausende halten, etwa die Farbe Weiß als Uniformfarbe in der Medizin?

Die Ägypter begründeten diese Tradition, die Römer führten sie fort und auch andere kannten die Uromantie: die Weissagung aus

▲ Als Zeichen der inneren und äußeren Reinigung unterzogen sich die ägyptischen Priester rituellen Waschungen.

dem Harn. Beispielsweise William Shakespeare himself: »Fallstaff: Bursche, du Riese, was sagt der Doktor zu meinem Wasser? / Page: Er sagte, Herr, dass das Wasser wohl ein gutes, gesundes Wasser wäre; aber was die Partei beträfe, der es gehöre, so möchte er mehr Krankheiten haben, als er wüsste.«[146]

Der Leibarzt des ägyptischen Pharao hatte den Beinamen »Hüter der königlichen Darmöffnung«, womit sein professionelles Hauptinteresse deutlich beschrieben war. Die medizinische Tätigkeit bestand in ausgeprägter Weise darin, den Pharao zu klistieren, denn nach ägyptischer Vorstellung war das Verbleiben des Kots im menschlichen Darm besonders dazu angetan, für Krankheiten zu sorgen. Aber konnte der Pharao gut scheißen, war er kerngesund. Der Sage nach haben sich die Ägypter diese Technik beim Ibis abgeguckt, dem heiligen Vogel, der den Gott Thot verkörperte und den sie mit seinem langen Schnabel bei ebendiesem Vorgang beobachtet haben wollen. So führt das »Papyrus Ebers« bei fast allen Medikationen an: »werde eingegossen in seinen After«.

»Ein ganz besonderer Saft«
Die Medizin entwickelte eine ungebremste Kreativität, wenn es darum ging, Schwangerschaftstests zu erfinden. Paullini empfahl den Frauen, ihren Harn in ein Gefäß zu geben, in dem eine Nadel liegt. Dort solle man ihn über Nacht stehen lassen, und wenn sich die Nadel mit kleinen roten Punkten bedeckt habe, sei die Frau schwanger; sollte sie dagegen schwarz oder rostig geworden sein, dann nicht. Auch zur frühen Geschlechtsbestimmung ließ sich seiner Meinung der Frauenharn benutzen. Man legt je ein Gersten- und ein Weizenkorn in ein Glas Urin; geht das Gerstenkorn als erstes auf, wird das Kind ein Junge, anderenfalls ein Mädchen.

Noch heute wird, sind Scham- und Peingrenzen einmal überwunden, dem Urin scheinbar vieles zugetraut. Als Folge einer Radiosendung des Westdeutschen Rundfunks zum Thema Urin entstand der Bestseller von Carmen Thomas »Ein ganz besonderer Saft – Urin«, in dem die Autorin Beispiele für Heilkraft und Nützlichkeit der Flüssigkeit sammelte. So wussten die Hörer und Hörerinnen der Sendung auch Ende des 20. Jahrhunderts von der Nützlichkeit des Urins unter anderem bei Hautabschürfungen (Einreiben), bei Halsentzündungen (Gurgeln) oder Allergien (Trinken) zu berichten.

Eigentlich lässt sich nur eines aus dieser recht eindrucksvollen Liste entnehmen: Es scheint alles andere als sinnvoll, tagtäglich literweise den eigenen Urin die Toilette herunterzuspülen. Denn offenkundig handelt es sich bei ihm um einen der wertvollsten Säfte der Menschheit. Warum aber wird er nicht auf Flaschen gezogen und entsprechend angeboten, zumal die Produktion doch in jedem Haushalt möglich ist und die Kosten überschaubar sind? An diesem Punkt sind uns die Amerikaner mal einen Schritt voraus. So berichtet der »Spiegel« im Oktober 2001[147] vom »Freiheitskampf auf der Toilette«, der einen Amerikaner seinen Urin auf Tütchen ziehen und seinen Kunden anbieten lässt, nicht als Gesundheitselixier, aber damit diese seinen garantiert drogenfreien Urin bei Einstellungstests nutzen können, um die dort mittlerweile fällige Urinprobe zu überlisten.

Urinverschwendung

Vom Einfluss der Gemütsbewegungen auf die leiblichen Ausscheidungen

Die Bezeichnung »Schiss haben« für »Angst empfinden« ist mittlerweile so tief in die deutsche Sprache eingedrungen, dass man selten darüber nachdenkt, wie beide zusammenhängen mögen. Im unkontrollierten Schiss »drückt sie sich aus«, die Angst: im Verlust der Kontrolle über die eigenen Muskeln. Meist spontan, manchmal aber auch langsam anwachsend:

»Je tiefer sie ins Kommunistenland vordrangen, desto höllischer wurde sein Stuhl. Wohin sie auch fuhren, ein Intourist-Führer begleitete sie ... Avram war ein überzeugter Kommunist mit buschigen Brauen, und er spie kleine Wortspritzer der Verachtung auf die USA, das System ist korrupt, wir werden euch frühstücken, ihr seid eine Wieheißtesgleich-Kultur, eine Mickymaus-Kultur, und in dieser Nacht musste Marvin der Hoteltoilette einen Notbesuch abstatten, wo er eine Brandmauer chemischer Abfälle absonderte ... Der Geruch, der ihn umgab, war getränkt von was, von Geopolitik, und er wedelte fünf Minuten lang mit einem Handtuch und stemmte das Fenster auf, es fiel immer wieder zu, klemmte ein zusammengerolltes Exemplar der Prawda dazwischen, er suchte immer noch nach Baseballergebnissen, und dann ging er in ihr Zimmer, stand da und beobachtete Eleanor im Schlaf – sie kam aus einer freundlichen, ländlichen Gegend und hätte an seinem Höllengestank mit

Pygmäe flieht vor einem Flusspferd – und defäziert vor Angst.

Leichtigkeit zugrunde gehen können ... Und auf dem Rückweg nach Westeuropa kehrte sein Verdauungssystem langsam wieder zu normalem, ballaststoffreichem Stuhl zurück, gesund und mild.«[148]

Robert Burton schrieb in »The Anatomy of Melancholy« bei der Schilderung melancholischer Menschen: »Ihr Harn ist meistens blass und wenig gefärbt ... Bei Melancholischen ist der Kot bei einigen sehr reichlich, bei anderen weniger«[149] – vielleicht wenig spezifisch, aber doch über den Zusammenhang von Gemütsbewegungen und leiblichen Ausscheidungen.

»Die wischelt mit den Gluren«

Schon Aristoteles, dem ähnlich wie Leonardo da Vinci kein Forschungsgegenstand zu weit hergeholt schien, soll nach Aulus Gellius über den nicht zu leugnenden Zusammenhang von plötzlichem Schreck und unwillkürlicher Harnabgabe und Durchfall nachgedacht haben. Schurig führt eine ganze Reihe von Beispielen an, aus denen hervorgeht, wie weit der Geist Macht besitzt über den Akt der Entleerung.

Beliebt und vielfach erwähnt in dem Zusammenhang war das Tränen-Lachen oder -Weinen. Im Volksmund heißt es nicht ohne Grund: Jemand »bepisst sich vor Lachen«. Dessen Ursprung liegt wohl im Österreichischen: »Die wischelt mit den Gluren« heißt »Sie pisst mit den Augen«. Der Zusammenhang zwischen Pissen und Lachen ist menschheitsbekannt. Was auf der einen Ebene den Körper verlässt, muss es auf der anderen nicht mehr.

»Und bei ihrem Schreien und Zischen
Weinten sie, um sich das Pissen zu sparen,
Denn sie fanden, dass ihr Wasser doch herauskäme,
Und da hielten sie es für das Beste, ohne Streit,
Statt die Hosen und die Beine nass zu machen,
Es aus den Augen sprudeln zu lassen.« (Homer)[150]

Zurück auf trockenen Boden.

Amulette und Talismane

Noch heute weiden vor den Augen von Millionen, die sich nicht wundern und sofort verstehen, in Bundesligafußballstadien Geißböcke, die das Glück der jeweiligen Spieler oder Mannschaften durch ihre Anwesenheit befördern sollen. Sie lassen sich nicht um den Hals tragen, aber Art und Grundwirkung würde man heute vermutlich Placebo-Effekt nennen und damit dem Ganzen nur einen anderen Namen geben, ihm jedoch nichts von seiner Bedeutung nehmen. Ähnlich verhält es sich mit dem Tragen von Amuletten und Talismanen. Ketten mit Zähnen und Steinen schmücken die Hälse fast aller Mitteleuropäer – nachdem das Kreuz etwas an Terrain verloren hat, will man nicht ungeschützt bleiben. Die Schicht des vermeintlich Zivilisierten bei den vermeintlich Zivilisierten schützt nur eine dünne, leicht durchlässige Membran.

Dass sich ein solcher Glauben auch auf die Wirkung menschlicher Auswurfstoffe erstreckt, ließ sich schon bei Tataren und Iren nachweisen. Und durchaus nachvollziehbar, denn schließlich sind diese durch ihre Wanderung durch einen – menschlichen, tierischen, göttlichen, teuflischen – Körper mit Gehalt »aufgeladen«. Positiv oder negativ, das ist Ansichts- und auf jeden Fall Glaubenssache: »Viele Zauberformeln sind lediglich Anrufungen des Teufels … Eine Frau bekam ein Amulett für die Heilung kranker Augen. Sie unterließ das Weinen und ihre Augen gesundeten. Als ein neugieriger Bekannter das Papier mit der Zauberformel öffnete, fand er darauf folgende deutsche Worte: »Der Teufel kratze dir die Augen aus, und scheiße dir in die Löcher.« Es war ganz natürlich, dass die Frau, als sie sah, auf was sie ihr Vertrauen gesetzt hatte, den Glauben an das Mittel verlor; sie fing wieder an zu weinen und nach einiger Zeit waren ihre Augen wieder so krank wie zuvor.«[151]

Manchmal ist es gesünder, nicht zu »wissen«. Und zur Rettung des Deutschen: Die Formel existierte ebenso im Lateinischen wie im Englischen und war beileibe keine deutsche Erfindung. Allein, bei der Kranken handelte es sich um eine Engländerin, für die das Deutsche unverständlich war und damit der Spruch, solange ihn keiner übersetzte, wirkungsvoller erscheinen musste. Deutlich wird auch, dass der Weg von der Hexerei zur Medizin, vom Talisman zum Medikament auf der Basis dessen, was die Mediziner über die Jahrtausende verschrieben und immer noch verschreiben, nur ein

Der Teufel kratze dir die Augen aus

sehr kurzer ist. Es kommt auf den Glauben an. Wenn man das Medikament primär als ein von Gott oder Teufel, von gut- oder böswilligen Menschen beschworenes Mittel begreift, lässt es sich unter den Begriff der Zauberei und Hexerei einordnen.

Pissen durch den Ehering

Solange überhaupt irgendeine biologische Wirkung dingfest zu machen ist – an die der Laie allerdings meistenteils auch nur glauben oder nicht glauben kann –, sollte man es vielleicht eher als Medikament begreifen. So ist, was Bekherius als ein Mittel, einen Zauber gegen Impotenz anführt, nämlich nach alter Sitte durch einen Ehering zu pissen, wohl eher dem Aberglauben und der Hexerei zuzuordnen, während ein nicht weniger skurriles Allheilmittel gegen die Pest Aufnahme noch in die seriösesten Medizinwerke seiner Zeit fand und bis in die späte Neuzeit für sich gar Gesetzesgültigkeit in Anspruch nehmen konnte. Auch wenn sich im Geiste beide nur wenig unterscheiden: »Helmonts Amulett gegen die Pest. Wenn das Mittel auch von einigen für nichts wert gehalten wird, so hat es sich doch vielfach in dem Kriege, der in Ungarn zwischen den Kaiserlichen und den Rebellen geführt wurde, als die Pest fürchterlich wütete, bei vielfachen Versuchen der Ärzte bewährt, so dass es, wie man sagt, den triefäugigen Hexen und Barbieren schon bekannt ist. Man macht es aus großen alten, an Nachmittag des Monats Juni gefangenen Kröten, indem man sie mit den Hinterbeinen am Herde über einer mit Wachs bedeckten Schüssel, unter der ein Feuer angezündet ist, aufhängt. Nach drei Tagen hauchen die Kröten eine scheußliche Luft und Geifer aus, wodurch allerlei Gewürm, wie Fliegen hinzukommt, das auf dem Wachse kleben bleibt und noch Geifer dazu auspeit. Wenn alle Kröten tot sind, zerreibe und wasche man sie mit dem sorgfältig zusammengekratzten Geifer und forme etwa einen Zoll lange Rollen davon, in Nesseltuch eingenäht, an einem seidenen oder leinenen Faden so um den Hals, dass sie auf der Herzgrube liegen. Je länger man sie trägt und gebraucht, desto sicherer bleibt man vor der Pest bewahrt.«[152]

Scheißen ist keine Hexerei

Das Gerichtsprotokoll hält fest: Die alte Hexe, deren bevorzugtes Aphrodisiakum Kot war, mischte ihre Fäkalien in die Speisen von vier aufeinander folgenden Äbten eines benachbarten Klosters. Sie wies später vor Gericht darauf hin, dass jeder von diesen eine erhebliche Menge ihrer Darmprodukte verzehrt hätte, und zeigte den Richtern die Quantität dadurch an, dass sie eine gewisse Länge ih-

▲ »Der obszöne Lehnskuss auf den Hintern besiegelt das Bündnis mit Satan« (aus dem »Compendium Maleficarum«, 1626)

res Armes abmaß. Sie behauptete weiter, dass drei der Äbte daraufhin der Wollust verfielen und so lange mit ihr sexuell verkehrten, bis sie vor totaler Erschöpfung starben. Den Vierten befiel aufgrund seiner unersättlichen und übermäßigen Sexualgier der Wahnsinn. Das Aphrodisiakum schien tatsächlich äußerst wirksam.

Die Hexerei dehnte das »Spiel« mit den menschlichen Fäkalien gegenüber der rein medizinischen Anwendung beziehungsweise dem Aberglauben und der Religion aus. Der weltweite Brauch, seine Exkremente gerade in kriegerischen Zeiten zu sichern und auf keinen Fall den Feinden in die Hände fallen zu lassen, ist auch in diesem Zusammenhang zu interpretieren. Denn wie in fast jeder Abhandlung über Zauberei erwähnt, ist Kot sowohl ein Mittel, mit dessen Hilfe man die Zauberei ausführt, wie auch Gegenmittel, um diese zu verhindern, sowie eines, mit dem man die Persönlichkeit der Hexen und Zauberer entdecken kann.

»Ich stehe hier auf diesem Haufen Mist«

In Deutschland pflegten sich Hexen auf einen Misthaufen zu stellen, wo sie dem Erlöser abschworen und dem Teufel den Treueeid leisteten. Dies war auch schlichteren Gemütern möglich, da die auszusprechenden Worte leicht zu merken waren: »Ich stehe hier auf diesem Haufen Mist und sage mich los von Jesus Christ.«[153]
Denkbar sind alle Varianten und Spielarten. Ob man den Kot einnimmt, verbrennt, darauf spuckt, sich damit einreibt, darin badet, sein Gegenüber bewirft, ihn vergräbt oder mischt, sich damit wäscht, einen Kuchen daraus backt: es wirkt. Ob es der Teufel ist, der den menschlichen Kot nicht mag, oder ob es die Hexen sind, die ihm huldigen, indem sie seinen Hintern küssen, ob jemand mit Kot beschmiert und wieder abgewaschen wird, um ihn von einer Schuld zu befreien – ein Brauch, den sich interessanterweise afrikanische Völker und alte Griechen teilen: es wirkt.

Kot als Aphrodisiakum

Bis auf die alten Babylonier und Assyrer, die in ihren überlieferten Schriften schon eine gewisse Scham zeigten – vielleicht weil sie sich bereits um einen gewissen literarischen Stil bemühten und ihnen allenfalls der Speichel als erwähnenswert galt –, zeigen alle Zeiten und Völker im Zusammenhang mit der Hexerei lebhaftes Interesse an Harn und Kot: »Wenn die Exkremente irgendeiner Person in die Hände einer Hexe fielen, konnte es geschehen, dass dieser Mensch von der Hexe durch zauberische Machenschaften gefoltert oder ermordet wurde. Dem waren sogar eben getaufte Kinder ausgeliefert, die entsetzliche Todesqualen erleiden mussten, wenn eine Hexe ihren Urin kochte. Die Hexe Joanna Meriweather verbrannte auf einem von Elisabeth Colsey stammenden Kothaufen eine geweihte Kerze, um zu bewirken, dass das Hinterteil Elisabeths in zwei Hälften von deren Körper fiel. Besonders wertvolle Stoffe für die Zubereitung von Giften stellten der Urin und die Fäkalien von Verbrechern dar, die zur Warnung anderer Verbrecher an Kreuzwegen gehenkt worden waren. Oft verwandten Hexen auch den Samenerguss eines Gehenkten als Hauptbestandteil für ihre Salbe. Wenn es sich bei dem Gehenkten um einen gläubigen Rothaarigen handelte, dann war sein Sperma besonders wirksam.

Hexen und Hexenjäger glaubten einmütig, dass Urin und Kot als Aphrodisiaka dienen. Dieser Glaube findet sogar heute noch Anhänger und wird vielleicht – so behauptet man – von einigen deutschen Frauen in die Tat umgesetzt: angeblich gießen sie nämlich ihren eigenen Urin in den Kaffee ihrer Männer, um deren Leidenschaft zu entfachen und sich ihrer Treue zu versichern. Diese Rezepturen waren offenbar auch im alten Frankreich verbreitet, wo man Kuchen backte, in die man allerlei Schmutzereien hineingetan hatte, die ich nicht näher bezeichnen will … um die Liebhaber zu zwingen … sie wieder wie früher zu lieben.«[154]

Das war im 16. und 17. Jahrhundert noch ein durchaus todeswürdiges Verfahren, da es als Hexerei galt und mit dem Scheiterhaufen bestraft werden konnte. Aber natürlich schließen sich hier die Kreise zur Hannoveraner Käseverkäuferin.

In die Preußenstiefel gepinkelt

Die Grenzen zwischen medizinischem Rezept und Hexerei waren fließend. So wird bei Schurig Anfang des 18. Jahrhunderts der Kot als medizinische Indikation als Beigabe zur Kräutersuppe erwähnt beziehungsweise seine Dreingabe in die Schuhe empfohlen, um den so »Beschenkten« von seiner Liebestollheit zu heilen. Die Rezeptur kannte schon Ovid. Andersherum galt es in Preußen als todsicheres Mittel, einen Mann auf sich aufmerksam und in sich verliebt zu machen, wenn die Frau in seine Stiefel pinkelte.

Auch hier gilt: Alles ist möglich. Gutes wie Böses nutzte dieselben Mittel. Allein dass die Fäkalien Teil des menschlichen Körpers waren, machte sie wirkungsvoll. In welche Richtung die Wirkung ging, hatte mehr mit dem Willen des Anwendenden zu tun als mit anderen Kriterien. Kot und Urin waren wirkungsvollste Mittel zum Zweck, und der heiligte sie allemal.

Teufel, der beim ► Tanzen speit und defäziert

Exkurs: »Scheiße« als Waffe

Selbst in der Waffentechnik bewährten sich Exkremente. Der Mönch Theophilus, ein erfahrener Schmied des elften Jahrhunderts, empfahl Eisenwerkzeuge im Urin eines rothaarigen Jungen zu härten. In dem Prachtwerk »Bellifortis« aus dem Jahr 1405 trug Konrad Kyeser von Eichstädt in liebevoller Darstellung all das zusammen, was ihm in seiner Zeit zur technischen Kriegsführung geeignet erschien. Es war bestimmt für Rupprecht von der Pfalz und sollte seinen Besitzer befähigen, seine Kämpfe auch in Zukunft erfolgreich zu bestehen: »Oder du kannst sie [die Fässer] mit altem übel riechendem Kot füllen und schleudern, wohin du willst, so werden die Leute ohnmächtig und der Boden wird schlüpfrig.«[155] Manches von dem kommt im täglichen Kampf an der heutigen Schulfront zum Einsatz – in kleinerem Maßstab und chemisch aufbereitet natürlich: als Stinkbombe.

Noch wortgetreuer nutzen gewisse Fußballfans von den oberen Stadionrängen aus die Ratschläge des »Bellifortis«: »Anpfiff. Dutzende von Plastikflaschen und Bechern, vollgestopft mit Fäkalien, prasseln auf uns nieder.«[156]

Und die Schweizer haben sich ihren Ruf einer »sauberen« Nation auch erst in der späteren Neuzeit erwerben können. Nicht nur dass es Lieselotte von der Pfalz in ihrem französischen Domizil unangenehm auffiel, dass ihre Spaziergänge in Schloss oder Park durch die herumliegenden »großen Scheißehaufen« der Schweizergarde behindert wurden. Sie schreckten nicht einmal vor »biologischer« Kriegsführung zurück: »Im Jahre 1333 belagerten die Straßburger, unterstützt von den Bernern, Baslern, Luzernern und den Freiburgern, die Burg Schanau im Elsass. Um den Verteidigern in der Burg den Garaus zu machen, füllten sie in der nahen Stadt Straßburg Kot aus einem bestimmten Latrinengraben (›olbergrien‹) in kleine Fässer (›dunne feszelin‹) ab, welche sie anschließend vor die Burg brachten. Mit einer Wurfmaschine schleuderten sie die Tonnen gegen die Festung. Die an der Mauer zerberstenden Geschosse bekleksten die Unterkunft und die Brunnen der Verteidiger. Die Letzteren empfanden diese unsaubere Kriegsführung als große Widerwärtigkeit (›daz inen gar widerwärtig was‹). Sie gaben auf und die Straßburger mit ihren Verbündeten aus der heutigen Schweiz töteten viele von ihnen.«[157]

»Scheiße« ist zu einem der meist angewandten Kampfmittel der ideologischen und literarischen Auseinandersetzung geworden. »Die Apo nennt das Establishment ›Scheißestablishment‹, das Establishment nennt die Apo ›Scheißkerle‹. Wo Revoluzzern der verbale Anschiss nicht mehr genügt, arbeiten sie mit Fäkalaktionen, das ist gerichtsbekannt; wo den politischen Autoritäten die Argumente ausgehen, verdächtigen sie die Extreme des Exkrementierens, das weiß man seit Strauß. Das Phänomen ist weltweit.

›Wo von kapitalistischer oder von faschistischer oder von Apo-Scheiße gesprochen wird, melden die Fäkalwörter, über ihre konventionell private Verwendung hinaus, gesellschaftliche und politische Zuständigkeit an‹, kommentiert der Frankfurter Soziologe Helmut Tillack: ›diejenigen, die Scheiße schreien, drücken ehrlich aus, was ihnen in der analfixierten Gesellschaft widerfährt‹.

Scheiße war von jeher die Waffe der Waffenlosen und Unterdrückten, ein Mittel des gewaltlosen Widerstands – Beispiele aus dem Dritten Reich gibt es genug – 1936 verteilte der Expressionist Georg Kaiser Flugblätter in den Werkhallen von Siemensstadt Berlin – analpornographische Strophen …: ›Dies ist das echte Batzenschwein. / Es scheißt tagaus. Es scheißt tagein. / Es kann kaum vorne so rasch beißen, / wie hinten schon gequirlt zu scheißen.‹ – Das ›Batzenschwein‹ war Göring …«[158]

Es lebe die APO

◀ Scheiße als Protest – das kannte schon Till Eulenspiegel.

Die Fäkalsprache war die Sprache des Widerstandes gegen gute Sitten und Manieren und ein »Symbol des ich«[159]. Und: »Diese Tradition geht nicht verloren; Geruchserinnerungen bleiben in aller Zukunft ein Hilfsmittel der Revolte, sie vertreten das Anliegen der Revolte, sie vertreten das Anliegen der Triebhaftigkeit und der ausschweifenden Kindheit. Die Toleranz, die der Held des Romans ›Tod auf Raten‹ gegenüber den Exkrementen an den Tag legt, und sein unbändiger Schrecken vor allem, was mit der Fäkaldisziplin zu tun hat, das Spektrum der aufsteigenden Dünste Brooklyns und seiner Frauen in der Erfahrung von Henry Miller oder die beruhigende Atmosphäre, die der Zwerg Matzerath in Günther Grass' ›Blechtrommel‹ unter den Röcken seiner Großmutter genießt, sind der beste Beweis für die tief greifende Bedeutung der Herausforderung.«[160]

»Wir haben nichts zu verbergen«

Diese kämpferische Tradition haben die Achtundsechziger sicher nicht zufällig aufgenommen, als es darum ging, der verkrusteten bundesrepublikanischen Gesellschaft Roben und Talare zu lüften und den Muff der alten Nazitraditionen aus Universität und Gesellschaft zu blasen. Dass es sich hier wesentlich um den Unterleib und dessen (auch gesellschaftliche) Ausdünstungen drehte – nicht nur im Zusammenhang mit der angeblich sexuellen Revolution, sondern auch der (Fäkal-)Sprache –, ist sehr deutlich. Die Benutzung von »unreinen Worten« – Worte, die als unrein geltende Dinge bezeichnen, denn unreine Worte an sich gibt es natürlich nicht – wie »Scheiße« und anderen als Ausdruck eines Urteils bildete den gewollten Stein des Anstoßes und Provokation für alle die, die über ihre Schweinereien am liebsten das Laken der Wohlanständigkeit gebreitet hätten. Damit wurde der Versuch gestartet, durch gewollte sprachliche Entgleisung, aber auch Direktheit zu einer gesellschaftlichen Ehrlichkeit vorzudringen – Motto: Wir haben nichts zu verbergen. Dass dies im Zusammenhang mit »Scheiße« passiert, verwundert nicht. Schon für Freud zählten zu den Ansprüchen der Zivilisation »Schönheit, Reinlichkeit und Ordnung«[161].

Nicht der Schmutz ist das historisch gesellschaftliche Problem, sondern der ihm begegnende zivilisatorische Reinigungszwang, bis hinein in die Sprache. Dem, was später »deutsche Sekundärtugend« genannt werden sollte, konnte man nur den geballten (auch sprachlichen) Schmutz entgegenschleudern, solange man nicht gleich zur Waffe griff. Die Fäkalsprache wurde einmal mehr zur Sprache des Widerstandes gegen die guten Sitten, gegen die Manieren, gegen das Zivilisierte, gegen das Gebot der »Sauberkeit in der Ordnung« und die damit verbundenen moralisierenden Absichten. Je mehr der Sünder zu stinken begonnen hatte und der Gestank zur Sünde geworden war, das Waschen und Reinigen des Stadt- und des menschlichen Körpers der Demonstration von Ordnung und Sauberkeit diente und sie am Ende ersetzte, desto eher waren Dreck, Schmutz und Gestank an sich Ausdruck des Widerstands.

Dass dieser auf Dauer gleichzeitig seines Provokationscharakters entkleidet und schließlich, in die Sprachgewohnheiten integriert, nur noch müdes Lächeln provoziert – wie das heutige Fernsehprogramm beweist, das überquillt von dummen und dümmsten Witzen über das Geschlechtliche und »Schmutzige« –, nennt man wohl »historische Entwicklung«. Niemand wird sich heute noch dadurch, dass jemand »Scheiße« schreit, provoziert fühlen, niemand wird allein durch die Erwähnung des Geschlechtlichen – hier läuft vieles nicht nur wegen der anatomischen Nähe parallel – noch Schamesröte in das Gesicht seines Gegenübers zaubern können. Und doch hat sich seit dem Mittelalter, in dem zumindest der sprachliche Umgang vergleichbar ungehemmt war, einiges verändert. Denn heute scheint eher als das Verschweigen das öffentliche Besprechen Ausdruck eines verklemmten Umgangs zu sein.

Dumme und dümmste Witze

Auf der anderen Seite hat das Pendel der Geschichte als Reaktion darauf einen ungeahnten und sicher ungewollten Ausschlag in die andere Richtung genommen und als Antwort nicht nur das desodorierende Raumspray und die auswechselbare Klobrille erfunden. Keiner hat damit rechnen können, dass es nicht gelingen würde, den Reinlichkeitszwang unter einer ausreichend großen Menge von Schmutz zu ersticken, sondern diesen nur zu immer eindrucksvolleren Höchstleistungen zu treiben.

»Dann sind wir auf diese Justizkampagne eingestiegen«, erzählte einst Bommie Baumann. »Da hat gerade K. Pawla gesessen, der hat zehn Jahre Knast gekriegt, weil er vor dem Richtertisch sich ausgeschissen hat und die Akten genommen und sich damit den Arsch abgewischt hat. Dafür haben sie ihm 10 Monate gegeben, und der Richter war ein alter SS-Obersturmbannführer, da sind wir denn eingestiegen, dass wir dem dann auch eine Bombe vor die Tür gepackt haben. Die ist denn hoch und hat die ganze Tür kaputt gemacht. Das waren denn die Anfänge.«[162]

Der hygienische Ort

Das 19. Jahrhundert, das Jahrhundert der Bewegungen: Die Hygienebewegung

Die industrielle Revolution begann in England im ausgehenden 18. Jahrhundert etwa hundert Jahre früher als im übrigen Europa. Die gesellschaftlichen Probleme, die sie mit sich brachte, wie etwa Armut, Kinder- und Frauenarbeit, Wohnungsnot und anderes Elend, die so genannte »soziale Frage«, verlangte sehr schnell nach einer umfassenden Antwort.

In diesem Rahmen war die Einführung einer zentralen Kanalisation nicht nur eine technische Entwicklung, sondern mindestens ebenso auch Ausdruck eines erstarkenden Gleichheitsideals, spätestens seit der Französischen Revolution. Denn jahrhundertelang trennten Ausdünstungen, Schmutz und Gestank die Massen von den Privilegierten, die anders schissen und rochen, weil sie anders lebten. Geruchsschranken waren auch Klassenschranken.

Erst die Verbreitung des WCs sorgte für die Gleichstellung der Ausscheidungen aller Menschen im großen Stil – in der Kanalisation. In Amerika, nicht zufällig Vorreiter der massenhaften Einführung des WCs, feierte sich die Weiterentwicklung der Demokratie in der wachsenden Anzahl von WCs, die bei Volkszählungen erfasst werden konnten.

Report on the Sanitary Condition Der eigentliche Vorreiter dieser Entwicklung aber war England. Stellvertretend für andere Zeugnisse sei der 1842 erschienene »Report on the Sanitary Condition of the Labouring Population of Great Britain« (Bericht über die sanitären Bedingungen der britischen Arbeiterschaft)[163] von Edwin Chadwick (1800 bis 1890) vorgestellt. Chadwick, Sekretär der Armenbehörde (Poor Law Commission) für das britische Oberhaus, trug Material zusammen, das auf eindrückliche Weise die Wohnverhältnisse der englischen Arbeiter beschrieb: »In einem Stadtteil [von Macclesfield] gibt es 34 Häuser ohne Hintertüre oder eine andere Möglichkeit, für eine durchgehende Durchlüftung zu sorgen; die Häuser sind haupt-

◀ »England siegt!«
(Heinrich Kley, 1911)

sächlich klein, feucht und dunkel, der Verputz ist schlecht wegen der Feuchtigkeit, die vielleicht von der Gewohnheit der Leute herrührt, die Fenster geschlossen zu lassen, um es warm zu behalten. Zu drei dieser Häuser sind die Abtritt(gruben) unbedeckt; hier sind kleine Wassertümpel mit aller Art von Abfall, tote Tiere und pflanzliche Stoffe zusammengehäuft, eine höchst faule und verdorbene Masse, ungastlich anzusehen und aggressive Gerüche verbreitend; ansteckende Gerüche breiten sich periodisch in der Nachbarschaft aus und bewirken verschiedene Typen von Fieber sowie Magen- und Darmstörungen. Die Leute, die diese Unterkünfte bewohnen, sind bleich und ungesund, und speziell in einem Haus sind sie blass, aufgedunsen und rachitisch.«[164]

1832, 1848, 1854 und 1867 traten auf den britischen Inseln Cholera-Epidemien auf, die Zehntausende von Opfern forderten. In derselben Zeit häuften sich auch die lokal auftretenden Typhusfälle. Die Angst vor Ansteckung war in jener Zeit groß. Vor allem Ärzte begannen sich also für die sanitären Verhältnisse zu interessieren. Und Chadwick sammelte ihre Berichte und versuchte sie statistisch zu untermauern. Erschreckend war vor allem seine Erkenntnis, dass in den Unterschichten der Industriebezirke von Manchester, Liverpool und Leeds um 1840 im Durchschnitt zehn von 15 Todesfällen Personen unter 20 Jahren betrafen.

Der Bericht bezeichnet die Wohnverhältnisse der Arbeiter als unhygienisch, krankheitsverursachend und damit als unwirtschaftlich – wohl Chadwicks zentrales und dann auch überzeugendstes Argument. Er enthält die Schlussfolgerung, dass die Leute moralisch und sittlich verkommen, wenn sie zusammengepfercht in schlecht belüfteten und schmutzigen Behausungen leben müssen. Das sah man im Frankreich dieser Zeit nicht anders: »Ein auf Sauberkeit bedachtes Volk ist bald ein Freund der Ordnung und der Disziplin.«[165]

Chadwick stellte seine These unter das Motto »Cleanliness comes next to Godliness« (Sauberkeit kommt direkt nach der Frömmigkeit). »Jede Umwälzung der bestehenden Ordnung erzeuge ihrer Natur nach unabsehbare Mengen von Schmutz, so auch jetzt die technisch-industrielle. Alle Definitionen kämen ins Schwimmen; alles Bestehende drohe dauernd an den Rand zu geraten und zum Schmutz zu werden. Man bewege sich daher nun mit äußerster Vorsicht, achte mit gleicher Strenge auf äußere und innere Sauberkeit. Mit dem Puritanismus werde die Beschmutzbarkeit der Haut allgemein, das heißt, sie vermeide von jetzt ab jede Berührung. Die Hygiene trete auf und werde zu einer Art Frömmigkeit.«[166] »Die Gesundheitspflege ist demnach auch ein nationalökonomisches Gebiet. Ein Gebiet … dem wir aus Liebe zum theuren Vaterlande unsere besten Kräfte widmen sollen.«[167]

Ohne Sauberkeit kein Fleiß Chadwick hielt die mangelnde Hygiene für die Ursache allen Übels, zum Beispiel des Aufkommens der politischen Radikalität und der Verbreitung des Alkoholismus. Er deckt damit eine der Grundursachen für das allgemeine Interesse an der sozialen Frage im 19. Jahrhundert überhaupt auf, mit durchaus zweifelhaften Folgen, denn: »Solange der Arbeiter die Produktionsmittel nicht kontrolliere, sei der ihm zugewiesene Ort eindeutig, und in seinem Macht- und Schmutzverhältnis derselbe, nämlich unten. Während er sich dort aufhalte, gelte für ihn wie für alles Untere, etwa den

Erdboden, das Paradox, weder schmutzig noch beschmutzbar zu sein. Dies sei bei der Arbeit der Fall: durch sie hebe der Arbeiter den Rohstoff zum Fertigstück und stoße es dann nach oben ab zur höheren Verwendung. Er selbst bleibe bei Spänen und Abfällen zurück, doch sehe er in ihnen, wie in seiner Person und Beschäftigung, die Unterseite und Vorbedingungen der höheren Ordnung. Er bringe also gewaltlos Ordnung hervor, ohne sich oder einen anderen zu beschmutzen. Anders als der Bürger, der Ordnung nicht gewaltlos schaffe, sondern gewaltsam durchsetze

▲ Vornehm gestylte Abortschüssel aus England, Ende des 19. Jahrhunderts

und verteidige, wasche sich der Arbeiter daher auch nicht hygienisch, sondern rituell, das heißt, um das Ende der Arbeit und damit seine Unbeschmutzbarkeit äußerlich zu kennzeichnen. Mit diesem Schmutzort sei der Arbeiter einverstanden; aus ihm beziehe er seine Sicherheit vor den unentwegt gegen ihn vorangetriebenen Ansprüchen der Macht. Diese könne ihn im Unterschied zum Höhergestellten weder herabsetzen noch beschmutzen, sondern nur entlassen, also örtlich entfernen.«[168]

Die Verbesserung der Wohnverhältnisse des Großteils der Bevölkerung sollte nicht primär deren Lebensstandard anheben, sondern Moral, Fleiß und Einsatzwillen im Rahmen des zunehmenden Arbeitskräftebedarfs der Industrie erhöhen. Die Aufmerksamkeit gegenüber den Gerüchen im Allgemeinen und den »sozialen Gerüchen« im Speziellen war gewachsen. Sowohl die Texte von Hygienikern als auch der allgemeinen Literatur, etwa Zola und vor allem Balzac, beschäftigen sich zunehmend mit dem Geruch der Armut. Die Bedrohung durch den Fäkalienschlamm mutierte zu der durch den Menschensumpf. Und diese Verlagerung erzwang neue Strategien. Da, wo bisher auf Sauberkeit und Reinigung des öffentlichen Raumes geachtet wurde, verschieben sich die Akzente nun zunehmend auf die Reinlichkeit des privaten Raumes. »Die Gesundheit einer Großstadt ergibt sich aus der Summe aller Privatwohnungen.«[169] Den Schmutz zu besiegen hieß ab jetzt, sich vor dem Schmutz des anderen zu schützen, ein Kampf gegen die Gemeinschaftslatrine. So gingen in Paris auf

Anordnung der Behörden die Hausbesitzer dazu über, Latrinen mit Schlössern auszurüsten und diese nur den berechtigten Familien zur Verfügung zu stellen.

Das Volk ist Scheiße

Chadwick versuchte ein umfassendes Konzept zu entwerfen, das die Sanierung der unhygienischen Wohn- und Lebensverhältnisse der Unterschichtsbevölkerung vorsah. Die neue Strategie der Hygiene zeichnet sich vor allem aus durch eine symbolische Gleichsetzung von Desinfektion und Unterwerfung. Durch die Desodorierung seiner Person soll der Proletarier zur Arbeit und Disziplin gezwungen werden.

So wurde schon 1832 in Paris die Verantwortung für die Cholera-Epidemie mehr oder weniger denjenigen in die Schuhe geschoben, die darunter zu leiden hatten, die »im Gestank ihre eigenen Drecks verkommen«.

Der Bourgeois, die herrschende Klasse fühlte sich in diesen Zeiten geradezu verfolgt von dem Schreckgespenst der Ausscheidung. Dreck und Ausscheidung waren bestimmende Elemente bei der Vorstellung dessen, was das Volk ausmacht. Diese Vision wurde auf andere soziale Kategorien ausgedehnt und mit moralischen Vorstellungen vermengt. So geriet nicht nur die Prostituierte wieder ins Visier, auch die Verknüpfung der Juden mit Unreinheit, Schmutz und all dem, was schon Luthers dreckiger Fantasie dazu eingefallen war, lebte wieder auf.

An diesem Strang bastelten später die Nationalsozialisten weiter und setzten ihn wirkungsvoll gegen die Juden ein, indem sie diese als unrein und Übertrager von Keimen charakterisierten und so den rassischen Reinheitswahn mit medizinischem Anstrich verkleisterten. Ihre ekelhaften Metaphern stammten nicht selten aus der Bakteriologie und Hygienebewegung – historisch wuchsen die meisten in der Zeit auf, als diese ihre größten Erfolge feierte. So verstieg sich Hitler 1941 zu dem Bild, er sei der »Robert Koch der Politik«, der »den Juden als den Bazillus und das Ferment der gesellschaftlichen Dekomposition«[170] entdeckt habe.

Die hygienische Bewegung

Im Bereich der Stadtentwässerung musste etwas geschehen. Chadwick befürwortete die Einrichtung einer Schwemmkanalisation. Chadwicks Konzept entsprang auch der Vorschlag, die Kanaljauche auf landwirtschaftlich genutzte Felder zur Düngung und zur Bewässerung von Pflanzenkulturen zu leiten statt die offenen Gewässer zu verschmutzen. Die auf diese Weise mögliche Steigerung des landwirtschaftlichen Ertrages könne gleichzeitig die Nahrungsgrundlage der armen Bevölkerung verbessern.

Aber die Großstädte mit Wasserversorgung, Kanalisation und Berieselungsanlagen auszustatten, überstieg die technischen, finanziellen und politischen Möglichkeiten der Administrationen zu dieser Zeit bei weitem. Schwemmkanalisationen ohne Abwasserklärung führten bereits im 19. Jahrhundert zu partiell schlimmster Gewässerverschmutzung. Chadwick selbst scheiterte an dem Unterfangen, London mit dem Bau eines Kanalnetzes zu entsorgen. Dennoch war die Ausstrahlung von Chadwick sowie seiner Weggefährten und Nachfolger enorm. Sie waren Vorreiter der hygienischen Bewegung, die für die Etablierung der »Städtereinigung« – ein zeitgenössischer Begriff des 19. Jahrhunderts – als nicht mehr wegzudenkende kommunale Aufgabe verantwortlich zeichnete.

Mitte des 19. Jahrhunderts waren in London 300.000 Wohnungen an die Wasserversorgung angeschlossen. Alle besseren Häuser Glasgows besaßen auf jeder Etage ein *water closet,* eine Dusche und ein heißes Bad – das hatte Berlin, wie wir wissen, bis zum Ende des 20. Jahrhunderts nicht. Manche britische Gemeinden erhoben eine Steuer, um eine Kanalisation bauen zu können. In wenigen Jahrzehnten war eine tiefe Kluft zwischen dem Kontinent und den britischen Inseln entstanden.

Virchow, Pettenkofer, Koch und Konsorten

Der Arzt Rudolf Virchow, einer der Begründer der sozialen Hygiene in Deutschland, beobachtete um 1848 im als Typhusgebiet bekannten Oberschlesien, dass die Seuchen am härtesten die von Hunger- und Wirtschaftskrisen geschwächten Bevölkerungskreise trafen.

Die durch naturwissenschaftliche Methoden dominierte Richtung der Hygienelehre erreichte in der zweiten Hälfte des 19. Jahrhunderts größte Bedeutung. Mit Hilfe der »exakten« Naturwissenschaften und der Technik sollten Krankheitsursachen ausfindig gemacht werden. Vertreter dieser Methode waren die beiden als Gegenspieler agierenden Max von Pettenkofer (1818 bis 1901) und Robert Koch (1843 bis 1910). Pettenkofer war ursprünglich Apotheker und Mediziner, betrieb chemische und physikalische Studien und wurde 1865 Professor für Hygiene. »Pettenkofer, wesentlicher Promoter dieser Entwicklung, gab der Gesundheitslehre daher auch ihren neuen Namen: Hygiene. Gesundheit wurde nun als Leistungsfähigkeit des Organismus begriffen.«[171]

Sein Hauptanliegen bestand darin, die »hygienische Praxis, die ja uralt ist, auch auf wissenschaftlichen und experimentellen Boden zu stellen«[172]. In Bezug auf das Auftreten der Cholera vertrat Pettenkofer die Theorie, dass Grundwasser und Bodenverhältnisse eine entscheidende Rolle spielten. Er begann die zeitlichen und örtlichen Dispositionen der Cholera mit chemischen, physikalischen und statistischen Methoden zu untersuchen. Aber prinzipiell befand er sich auf dem Holzweg. Dennoch drangen seine Forschungsergebnisse allmählich in die Bereiche des täglichen Lebens wie Wohnungswesen, Wasserversorgung und Kanalisation ein und erweiterten so das Interessensfeld der Gesundheitspflege.

Robert Koch besuchte 1892 Hamburg während der großen Cholera-Epidemie, die die Stadt etwa 8.500 Tote kostete, und stellte fest: »Ich habe noch nie solche ungesunden Wohnungen, Pesthöhlen und Brutstätten für jeden Ansteckungskeim angetroffen wie in den so genannten Gängevierteln, die man mir gezeigt hat, am Hafen, in der Steinstraße, an der Spitalerstraße oder an der Niedernstraße.« Seine Beobachtungen fasste er zusammen: »Ich vergesse, dass ich mich in Europa befinde.«[173]

Robert Koch verhalf der Bakteriologie als Forschungszweig der Hygiene zum Aufschwung. Er entdeckte 1883 die Cholerabakterie und konnte so den Ausbreitungsweg von Seuchen erklären: Mit dem Stuhl von Cholerakranken ausgeschiedene Choleraerreger gelangten ins Trinkwasser und infizierten die das Wasser Trinkenden.

Die Rivalität zwischen Pettenkofer und Koch gipfelte 1892 in einem Selbstversuch von Pettenkofer, bei dem dieser mit Cholerakeimen verseuchtes Wasser trank, um die Harmlosigkeit der Bakterien zu beweisen. Das »Duell« zwischen den beiden Wissenschaftlern ging zu seinen Gunsten aus. Dennoch hatte er Unrecht, denn er war bereits einmal an Cholera erkrankt gewesen. Der Selbstversuch bewies nichts anderes, als dass er gegen die Erreger immun war.

Im Verlauf des 19. und 20. Jahrhunderts entwickelte sich so das Hygienebewusstsein aus einem Ritual oder einer Angelegenheit des Wohlbefindens zu einem wissenschaftlichen System. Die Erfindung des Mikroskops zog die Entdeckung der Mikroben und Bakterien und die der Mechanismen von Krankheitsübertragungen nach

◄ Vorkämpfer der Hygiene: Robert Koch (links) und Rudolf Virchow.

sich. Ärzte und Schwestern begannen sich nach der Behandlung von Patienten die Hände zu waschen. Hausfrauen und Haushaltshilfen führten einen noch härteren Kampf gegen den Schmutz, der als eindeutig böse entlarvt worden war. Er war die Brutstätte von Keimen und Ursache todbringender Krankheiten. So wird die Zeit des 19. bis Mitte des 20. Jahrhunderts auch das »Große Saubermachen«[174] genannt. Staub und Schmutz waren mit allen Mitteln zu bekämpfende Feinde geworden.

Nicht zu unterschätzen aber sind auch die bereits angedeuteten geistig-moralischen Entwicklungen, die nicht abgekoppelt von ihnen, sondern mit ihnen zusammenhängend die Zeit prägten. Spätestens seit dem 19. Jahrhundert bestimmte das Sein das Bewusstsein.

Das Sein und das Bewusstsein

Die Revolution der Geruchswahrnehmung und deren Bedeutungszuwachs lässt die Toleranzschwellen sinken; der Gestank der Exkremente wird als solcher überhaupt erst wahrgenommen, benannt und dann abgelehnt. Erst über die Rede- und Diskussionsflut, die über die Kloake hereinbricht, gelangt die menschliche Geschichte zur heute gereinigten Umgebung. »Mit dem Bewusstsein dessen, was Hygiene ist, schließt man sich ja nicht nur ab von dem, was man für Schmutz hält, zum Beispiel die Arbeiterschaft, den Kommunismus, oder auch die körperliche Arbeit im Allgemeinen, zumindest die in den Städten, sprich der Industrie, sondern man schließt sich auch ab gegen die Masse, gegen die Anderen. Das ganze 19. Jahrhundert ist geprägt von diesem schon die Jahrhunderte vorher zu beobachtenden, nun sich aber vehement beschleunigenden Zug der Individualisierung ... Damit sie überhaupt noch zusammenhält, die Welt, muss dem Hang zur Vereinzelung, der aus dem Zwang zur Vermassung entstand, ein erneu-

> **Gesundheit**
> macht Laune zu Schönem und
> Heiterem – darum das
> **nützliche
> Weihnachtsgeschenk**
> ein Darmentgaser **Mello**
> D.R.P.
> Verblüffende Berichte von Aerzten und Laien.
> Prospekte kostenlos vom
> **Mello-Vertrieb, Stuttg., Hohenheimer Str. 1**

▲ Auch fröhliche Fürze sind verpönt: Werbung für den »Mello-Darmentgaser«, der Blähungen geräuschlos und wohlduftend machen sollte

ter Zwang zur Konformität gegenübergestellt werden. So wird schon der kleinste Makel, die kleinste Abweichung von der Normalität als moralisches Fehlverhalten, als Schmutz auf der Seele der Gemeinschaft gebrandmarkt. Der Träger dieser Moral ist das besitzende Bürgertum. Das Ende der Entwicklung ist noch nicht wirklich abzusehen und die Umdefinition dessen, was sauber und was schmutzig ist, im vollen erkenntnisreichen Gang.«[175]

Die verschärften Ansprüche an das Gefühl führen im viktorianischen Bürgertum zu einer ganzen Welle von Erkrankungen, durch den Zwang, sich zu beherrschen, und das auch zu demonstrieren, zum Beispiel in der Öffentlichkeit nicht mehr »furzen« zu dürfen. Das war eine Umstellung, die erst einmal bewältigt werden wollte.

Der »Ekel« erobert die Arbeiterklasse

Und siehe da: Nach und nach durchdringt der »Ekel«, der ohne die Individualisierung nicht denkbar ist, auch die sozialen Trennwände. Die durch die Körperbotschaften wahrgenommene soziale Distanz dehnt sich innerhalb der Arbeiterschaft auf den Kollegen aus. Die Disziplinierung lässt erste Ergebnisse erkennen. Es entsteht das Kleinbürgertum, in seiner moralischen und sozialen Kategorisierung aufgrund seiner Herkunft aus dem Proletariat weit radikaler, als es das Bürgertum je war. Hier herrscht die Sauberkeit, hier regiert der Besen und die Seife. Schranken entstehen, wo vorher keine wahrgenommen wurden, bis in die Sexualität – wie auch nicht? Wo vorher in tröstlicher Promiskuität armutsbedingt so manches Lager geteilt wurde, entsteht nun Abscheu und Abstand, gerade im Arbeitermilieu und gerade die Sexualität zwischen Männern betreffend. Eine lange, zusammenhängende Kette, vom Einzelgrab über das Einzelbett – zu Hause und in den Hospitälern und Gefängnissen, die häufig als soziales Labor der Hygieniker dienten – bis hin zum uns unverzichtbaren, aber auch kleinbürgerlichen Anspruch auf ein Einzelzimmer.

Da gab es in den siebziger und achtziger Jahren des letzten Jahrhunderts viele gescheiterte Versuche in progressiven Kreisen, in WGs durch die Aufteilung der gemeinsamen Wohnung in Funk-

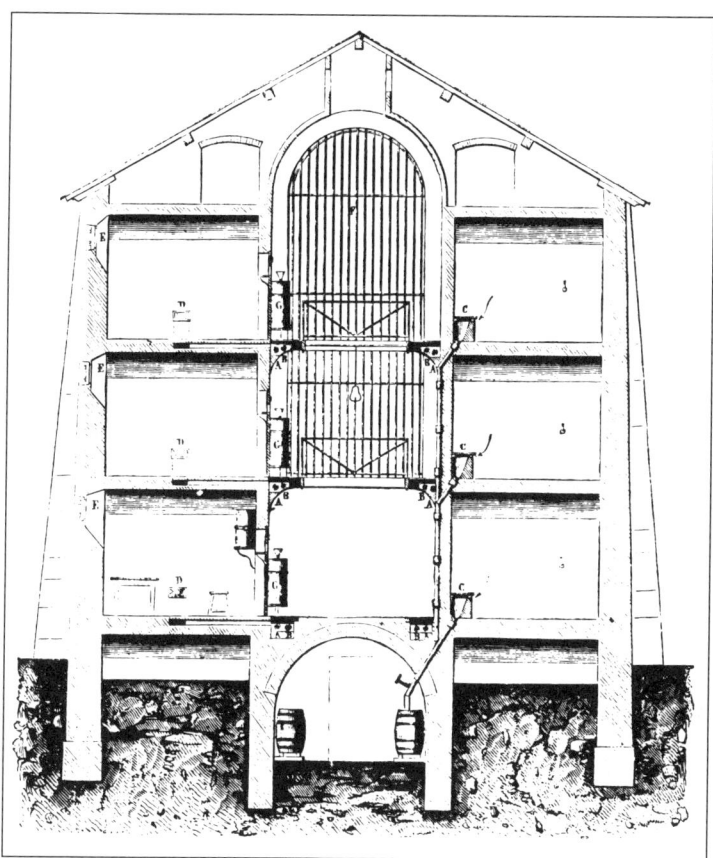

▲ Abortsystem im Knast (Mitte des 19. Jahrhunderts). Jede Zelle verfügt über ein Klo; die nach unten führenden Abflussrohre saugen zugleich die verbrauchte Luft an. Die Exkremente werden unten in Tonnen aufgefangen.

tionsräume dieser verpönten Kleinbürgerlichkeit zu entfliehen. Am Ende stand oft die panische Flucht der Wohngenossen zurück ins kleinbürgerliche Familienidyll. Der moderne Mensch ist mit zu viel Kollektivität überfordert, zumal keine Gewohnheit und kein Zwang mehr dahinter stehen.

Zumindest aber wurde in diesen politischen Aufbrüchen am Ende des 20. Jahrhunderts das Klo als kommunikativer Ort wiederentdeckt. Nicht nur dass über die Scheiße und den Prozess ihres Absonderns wieder offen gesprochen werden konnte, nicht wenige WGs der Zeit fanden ihre Progressivität zuerst (und manches Mal

Klo ohne Tür – der revolutionäre Ort

erschöpfend) darin ausgelebt, dass sie die Klotüren in den Wohnungen aushängten. Ganz gleich wer was dort gerade zu erledigen hatte, dieser Raum wurde als Gemeinschaftsraum in die gemeinsame Wohnung integriert; Austreten aus der Gesellschaft war nicht mehr – es herrschte das Kollektiv, und das unerbittlich; das Klogespräch über das Scheißen wurde, in Teilen der Gesellschaft, wieder gesellschaftsfähig; Frank Zappa, amerikanischer Rock-Poet, schmückte, auf der Toilette sitzend, Plakate. Dieser offensive und nachlässige Umgang mit der Scheiße – der Zustand der WG-Toiletten war oft desaströs, und auch dies galt sicher anfänglich als demonstrativ politischer Akt – wurde durchaus als gesellschaftspolitische Tat angesehen, wie die Integration des Wortes »Scheiße« in den allgemeinen Sprachgebrauch und der offensive Umgang mit der Sexualität.

Die Ergebnisse sind allerdings eher desillusionierend: Das eine manifestiert sich in austauschbaren Plastiküberzügen, also Präservativen für Klobrillen, chemischen Absaugeklos in ICEs, die früher die Scheiße sanft über den Gleiskörper verteilten, und einer erregten »Sitzdebatte« (siehe nächste Seite); das andere in gelangweilter Gewohnheit.

Dahinter stand auch die stärker werdende Ökologiebewegung, die das Natürliche immer mehr mit dem Guten gleichsetzte. Nachdem die Wissenschaft über viele todbringende Krankheiten, Viren, Keime und Bakterien gesiegt hatte, stand nun sie am Pranger. Denn dieser Sieg hatte auch viele Tote gekostet. Der Kampf gegen den traditionellen Schmutz und seine Folgen hatte zur Produktion einer Reihe von menschheitsbedrohenden Stoffen und Methoden geführt: von den Insektiziden bis zur Atomkraft. Und so definierte sich auch diese politische Bewegung darüber, dass sie den Schmutz neu erfand, indem sie ihn in Chemie und Industrie abschob. Das, was bis dahin als solcher gegolten hatte, Kot, Matsch, Ungeziefer, wurde wieder zur Natur und damit, dem Schmutz entrissen, zum Guten und Schönen. Weniger sauber, aber dafür rein. Das, was noch das 19. Jahrhundert als Ausdruck des Sieges der Wissenschaft über den Schmutz begreifen musste, die Ergebnisse und Schöpfungen der Naturwissenschaft, stehen seitdem für Abfall, Müll, Dreck.

Die Geschlechterrolle:
Der Stand der Sitzdebatte

»Es ist zwar schon fünf, sechs Jahre her, aber ich werde doch immer wieder darauf angesprochen. Ich hatte eines Abends mit Naddel tierisch wilden Sex. Doch plötzlich spürte ich an meinem besten Stück einen höllischen Schmerz. Mein Penis war umgeknickt, quasi ›gebrochen‹ – ich wusste gar nicht, dass es so was überhaupt gibt! Naddel fuhr mich schnell ins Krankenhaus, ich musste operiert werden. Journalisten bekamen das natürlich spitz. Wie sollte ich ihnen diesen hochpeinlichen Vorfall erklären? Also sagte ich den Zeitungsleuten, dass mir beim Pinkeln die Klobrille auf meinen Penis gefallen war – das haben die dann tags darauf auch geschrieben.«[176]

»Beim Sex ›brach‹ mein bestes Stück«

Was will uns Dieter Bohlen hier sagen? Wir erfahren, dass er ein Stehpisser ist. Nicht dass wir anderes erwartet hätten. Die Frage, die sich allerdings nebenbei stellt, ist: Für wie groß wird der Mann eigentlich gehalten (oder hält er sich selber), wenn die geballte Journalistenschar glauben konnte, dass ihm beim Stehendpinkeln die Klobrille Schaden bringend auf den Schwanz fallen könne? Das kann wohl nur passieren, wenn sie das »beste Stück« auch einquetscht. Beckenhöhe, stelle ich fest, etwa 50 Zentimeter, der ganze Mann also 1,20 Meter. Es lebe Dieter Bohlen und mit ihm der investigative Journalismus!

Das ermöglicht einen einigermaßen eleganten Einstieg in die Sitzdebatte, die zeitweilig den Stellenwert eines Tanzes um das Goldene Kalb bekommen hat. Nicht dass es nicht Ausdruck einer gewissen Kulturlosigkeit ist, aber die Frauen befreit ein Verbot des Stehendpissens definitiv auch nicht. Der Mann, der dies praktiziert, darf trotzdem ebenso definitiv als ein Schwein bezeichnet werden, allein des höheren Verschmutzungsgrades wegen. Und wer muss es wieder sauber machen? Eben!

Tanz um das Goldene Kalb

Aber erstaunlicher- und vielleicht auch entlarvenderweise wäre diese Diskussion über die Jahrhunderte in unterschiedlichen Kulturkreisen durchaus mit wechselhaften Rollen geführt worden, da tatsächlich nicht stimmt, was beide Seiten heutzutage gerne annehmen wollen und für gewissermaßen biologisch vorgegeben halten: dass es allein der Mann sein kann, der diesem »perversen«, vielleicht auch nur pragmatischen Gelüst freien Lauf ließ und lässt. In fremden Erdkreisen war dieses Verhältnis, wie etwa bei den Apache-Indianern, durchaus umgekehrt: Winnetou hat sich hingehockt, seine Schwester Nscho-tschi hat es im Stehen gemacht. Auch von den mittelalterlichen Irländern wird Ähnliches berichtet: Die Männer hockten sich hin und die Frauen standen.

Geschäfte im Stehen

»Was mir an dem weiblichen Teil der bäuerlichen Bevölkerung besonders auffiel, war die gänzliche Unbefangenheit, mit der die Bauernweiber am helllichten Tage an den Straßenecken ihre Notdurft verrichteten. An solchen bewegten Tagen wie am Jahrmarkt konnte man stündlich von unserem Küchenfenster aus beobachten, wie sich solche korbtragenden Frauen an der Ecke der Brückenkapelle aufpflanzten, die Beine spreizten und das Wasser laufen ließen. Sie verrichteten ihre Geschäfte stehend und kümmerten sich in keiner Weise um die Passanten.«[177]

Offenbar ein Brauch, der bis ins späte 19. Jahrhundert auf europäischen Straßen von Wien bis Paris nicht gar so unüblich war: Frauen, die entweder die eigentlich den Männern vorbehaltenen Pissoirs aufsuchten oder einfach röckeschürzend in den Rinnstein ihr Wasser ließen, tauchen allenthalben in diversen Reiseberichten allerdings doch leicht schockierter (männlicher!) Zeitgenossen auf. Aber man täusche sich nicht: Zu keiner Zeit und nur an wenigen Orten war das öffentliche Defäzieren, zumal vor den Augen des anderen Geschlechts, wirklich üblich, was schon die Bezeichnungen für den Abort *(heymlichkeit, privé)* mehr als deutlich ausdrücken.

Auf das sich darin ausdrückende Dilemma lässt sich auch die gesetzliche Vorschrift zurückführen, dass jede Restauration einen Abort zu installieren und dem Passanten zur Verfügung zu stellen habe. Das war zu einer Zeit, als die Aborte auf halber Treppe lagen oder gleich im Hof, auch einfach zu bewerkstelligen – und wird heute mit dem in Bars und Restaurants immer häufiger auftauchenden Schildchen »Toilettenbenutzung 0,50 €« wieder unterlaufen. »Dieses Schauspiel konnte man auch in Wien täglich genießen, ehe man öffentliche Kack- und Pisshäuschen für Männer und

Frauen für Gemeindekosten errichtet hatte. Nach Polizeivorschrift muss jeder Kaffeesieder und Wirt seinen Abort für jeden Passanten offen halten, und die Hausbesorger sind verpflichtet, jedem Fremden, der ins Haus tritt, unentgeltlich den Schlüssel zum Scheißhäusl auszufolgen. In russischen, galizischen, ungarischen und vollends in christlichen kleineren Ortschaften auf dem Balkan muss man sich an die öffentlichen Kack- und Pissdarbietungen gewöhnen und Obacht geben, dass man nicht in den Gestank hineintrete.«[178]

Festzuhalten bleibt, dass es einen ständigen Wechsel der Geschlechter in der Sitte des stehend oder sitzend Unter-sich-Lassens gab, ob es in der Frühzeit bei den Ägyptern die Frauen waren, die standen, oder im Mittelalter die Kapuzinermönche: »Nachdem er seine Kutte aufgehoben hat, kackt und pisst er, ohne sich davon durch irgendetwas abhalten zu lassen, den Hintern dann mit seinem Strick abwischend.«[179]

Warum sitzen? Warum stehen?

Von den Chinesen erfahren wir – die noch heute als öffentliche Toilette einen großen Raum mit ein paar Rinnen bevorzugen, so dass sie sich unterhalten können – eine andere Sitte und vor allem eine andere Begründung: »…ist es gebräuchlich, das Wasser im Stehen zu lassen. Leute von hohem Range, ebenso auch die Vizekönige und die höheren Beamten, haben vergoldete Bambusrohre, die eine Elle lang und durchbohrt sind; sie gebrauchen sie jedes Mal, wenn sie Wasser lassen, wobei sie die ganze Zeit lang stehen; und auf diese Weise leitet die Röhre das Wasser eine ziemliche Entfernung von ihnen weg. Die Chinesen sind der Meinung, alle Schmerzen in den Nieren, der Harnzwang und selbst die Blasensteine entstünden daraus, dass man das Wasser in sitzender Haltung lässt; und dass die Nieren sich von ihrer Flüssigkeit nur dann vollkommen befreien können, wenn man sie im Stehen entleert. Auf diese Weise trägt diese Haltung in ganz außerordentlicher Weise zur Erhaltung der Gesundheit bei«[180].

Selbst die Scheißstellung ist so eindeutig nicht, was jeder weiß, der die deutschen Lande einmal verließ und sich in Frankreich oder Italien auf öffentlichen Toiletten plötzlich mit zwei in den Boden eingelassenen Platten und einem Loch dazwischen konfrontiert sah – und sich bei der anschließenden Prozedur entweder schwere Zerrungen zuzog, seine Hose beschmutzte, auf jeden Fall aber verzweifelt und vergeblich einen Haltegriff suchte.

Also warum eigentlich sitzen? Es wird gemunkelt, das sei den französischen Königen zu verdanken, die sich in ihren Thronsitz ein Loch einbauen ließen und sich somit nicht mehr hinhocken mussten, wie ihre Untertanen es taten. Andererseits war dieses Verfahren, wie wir gesehen haben, den Päpsten ebenso bekannt, die es auch nur von der Antike kopierten. Man kann wohl davon ausgehen, dass es eine bourgeoise Sitte war, die sich langsam durchsetzte, als die Kloschüsseln billiger in der Produktion wurden, sich damit verbreiteten und der Mensch sich nicht mehr ohne weiteres in die Gosse der Gassen hocken konnte.

Von der korrekten Defäkation

Der Gebrauch des *water closets* musste allerdings gelernt sein. So baute Paris ganz auf die schulische Erziehung, die den Eleven beibringen sollte nicht auf die Brillen zu klettern, sondern sich darauf zu setzen. Dazu erschien eine erstaunliche Menge an Literatur, in der auch die noch heute zu beobachtende Eigenart eine Erklärung findet, dass Aborttüren sowohl unten wie oben einen Spalt zum Boden beziehungsweise zur Decke freilassen: Der Hausmeister hatte von seinem Platz aus die Möglichkeit, seine Schüler bei der korrekten Defäkation zu beobachten, und das hieß, mindestens die Füße zu sehen, auf keinen Fall aber den Kopf.

»Die Bestrebungen, alle Stadtbewohner zu ›domestizieren‹ und zur Benützung von Klosetts zu zwingen, veränderte die Körperhaltung beim Defäzieren vieler den sozialen Unterschichten zuzuordnenden Leute. Diese pflegten allenthalben wegen ihrer häufig ländlichen Herkunft die Notdurft stehend zu verrichten, wie sie es früher in Ställen, Höfen oder auf dem Feld getan hatten. Aus diesem Grund wollen sie nicht auf einer Toilette sitzen, sondern lieber stehen.«[181]

Ob dieser zivilisatorische Fortschritt tatsächlich ein Fortschritt war, lässt sich allein anhand der horrenden Zahl der an Verstopfungskrankheiten leidenden »weißen Rasse« schwer bezweifeln. Deswegen ein Wort über ungeahnte Zusammenhänge am Ende: »Die natürliche Haltung des Menschen beim Stuhlgang ist die Hocke, wie man sie bei Feldarbeitern oder Eingeborenen beobachten kann. Die Mode in Gestalt des gewöhnlichen Wasserklosetts verbietet die Entleerung des unteren Darmabschnitts in der von der Natur vorgesehenen Weise … Man kann ohne Übertreibung sagen, dass die Einführung der Hockstellung nicht wenig dazu beitragen würde, dem größten physischen Übel der weißen Rasse, der Verstopfung, abzuhelfen.«[182]

▲ taz-Zeichner ©TOM zum Stand der Sitzdebatte.

»Widerstand jetzt! Die ›Bild‹, die Nase immer mitten im Geschehen, machte eine Riesenschlagzeile daraus: Im ostdeutschen Radeburg müssen die ersten Männer im Sitzen pinkeln. Die Wohnungsbaugesellschaft hat per Mahnschreiben darauf hingewiesen, dass beim Wasserlassen nach alter Väter Sitte die Heizungen im Bad anfangen zu rosten, weil sie im ›Sprühfeld‹ des Hausherrn liegen. Nichts trifft einen Macho mehr, als wenn er sich hinsetzen muss wie ein Mädchen. Demnächst werden sie noch verlangen, dass man sich hinterher die Hände waschen muss. Nein, irgendwann ist Schluss! Der eigentliche Skandal hinter dem bösen Sitzbefehl ist aber ein anderer: dieser Imageverlust! Was müssen jetzt die anderen denken? Dass ostdeutsche Frauen nicht richtig wischen können? Dass Ostdeutsche keine guten Heizungen bauen können? Dass Ostdeutsche Weicheier sind, weil sie die Heizung direkt neben dem Klo haben? Und nirgendwo ein Volksvertreter, der sich öffentlich hinstellt und Einhalt gebietet. Das muss das Volk schon selber in die Hand nehmen. Also: Heraus zur Montagsdemo, standhaft bleiben, den aufrechten Gang demonstrieren. Schlachtlieder singen: ›Steht auf, wenn ihr Radeburger seid!‹«[183]

»Widerstand jetzt!«

Die Deutschen, das besondere Verhältnis zur Sauberkeit und ihre Kehrseite

Es ist auffällig, dass es zu Beginn des 20. Jahrhunderts eine gewisse Ballung deutschsprachiger (Er-)Zeugnisse zum Skatologischen gegeben hat. Ob die »Historia naturalis locis oder Naturgeschichte des Steißes« von S. T. Eisbein (1870), »Leben, Meinungen und Wirken der Witwe Wetti Himmelbach, die ihre Laufbahn als Malermodell angefangen, langjährige Toilettenfrau gewesen ...« (1906), »Die Grundlagen der Skatologie« von Luedecke (1907), »Das Gesäß im Völkergedanken« von Wegeli (1912) oder »Ka-Pi-Fu und andere verschämte Dinge« von Feldhaus (1921), »Anrüchiges und Allzumenschliches« von Englisch (1928), »Der Erotische Komplex« (Band 1: »Gesäß-Erotik«) von Schertel (1932), »Non Olet oder die heiteren Tischgespräche des Collofino über den Orbis Cacatus« von Feinhals (1939) oder ...

Um sich aber nicht gleich wieder der »typisch deutschen« Kritik an vermeintlich »typisch deutschem« Verhalten, in diesem Fall dem des Nestbeschmutzens (!), auszusetzen, sei darauf verwiesen, dass Grundlage dieses Kapitels über ein »typisch deutsches« Phänomen die ethnografische/-logische Untersuchung »Sie mich auch! Das Hinter-Gründige in der deutschen Psyche« (New York 1984) des Amerikaners Alan Dundes, Professor für Anthropologie und Völkerkunde, ist. Ein Satz, von dem er gesagt hätte: »Er behauptete [Karl Abrahams in ›Beiträge zur Theorie des Analcharakters‹], dass der ›Analcharakter‹ Menschen dazu bringe, Handlungen aufzuschieben oder gesammeltes Material anzuhäufen, um alles schließlich mit einem Schlag (oder ›Hausputz‹) loszulassen. Mir kommt es so vor, als wenn gar die Struktur deutscher Sätze diese Anschauung stützt. Eine ganze Reihe von Hauptworten und adjektivischen Wendungen wird aufgebaut, bis schließlich gnädig am Ende des

Satzes ein entscheidendes Verb erscheint, um die ganze entstandene semantische Bedeutung freizugeben.«[184]

Ob diesem wirklich in allen Punkten gefolgt werden muss, erscheint zweifelhaft, denn schließlich kann der Deutsche das *water closet* ebenso wenig wie das Klopapier als nationale Erfindung für sich in Anspruch nehmen oder dafür haftbar gemacht werden. Und *Shit* oder *Merde* gelten auch in anderen Gefilden der Welt durchaus als geläufige Schimpfworte. Aber dass der Deutschsprechende von Martin Luther bis Sigmund Freud eine enge Beziehung zum Thema hat und diesem bewusst oder unbewusst eine größere Rolle im menschlichen Leben zugesteht – verdient oder unverdient –, ist allerdings unbestreitbar.

Sicher lässt sich behaupten, dass gerade in deutschen Landen der Misthaufen vor der Tür für Reichtum steht. Im »Simplicius Simplicissimus« von Grimmelshausen aus dem Jahr 1669 entschließt sich eine Soldateska ein Haus zu plündern, »vor welchem ein großer Haufen Mist läge, denn in demselben pflegten die reichsten Kauze zu sitzen«[185]. Noch Mark Twain wusste im Jahr 1880 aus dem Schwarzwald zu berichten: »Aber das Hauptcharakteristikum waren die großen Misthaufen um das ganze Haus herum ... unbewusst gewöhnten wir uns an, die Lebensstation eines Mannes an diesem sichtbaren und ausdrucksvollen Zeichen abzulesen.«[186] Das geschah nicht grundlos, denn schließlich ließ sich tatsächlich von der Größe auf die Anzahl der Tiere und von ihr auf den Reichtum der Besitzer schließen. Aber Dundes geht weiter – zurück.

Simplicius Simplicissimus

Schon in Tacitus' »Germania« findet er die ersten Anzeichen einer besonderen Vorliebe des Germanischen für das »Anale«, denn dort »erfahren wir, dass die Völker Deutschlands ›die Gewohnheit haben‹, unterirdische Gruben auszuheben, die sie mit Dunghaufen bedecken«[187] und in denen sie entweder Vorräte lagerten oder auch sich selbst versteckten – eine Methode, die als Verschanzung auch im »Simplicissimus« noch und wieder Erwähnung findet. Wie überhaupt dieses Werk als dankbare Quelle sprudelt. Der Held des Grimmelshausen'schen Werkes erlaubt sich eine Reihe von skatologischen Eskapaden, die ihn letztlich zu dem Einfaltspinsel machen, als der er dargestellt werden soll – und damit durchaus nicht das positive Verhältnis des Deutschen zum Thema, sondern eher das Gegenteil ausdrückt.

Till Eulenspiegel, eine ▶ der ältesten Figuren der deutschen Literatur, trieb gerne mit seinen Exkrementen Schabernack.

Hier wird auch das hundert Jahre später durch Goethes Götz von Berlichingen berühmt gewordene »Leck mich am Arsch« als Motiv mehrfach und äußerst drastisch eingeführt.

Till Eulenspiegel Auch Till Eulenspiegel, Zeuge der Anklage für die Vorliebe der deutschsprachigen Literatur und Folklore für das Anale, sprudelt als ein Quell der Freude, wie sein Übersetzer ins Englische Paul Oppenheimer 1972 bemerkte: »… während Eulenspiegel Sexualität und Liebe ignoriert, er Freude am Scheißen hat. In vielen seiner Abenteuer benutzt er entweder seine eigenen oder anderer Menschen Exkremente als Waffe, als Instrument der Rache oder als Mittel zur Herstellung peinlicher Situationen. In Kapitel 24 bekommt er vom König von Polen den Titel des Meisters der Possenreißer verliehen, da er seine eigenen Exkremente isst; im Kapitel 91 erniedrigt er einen zwielichtigen Priester, indem er ihn nötigt, seine Hände in durch Exkremente verdreckte Münzen zu stecken … Der springende Punkt ist hier jedoch, dass … Eulenspiegel Freude an menschlichen Exkrementen hat, und das bis zum Ausschluss von Sexualität und Liebe.«[188]

Von der »Freude am Scheißen« bis zum »Ausschluss von Sexualität und Liebe« ist es kein großer inhaltlicher Sprung mehr, wenn auch ein zeitlicher zu Sigmund Freud, dem Meister der Psychoanalyse – der Wortstamm »anal« in »Analyse« geht auf das griechische *ana* (hinten) zurück.

Sigmund Freud war der Umgang des Menschen mit seinen Fäkalien und dem Geschlechtlichen Nukleus seiner Arbeit, auf dass heute ein jeder die Dekretierung einer »analen Phase« im Munde führen kann ohne zu erröten: »Es ist gar nicht einfach zu übersehen oder darzustellen, welche Folgen für die Kultur diese Behandlung des ›peinlichen Erdenrestes‹ mit sich gebracht hat, als dessen Kern man die sexuellen und exkrementellen Funktionen bezeichnen darf. Heben wir nur die eine Folge hervor, die uns hier am nächsten angeht, dass es der Wissenschaft versagt worden ist, sich mit diesen verpönten Seiten des Menschenlebens zu beschäftigen, so dass derjenige, welcher diese Dinge studiert, als kaum weniger ›unanständig‹ gilt, wie wer das Unanständige wirklich tut … Die Psychoanalyse fügt noch hinzu, dass das exkrementelle Interesse beim Kinde anfänglich von den sexuellen Interessen nicht getrennt ist; die Scheidung zwischen den beiden tritt erst später auf, aber sie bleibt nur unvollkommen: die ursprüngliche durch die Anatomie des menschlichen Körpers festgelegte Gemeinschaft schlägt noch beim normalen Erwachsenen in vielen Stücken durch.«[189]

Anale Freude

Und offensichtlich unterscheidet sich Freuds Darstellung des analen Charakters in seinem Essay »Charakter und Analerotik« von 1908[190] nur peripher von dem, was Immanuel Kant 1789 in seiner Beschreibung des deutschen Charakters liefert. Analfixierte sind, so Freud, besonders ordentlich, sparsam und eigensinnig – wenn das nicht die berühmten deutschen Sekundärtugenden sind?

Dieser anale Faden zieht sich über die Jahrhunderte durch die deutsche Geistesgeschichte und verknotet sich in der Erkenntnis, dass sowohl deutsche Lebensraumpolitik und Großmachtsucht wie auch deutscher Antisemitismus darauf zurückzuführen sind. Schon Martin Luther wusste 1543 in »Von den Jüden und ihren Lügen«: »Ihr seid es nicht wert, auch nur die Außenseite der Bibel zu sehen, noch viel weniger, sie zu lesen. Ihr solltet nur die Bibel lesen, die unter dem Schweineschwanz zu finden ist, und die Buchstaben, die dort herausfallen, essen und trinken.«[191]

Das Anale ist an allem schuld

Letztlich sollen mit der Vorliebe fürs Anale des Volkes der Dichter und Denker auch zusammenhängen: die Verbindung von Schreiben und Scheißen, die Vorliebe für Blasmusik und Wurstwaren, das Phänomen Hitler: »Tatsächlich war Hitler von der Vorstellung besessen, dass sein Körper Nahrung in Fäkalien umwandelte«.[192] Besonders entlarvend die Tatsache, dass der deutsche

Intellektuelle selbst zu dieser Erkenntnis fand. George Grosz erklärt deutsches Verhalten mit der deutschen Krankheit der Verstopfung, die auch Nietzsche in »Ecce Homo« – an der im Übrigen nachweisbar Kant, Luther und Hitler litten – als Ursache für die »deutsche Tiefgründigkeit« diagnostizierte. Was für ein unübersichtlich großer (stinkender) deutscher Haufen!

Deutsche Geistesgrößen: Alles »Analisten«

Um uns in ihm nicht zu verlieren, werfen wir einen raschen Blick auf ein paar sehr spezielle deutsche Geistes- und Geschichtsgrößen. Martin Luther, Christoffel von Grimmelshausen, Lieselotte von der Pfalz, Johann Wolfgang von Goethe, Bertolt Brecht, Erich Maria Remarque, Johann Wolfgang Amadeus Mozart, Karl Marx, Sigmund Freud, Alfred Krupp, Adolf Hitler: Sie alle sind dem amerikanischen Professor auffällige »Analisten«. Zwar stammen manche der Angeführten aus Österreich, andere lebten zu einer Zeit, in der man noch nicht von Deutschland sprechen konnte. Präziser wäre es also, von einer Affinität der Deutschsprachigen zum Analen zu sprechen, auch wenn das vielleicht illegitim, vielleicht aber auch bezeichnend den Akzent auf die Sprache verschiebt.

Schon die Erfindung der Druckkunst im 15. Jahrhundert, eine zivilisatorische Großtat, die die allgemeine Bildung der breiten Massen erst ermöglichte, begann mit einem großen Haufen. Denn Gutenbergs erstes Interesse galt, nach Erfindung der Druckmaschine und der Bibel als erstem gedruckten Buch, der Produktion eines »Laxierkalenders«, eines Ratgebers, der auf die günstigsten Zeiten zum Gebrauch von Abführmitteln hinwies.

Martin Luthers »Scheißbann«

Auch dass sein Zeitgenosse Martin Luther (1483 bis 1546) die »Scheiße im Munde« führte, lässt sich kaum von der Hand weisen. Schon die Eingebung, der individuelle Glaube sei wichtiger als das päpstliche Dogma – was schließlich zur protestantischen Reformation führte –, soll ihm auf der Toilette gekommen sein. Aber eigentlich und grundsätzlich war ihm alles »Scheiße«, angefangen beim Papst über den Teufel bis hin zu persönlichen Feinden, niedergeschrieben in alltäglichen Aphorismen, Briefen und Tischreden.

Der Mann badete geradezu in skatologischen, analen Metaphern – was die Deutschen nun ausbaden müssen: »Ich heiße es einen Scheißbann und des teuffels bann, da man die leute bannet mit frevler that, ehe sie verhöret werden …

▲ Verhöhnung von Juden, denen die Fäkalien der »Judensau« zugedacht werden (14. Jahrhundert).

Spottbild gegen den Papst, 1545. In der linken Hand hält er einen stinkenden Kothaufen. Der Holzschnitt von Lukas Cranach findet sich in einer von Martin Luther herausgegebenen Streitschrift.

... Er stinket wie ein teuffels dreck in Deutschland geschmissen: wollt er vielleicht gern, dasz er nicht alleine fur andern so scheusslich stünke, sondern auch andere löbliche Fürsten bestänkern, ob man seines Stanks damit ein wenig vergessen möchte, oder doch nicht sein Stank allein alle Nasen füllen müsste.

... Sollte nu solch aller dreck in einem freien Concilio gerüttelt werden, welch ein Stank soll sich da erheben! Und was ists nütz, dasz ich allen dreck des teuffels rühre?

... liber Sels lecke nicht! ... wo dir denn im Fallen ein Forz entführe, so würde doch alle welt dein lachen und sagen: Ei pfui Teufel, wie hat sich der Papstesel beschissen!

... aber der romisch Hof, der Papst, so Bischof ist in dem Hofe, der ist des teuffels Bischof und der teuffel selbst, ja de dreck, den der teuffel selbst in die Kirche geschissen hat ...«[193]

Diese Tradition setzte im folgenden Jahrhundert die mehrfach erwähnte Lieselotte von der Pfalz aufs Eindrücklichste fort. Auch für das 18. Jahrhundert findet sich in Wolfgang Amadeus Mozart ein Zeuge der Anklage, der so manch Kulturbeflissenem nicht minder peinlich sein dürfte als der Meister Johann Wolfgang von Goethe selber. Jenseits des »Götz von Berlichingen« sei hier nur dessen Gedicht an seinen Kritiker Nicolai zitiert:

»Ein junger Mensch – ich weiß nicht wie –
Verstarb an der Hypochondrie,
und ward dann auch begraben,
Da kam ein schöner Geist herbei,
Der hatte seinen Stuhlgang frei,
Wie ihn so Leute haben.
Der setzte sich nieder auf das Grab
Und legte sein reinlich Häuflein ab,
Schaut mit Behagen seinen Dreck,

Geht wohler atmend wieder weg,
Und spricht zu sich bedächtiglich:
›Der gute Mensch, er dauert mich,
Wie hat er sich verdorben!
Hätt er ge- so wie ich,
Er wäre nicht gestorben!‹«[194]

▲ »Scheiß ins Beth das Kracht«, hörte Wolfgang Amadeus als Gutenacht-Gruß von seiner Mutter.

Wie sein Namensvetter Johann Wolfgang war auch Wolfgang Amadeus dem Analen zugetan, wie eine Reihe von Briefen durchaus eindrucksvoll dokumentieren. Nicht nur, dass seine Mutter ihre Briefe an ihren Sohn mit »adio ben mio leb gesund, reck den Arsch zum Mund. Ich winsch eine guete Nacht, scheiß ins Beth das Kracht« zu beenden pflegte, Jung-Wolfgang kannte sie, die berühmte deutsche Metapher der Ähnlichkeit von Schreiben und Scheißen: »Verzeihen sie mir meine schlechte schrift, die feder ist schon alt, ich scheiße

Mozart und das »nemliche loch«

schon wircklich bald 22 jahr aus dem nemlichen loch, und ist doch nicht verrissen! – und hab schon so oft geschissen – und mit den Zähnen den dreck abbissen.«[195] Briefe dieser Art aus »seinem Loch« sind einige erhalten.

Schließlich kulminiert alles – für einen Amerikaner mit dem Blick auf Deutsches legitim – in der Person Adolf Hitler. Dundes berichtet nicht nur Hitlers Lieblingsanekdote aus seiner Kindheit, er habe ein Schulzeugnis als Toilettenpapier missbraucht, und folgert, durch die wiederholte Erzählung habe dieser seine anale Neigung offenbart, Dundes zitiert auch aus »The Psychopathic God Adolf Hitler« von Robert J. L. Waite. Dieser diagnostizierte in seinem 1977 erschienenen Buch eine Neigung Adolf Hitlers zur Koprolagnie, der sexuellen Befriedigung durch das Urinieren oder Defäzieren auf das Gesicht des Geschlechtspartners. Oder war Hitler schwul? Lebt er noch? ...

Schief gewickelt »Der fortwährende Gebrauch der deutschen Redensart ›der ist schief gewickelt‹, die nahe legt, dass ein irregeleiteter Mensch als Säugling durch mangelhafte Kinderpflege beeinträchtigt wurde, deutet an, dass selbst das Volk den Zusammenhang zwischen Säuglingspflege und Erwachsenenpersönlichkeit wahrgenommen haben könnte. Man kann vermuten, dass die folgenreiche deutsche Auffassung vom Lebensraum im zwanzigsten Jahrhundert mehr als die politische Geschichte oder die Besonderheit der Persönlichkeit Hitlers reflektierten. Es wäre vorstellbar, dass die Lebensraum-Idee auf die schmerzhaften Erfahrungen der Kinder mit Beschwerlichkeiten der strengen Wickeltechnik zurückgeht. Wie ein Säugling mehr ›Lebensraum‹ sucht, so könnten Erwachsene der gleichen Kultur eine Idee sehr attraktiv finden, die der Nation (und ihren Bürgern) Gelegenheit biete, sich zu bewegen und auszubreiten.«[196]

Zu was führen alle diese Beispiele, was bedeutet die anale Fixiertheit der Deutschen, was eigentlich ist der Kern der Anklage und die Kehrseite der Medaille? Denn erst umgekehrt wird ein Schuh daraus: Die anale Fixiertheit, das Jonglieren mit Reinlichkeit und Unreinlichkeitsmetaphern, einschließlich der Anklage ganzer Menschengruppen wie zum Beispiel der Juden als schmutzig oder unrein, drückt in den Augen des amerikanischen Anthropologen die Erziehung der Deutschen zu einer überzogenen, reglementierten Reinlichkeit und Sauberkeit aus, die sich in der Vorliebe für den

Schmutz und alles Anale ein spätes und meist radikales Ventil verschafft, um gleichzeitig diese Radikalität wieder gegen den Schmutz zu wenden – also schlicht die Ursache deutschen Extremismus, im Guten wie im Bösen.

»Der Machthaber verweise möglichst viele Arten des Verhaltens, auch zuvor oft untadelige, an den Rand der Ordnung, erkläre sie zu marginalen Verletzungen und damit zum Schmutz. Durch solche Verbote nämlich werde der Schrecken vermehrt, auf den es ihm ankommt. Auch der Willigste könne zuletzt seinen Anforderungen nicht mehr genügen, werde schuldig und sei hinfort angewiesen auf Begnadigung.

Je gewaltsamer der Machtanspruch, desto lauter erhebe sich daher nach fester Regel der Ruf nach Ordnung und Sauberkeit. Dass sie eben dadurch neuen Schmutz erzeugt, verschweige die Macht geflissentlich. In Wahrheit aber wünsche sie den universellen Saustall; denn sie meine nicht etwa Hygiene, sondern sich selbst. Ihre Ausübung sei nach dem Vorausgegangenen somit ein schmutziges Geschäft im genauen Wortsinn.«[197]

Vielleicht ist es aber auch nur das ewige Vorurteil, das möglicherweise zu irgendeiner Zeit seine Berechtigung hatte und in etwa auf der Linie liegt, der Amerikaner sei kulturlos, ein überheblicher, flacher aber freundlicher Waffenfetischist; der Franzose lebe von Baguette und Café au lait; der Italiener sei ein Großmaul, dafür aber gut am Ball; und der Engländer steif, gut erzogen, aber ohne jede Ahnung vom Kochen – außer dass Wasser dazugehört.

Nicht von der Hand zu weisen ist, dass die Deutschen Weltmeister in Sachen Rassenreinheit und deren grausam-konsequenter Verfolgung sind und dass Sauberkeit immer dann zum Thema wird, wenn es um Extreme wie (unerwünschte) Ausländer oder (erhaltenswerte) Natur geht. Gleichzeitig finden sich die Deutschen aber in internationalen Erhebungen über die eigene Körperhygiene durchaus auf den hinteren Plätzen wieder. Schmuddelkinder!

Vermutlich steht hinter all dem nicht ein objektiv zwanghafter Hang zur Sauberkeit, so wenig wie ein besonders ausgeprägter Hang zu Analem, Schmutz und Scheiße, sondern der übertragene Wunsch nach einer sauberen Weste und danach, in der Öffentlichkeit gut und sauber dazustehen. Da tun die vielen kleinen, aber gut versteckten Schmuddelecken und -ränder nichts zur Sache. Haupt-

Die Weste muss sauber sein

sache, sie sieht keiner. Hier verbirgt sich vielleicht weit eher ein treffendes Verständnis von deutscher Sauberkeit und deutschem Reinlichkeitszwang. Nicht der Inhalt muss stimmen, die Form soll gewahrt sein. Auf jeden Fall und um jeden Preis.

Aber auch das wird sich hoffentlich in Europa auflösen. Mittlerweile gibt es in jeder deutschen Kleinstadt Espresso zu trinken, führen die Deutschen in Afghanistan Krieg, kickt der erste »Schwarze« in der deutschen Fußballnationalmannschaft mit, buhlen die Straßencafés in Berlin von Mitte Februar bis Mitte November um ihr Publikum… Aber vielleicht haben Dundes oder auch Erica Jong, die »Serenissima der Frauen-Softpornos«[198], doch Recht: »Deutsche Toiletten sind in Wahrheit der Schlüssel zu den Gräueln des Dritten Reiches. Menschen, die imstande sind, Toiletten dieser Art zu konstruieren, sind zu allem fähig.«[199]

Anhang

The Great Stink

Systeme der Abwasser- und Fäkalienentsorgung

Die Beseitigung der Fäkalien aus den stark wachsenden Städten beschäftigte Sozialreformer, Ärzte, Techniker und Wissenschaftler im 19. Jahrhundert schon allein deswegen so intensiv, weil der von den sich zersetzenden Exkrementen ausgehende Geruch (Miasmen) als Ursache für Krankheiten und Epidemien galt. Mit welchen Mitteln allerdings der Menschheit in ihren Ballungsräumen am besten geholfen werden könnte, darüber herrschten kontroverse Ansichten. Unter den Zeitgenossen ging es dabei um die »Wahl der Systeme«, diskutiert unter Berücksichtigung von Kosten und Machbarkeit, dem Stand der Entwicklungen in der Düngemittelindustrie (sprich Chemie) und dem der Hygienelehre und natürlich diversen individuellen Vorteilen interessierter Kreise.

Grubensystem

Das Grubensystem führte die Idee mittelalterlicher Schwindgruben weiter, indem sie diese zum Schutz des umliegenden Erdreichs wasserdicht verkleidete. Das Abfallrohr, die Verbindung zwischen Abtritt und Grube, wurde bis übers Hausdach verlängert, so dass die – wie allenthalben befürchtet – gesundheitsschädlichen Gase nach oben entweichen konnten. Die Grubenleerung fand mittels eines fahrbaren Pumpendienstes statt, der den dünnflüssigen Inhalt in Fasswagen aus der Stadt beförderte.

Die Hygienelehrbücher des 19. Jahrhunderts empfanden dieses System als eher rückständig, zumal sich die Abtrittgruben schlecht mit den aufkommenden Wasserklosetts vertrugen, denn sie liefen zu schnell voll. Noch 1902 allerdings fand in 19 von 45 deutschen Städten mit mehr als 50.000 Einwohnern das Grubensystem Verwendung.

Die Franzosen erfanden in der zweiten Hälfte des 19. Jahrhunderts eine Variante, die so genannten *Fosses Mouras*. Diese Abtrittgruben waren über einen Siphon, einen doppelt gekrümmten Abfluss, mit einer Kanalisation verbunden, so dass schon viele organische Stoffe unter Luftabschluss (anaerob) vergären konnten. Allerdings verhinderten Schwierigkeiten mit den dabei entstehenden Grubengasen eine größere Verbreitung.

Tonnensystem

Dieses Ende des 18. Jahrhunderts in Frankreich entwickelte System sah unter den Abtrittröhren aufgestellte Behälter, »Tonnen« (*Fosses Mobiles*) oder größere

▲ Abtransport einer Fäkaltonne

Reservoirs vor, die zur Leerung jeweils ausgewechselt werden konnten. Die hierbei zu bewältigenden Probleme bestanden in erster Linie darin, an die Tonnen zum Auswechseln heranzukommen und gleichzeitig beim Wechseln ein System zu finden, das nicht allzu viele Schweinereien anrichtete.

Wie das Gruben- funktionierte das Tonnensystem dann ausgezeichnet, wenn die Leerung der Tonnen gut organisiert war und der noch unvergorene Fäkaldünger zur Verwertung der Landwirtschaft zugeführt werden konnte. Das System entsprach so weitgehend den hygienischen Forderungen des 19. Jahrhunderts, da die Fäkalien rasch aus den Städten verschwanden, weil die Tonnen relativ schnell voll waren. Aber es verursachte hohe Kosten, die der Verkaufserlös der Abtrittstoffe nur teilweise deckte, weil die Tonnen oft ausgewechselt werden mussten.

In keiner größeren deutschen Stadt – bis auf Teile von Heidelberg und Augsburg, sofern sie zu den größeren Städten zu zählen sind – setzte sich das Tonnensystem durch. In München scheiterte ein bereits beschlossenes Projekt an der Unmöglichkeit, die regelmäßige Abnahme des Düngers durch Landwirte zu garantieren.

Omben- und Kübelsystem mit Scheidung von Urin und Kot

Die separate Ableitung und Abfuhr von Kot und Urin kam zu Beginn des 19. Jahrhunderts in Paris auf. Die Abtrittgruben unterteilte ein Gitter, der Diviseur, so dass die Jauche über vorhandene Kanäle oder die Rinnsteine der Straße abfließen konnte.

Pneumatische Kanalisation nach Liernur

Der Erfinder der pneumatischen Kanalisation war eine auffällige Persönlichkeit. Charles T. Liernur (1828 bis 1893) wanderte nach Amerika aus, wo er im Bürgerkrieg auf Seiten der Südstaaten kämpfte. 1865 kehrte er nach Europa zurück und begann zwei Jahre später die Kriegs- mit der Werbetrommel für sein pneumatisches System zu vertauschen – unterstützt von einer beachtlichen Anhängerschaft, so dass er im »Systemstreit« eine wichtige Rolle spielte.

Das Liernur-System sah ein Kanalnetz für die Ableitung häuslicher und gewerblicher Abwässer mit Ausnahme von Fäkalien unter der Stadt vor, wodurch der Grundwasserspiegel reguliert werden sollte. Es nahm damit Rücksicht auf die Theorie Pettenkofers, die das periodische Auftreten der Cholera mit den Schwankungen des Grundwasserspiegels in Zusammenhang brachte.

Die Exkremente dagegen – nur dieser Teil des Liernur-Systems gelangte je zur Ausführung – wurden abgesaugt. Zu diesem Zweck schloss Liernur jeden Abtritt an ein verästeltes eisernes Rohrnetz an und konstruierte die dazu passenden Abtritte.

Als sich der Sieg des Wasserklosetts abzeichnete, entwarf er einen Spülabort. Aber weil Menschen eben Menschen sind und diesen Apparat häufig unsachgemäß benutzten, brachte Liernur eine Vorrichtung an, die bei einer Fehlmanipulation die Überflutung der Abtrittschüssel auslöste.

Zwischen 1869 und 1883 richteten die Städte Hanau, Dordrecht, Leiden und Prag einen Versuchsbetrieb mit der Kanalisation ein. Zudem entsorgte die Stadt Amsterdam rund 1.350 Häuser mit insgesamt 20.000 Bewohnern auf pneumatischem Wege von Fäkalien.

Der amtliche Versuchsbericht verzeichnete im Jahr 1877 täglich zwei bis drei Störfälle. Manchmal versagten die Ventile, die meisten verschuldeten allerdings die Hausbewohner selber, weil sie »Knochen, Tuchfetzen, Glasscherben, Besen und dergleichen artfremde Stoffe«[200] in die Abtritte warfen.

Dass das Liernur-System große Beachtung fand, verdankt sich nicht allein der agitatorischen und publizistischen Fähigkeit des Erfinders. Ähnlich wie das uns heute eher abschreckend anmutende Tonnensystem berücksichtigte Liernur die Forderung nach einem raschen Abtransport der Exkremente und trug Pettenkofers Grundwasser- und Bodenverseuchungstheorie Rechnung.

In neuerer Zeit kommen, zum Beispiel in Hamburg, dem Liernur-System verwandte Verfahren zur Anwendung.

Schwemmkanalisation
Die Entscheidung für die Schwemmkanalisation »war demnach wohl eine Entscheidung gegen Schmutz und Gestank wie gegen Krankheiten in den Städten als auch eine Entscheidung für Gesundheit, wirtschaftlichen und kulturellen Fortschritt. Dokumentiert wurde mit der Einführung der Kanalisation, dass nun das fortschrittliche Bürgertum in den Städten seinen kulturellen Stempel, den der Reinlichkeit, der zugleich Geruchslosigkeit implizierte, aufdrücken wollte, indem es Schmutz und Gestank und Krankheiten aus den Städten verbannte«[201].

Unterirdische Kanalnetze, deren Anfänge bis ins Spätmittelalter zurückreichten und auf die die Schwemmkanalisation zurückgreifen konnte, gab es in den meisten europäischen Städten.

In Deutschland ist die Durchsetzung dieses Systems wohl der Schrift »Über die Entwässerung der Städte« des Frankfurter Arztes Georg Varrentrapp (1809 bis 1886) zu danken, dem »Luther der Hygiene«, wie er genannt wurde.

Die Einrichtung der Schwemmkanalisation mit all ihren Folgebauten stellte aber eine große Investition dar, und so entschied man sich erst Ende des 19. Jahrhunderts für sie, was unter anderem auf die sinkende Bedeutung des städtischen Fäkaldüngers für die Landwirtschaft zurückzuführen ist. Dieser Bedeutungsverlust hängt mit der Entdeckung von Kunstdünger zusammen.

Der deutsche Chemiker und Ernährungswissenschaftler Justus Liebig (1803 bis 1874) gehörte anfänglich zu den vehementesten Kritikern der Schwemmkanalisation – wegen ihrer Ressourcenverschleuderung. Mit seinen Forschungen trug er dann aber selber entscheidend zur Verbreitung der Mineraldünger bei und ließ sich zudem von der Nützlichkeit der Rieselfelder überzeugen, so dass er schließlich ins Lager der Befürworter übertrat.

Anfang des 20. Jahrhunderts beschränkte sich die »Systemfrage« nur noch darauf, ob man die Schwemmkanalisation nach dem Misch- oder nach dem Trennsystem einführen sollte. Das Mischsystem – in Mitteleuropa die häufigere Lösung – sieht ein gemeinsames Kanalnetz für Regen-, häusliches und gewerbliches Schmutzwasser vor, während das Trennsystem das wenig verschmutzte

Regenwasser separat ableitet. Gegenwärtig gehen viele europäische Städte dazu über, ihr Mischsystem auf eine ökologisch sinnvolle Trennung der Abwässer umzustellen.

Die Flussverunreinigungsfrage

Die Einführung von geregelter Kanalisation und Wasserversorgung löste zwar das Problem der »Verunreinigung des Städtegrundes«. Die Konzentration der städtischen Abwässer in einigen wenigen Sammelkanälen, das Wachstum der Siedlungen und das rasche Anwachsen der Industrieabfälle führten jedoch sehr schnell zu örtlichen Gewässerverschmutzungen. So kann die »Flussverunreinigungsfrage« beileibe nicht als Erfindung des späten 20. Jahrhunderts gelten, sie tauchte schon 100 Jahre früher aus dem Schleim zäh fließender Flüsse auf. In London führte die Verschmutzung der Themse zu einer heftigen öffentlichen Debatte, die unter dem Namen »*great stink*« in die Geschichte einging.

Um die Themse zu retten, bauten die Londoner mit großem Aufwand flussparallele Sammelkanäle und Reservoirs. Trotz dieser gewaltigen Aufwendungen litten die Flussanwohner östlich von London weiterhin unter den von der Themse ausgehenden Belästigungen. Im Jahr 1891 half man der akuten Verunreinigung mit der Konstruktion von zwei Bassins ab, in denen sich der im Wasser schwebende Schmutz unter Beimengung einer chemischen Substanz absetzen konnte. Der am Grund des Beckens anfallende Schlamm wurde auf Schiffe verladen und im Meer versenkt.

Die Verschmutzung der Seine westlich von Paris stand der der Themse in London in nichts nach. Bereits 1869 kam es zum Fischsterben, obwohl in der Regel keine festen Exkremente in die Kanalisation der französischen Metropole gelangten (Paris kannte ja das Kübelsystem). Der Bericht einer im Jahr 1874 eingesetzten Kommission schildert drastisch den Zustand der Seine bei der Ortschaft Asnières, wo drei der wichtigsten Pariser Hauptsammelkanäle endeten. Die Seine zeige sich dort als eine mit einer fettigen Schmutzschicht überzogene Kloake; am Ufer staue sich das aus den Kanälen geschwemmte Material; der ganze Flusslauf befände sich im Zustand der Gärung, zur Sommerzeit stiegen Gasblasen auf, die an der Wasseroberfläche laut zerplatzten.

Das Ausmaß der Gewässerverunreinigung konnte bereits um die Jahrhundertwende wissenschaftlich exakt beschrieben werden.

Eine im Jahr 1908 in Deutschland erschienene Studie teilte den Fluss oder See, welcher die Abwässer aufnimmt, in drei Zonen mit unterschiedlichem Verschmutzungsgrad. Die erste Zone, die wir heute als »umgekipptes«, nahezu totes Gewässer bezeichnen würden, war 1915 bei größeren deutschen Flüssen auf weitere Strecken hin selten, kam aber bei kleineren vor. »Die Wasser des Flusses Calder ... konnte man in den 60er Jahren [des 19. Jahrhunderts] als graue Tinte verwenden ... im gleichen Jahrzehnt amüsierten sich irgendwelche Bengel regelmäßig damit, das Wasser des Bradford Kanals in Brand zu stecken...«[202]

Zunächst widmete die Wissenschaft diesem Problem wenig Aufmerksamkeit. Selbst Pettenkofer empfahl noch um 1890, die städtischen Abwässer in die Flüsse zu leiten ohne den Bau von Kläranlagen abzuwarten. Denn wie andere vertraute er auf die neu entdeckte Selbstreinigungskraft der Gewässer.

Gleichzeitig wehrten sich die Vertreter der chemischen und der textilverarbeitenden Industrie – manche Dinge ändern sich eben nie – auf der Basis eines ihrer Meinung nach uralten Rechts, nach Belieben Fabrikabwässer in die öffentlichen Gewässer leiten zu dürfen.

Angesichts der realen Schwierigkeiten, das Abwasserproblem in Industriegebieten in den Griff zu bekommen, fehlte es nicht an Vorschlägen für den Bau von Klärwerken. Auch hier stritten mehrere Systeme um die Siegespalme:

▷ die Feldberieselung
▷ die chemische Reinigung (Fällung)
▷ die mechanische Abwasserreinigung (Absetzbecken)
▷ sowie diverse »biologische« Verfahren.

Feldberieselung
Bereits im Jahr 1760 soll die Stadt Edinburgh damit begonnen haben, den Ausfluss der Straßenkanäle zur Düngung eines sandigen, wenig fruchtbaren Terrains zu verwenden. Zur Ernüchterung nach der anfänglichen Euphorie für Rieselfelder trug der enorme Landbedarf bei, sollte die Regenerierfähigkeit des bewässerten Grundes nicht überstrapaziert werden. Die am Stadtrand gelegenen Rieselfelder behinderten das Wachstum der Siedlungen und geboten aufgrund der Geruchsbelästigung einen gewissen Abstand zur nächsten menschlichen Ansiedlung.

Chemische Abwasserreinigung

In die chemisch-physikalischen Abwasserreinigungsverfahren setzte das 19. Jahrhundert große Hoffnungen. Denn Chemie war hip. Allein in England erteilte man in den 20 Jahren von 1856 bis 1876 über 400 Patente für chemische Abwasserreinigung. Denn bis in die neunziger Jahre des 19. Jahrhunderts vertraten Wissenschaftler die Ansicht, Abwässer könnten durch Abtötung der Keime mit einem Desinfektionsmittel fäulnisunfähig und damit unschädlich gemacht werden.

Aber die Abwasserreinigung auf chemischem Wege scheiterte an der Bewältigung mehrerer Probleme, etwa der Beschaffung von Chemikalien und Klärsubstanzen in ausreichender Menge. Außerdem ließen sich Mineralsalze meist nur ungenügend ausfällen. Bedeutung erhielt die chemische Reinigung allerdings für die Behandlung der aus Fabriken stammenden Abwässer.

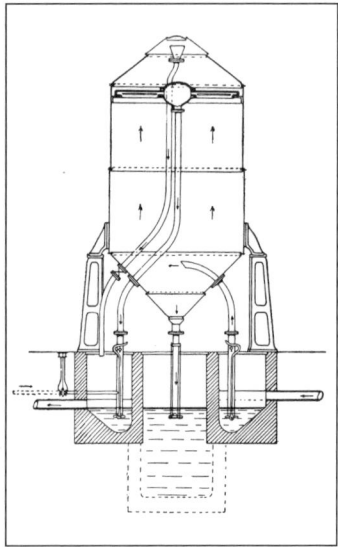

▲ Chemisches Klärwerk vor 1912 in Deutschland. Das Abwasser kommt von rechts und steigt im Klärturm auf, während das Klärmittel von oben nach unten sinkt (so genannte aufsteigende Filtration).

Mechanische Abwasserreinigung

Mechanische Abwasserreinigung lässt aufgeschwemmte Stoffe in einem ruhenden Becken sich absetzen. Der Satz wird ausgeräumt und auf Feldern verteilt.

Biologische Abwasserreinigung

Die Anfänge der biologischen Reinigungsverfahren gehen auf den Engländer Sir Edward Frankland zurück, der sich 1868 als Mitglied der Königlichen Abwasserkommission mit dem Problem des riesigen Landbedarfs der Feldberieselung beschäftigte. Man überstaute eine unbepflanzte Fläche mit Schmutzwasser und ließ dieses langsam durch ein Stück natürlichen Boden hindurchsickern. Nach dem vollständigen Abfluss und einer gewissen Erholungszeit für den Boden beginnt der Filtrierprozess von neuem.

Mit der Erfindung des frei stehenden, ständig beregneten Tropfkörpers lag das erste funktionierende biologische Abwasserreinigungsverfahren vor, das sich bewährte und in vielen Städten durchsetzte.

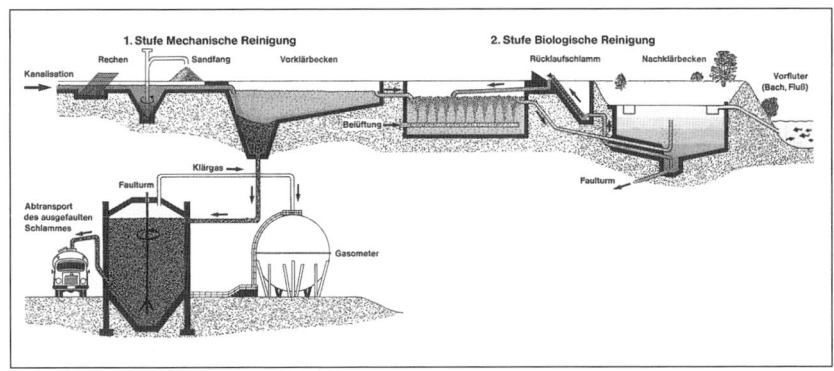

▲ Schema eines modernen Klärwerks mit mechanischer und biologischer Klärung. Vor oder nach der biologischen Reinigung mit Hilfe von Sauerstoff können noch Chemikalien beigemengt werden, die vor allem die gelösten Phosphate ausfällen.

Mechanisch-biologische Klärwerke
Schon zur Zeit der ersten Versuche mit Filter- und Tropfkörpern zeigte sich, dass sich nur mechanisch vorgereinigtes Abwasser zur biologischen Klärung eignete. So gewann die Kombination aus biologischen und mechanischen Verfahren schließlich die Trophäe.

Dieses Verfahren ermöglichte gleichzeitig die Wiederverwertung von Reststoffen. So kann beispielsweise das aus dem Faulprozess gewonnene Klärgas (Biogas) zur Stromversorgung herangezogen werden, die anfallende Abwärme wird vielfach als Prozesswärme oder zur Gebäudeheizung genutzt.

Kleines Scheißlexikon

Rund um die hamam (arabisch), Ruskamer (afrikaans), Komunak (baskisch), Sherutim (hebräisch), Kamar kecil (indonesisch), Pocxivalisxcxa (slowenisch), Iko wapi nyumba ya kuogea (suaheli), die Toilette oder das Klo (deutsch)

Abführmittel

Trotz allgemein negativer Beurteilung sind Abführmittel die meistverkauften Medikamente der Apotheken im deutschsprachigen Raum. 30 bis 40 Prozent der Bundesbürger klagen über Verdauungsstörungen. Das reicht aber kaum aus als Erklärung für einen statistischen Verbrauch von ungefähr drei Packungen pro Jahr pro Bürger. Es wird die Ernährung sein, an der allerdings die wenigsten etwas zu ändern gedenken. Eine Tablette, und schon ist die Welt wieder in Ordnung. Aber es geht auch anders.

»Das eigenartigste Purgativum, gleichzeitig auch das billigste, hatte sich Meister Pandolfo della Cassin ausgedacht: Die Angst nämlich, die laut Rabelais ›das Hinterpförtchen aufriegelt, hinter dem die Fäkalien lagern‹. Pandolfo stieg beim Gastwirt Vinet aus der Postkutsche und sagte zu ihm: ›Von Rom bis hierher bin ich nicht zu Stuhle gegangen. Bitte nimm diese Mistgabel und mache mir Angst!‹ ... woraufhin Vinet mit der Mistgabel eins zwischen Hals und Halskragen versetzte, so dass er die Beine gen Himmel streckte ... Gleich darauf hatte der Sienese die Hosen runter und tat einen Schiss, wie neun Ochsen und vierzehn Erzpriester von Ostia ihn nicht besser zustande gebracht hätten. Dann bedankte er sich bei Vinet und sagte zu ihm: ›Ich danke dir, lieber Herr. Dadurch hast du mir die Kosten für den Klistier erspart!‹«[203]

Absaugeklosett

1870 erfand J. R. Mann das Absaugeklosett, ein Typ des Pedestalklosetts. Es gleicht in seinem Äußeren dem Tiefspülklosett, doch steht im Klosettbecken etwa zu einem Viertel Wasser. Der erste Typ besaß gleich drei Spülleitungen; der enorme Wasserverbrauch stellt denn auch den größten Nachteil dieser Konstruktion dar.

Das Wasser aus der ersten Spülleitung reinigte die Klosettschale; die zweite Leitung schickte einen Schub von etwa neun Litern auf den Grund der Schüssel los, was ein augenblickliches Überschwappen des Siphons auslöste. Dies bewirkte einen Sog, der alle festen Stoffe aus der Schüssel riss. Die dritte Leitung war zur Nachspülung des Klosetts gedacht.

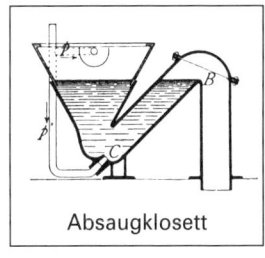
Absaugklosett

Das Absaugklosett fand in den USA die größte Verbreitung, wo es um die Jahrhundertwende verbessert wurde und auch heute noch genutzt wird – bei uns nur in Flugzeug und Bahn. Sein Nachteil ist eindeutig der hohe Wasserverbrauch von bis zu 15 Litern pro Spülung.

Brille

Von entscheidender Bedeutung für die Sauberkeit und damit die Ansteckungsgefahr scheint zu sein, dass wir durch eine Brille in die Toilette blicken. Das Wort, abgeleitet von *beryllus* in der Bedeutung »leuchtend, durchscheinend«, verweist wohl auf eine gewisse Schutzfunktion – man denke an Sonnen-, Schnee- oder Schutzbrille. Offensichtlich soll die Klobrille bei normalem Benutzungsverhalten die entscheidende Barriere zwischen »sauberer« und »unsauberer« Seite der Toilette markieren.

Crap

»Die Speisekarte«, berichtete Bruce Chatwin von einer Reise, »war vielsprachig abgefasst: tschechisch, russisch, deutsch, französisch und englisch. Aber wer immer die englische Seite zusammengestellt hatte – er hatte das Wort ›carp‹ mit ›crap‹ (Kot) verwechselt. Unter der Überschrift CRAP DISHES enthielt die Liste: ›Kotsuppe mit Paprika‹, ›gefüllter Kot‹, ›In Bier eingelegter Kot‹, ›Gebratener Kot‹, ›Kotbällchen‹, ›Kot à la juive‹ …

›In England‹, sagte ich, ›heißt dieser Fisch *carp*. *Crap* hat eine andere Bedeutung.‹«[204]

Thomas Crapper war ein Londoner Klempner Mitte des 19. Jahrhunderts und gilt als Erfinder des »Wasserverschwendungsverhinderers«, aber auch der birnenförmigen Klobrille für den Mann, dem Vorläufer des Sitzes mit der Frontlücke. Sein Nachname diente posthum der Ergänzung der englischen Sprache: *crapper* bedeutet Scheißer und *crap* Scheiße.

Diarrhö und anderes

Die so genannten Entwicklungsländer leiden noch immer unter zahlreichen Krankheiten, die Mitteleuropa seit Ende des 19. Jahrhunderts in das Geschichtsbuch verbannt hat. So hat die WHO festgestellt[205], dass ungefähr 80 Prozent aller Krankheiten in diesem Bereich der Welt auf meist durch menschliche Fäkalien verseuchtes Wasser zurückzuführen sind – also eigentlich fast alle bis auf Aids. Nach einer aktuellen Statistik heißt das in Zahlen ausgedrückt (pro Jahr):

▷ 875 Millionen Fälle von Diarrhö
▷ 900 Millionen Fälle von Wurmerkrankungen
▷ 500 Millionen Fälle von Trachoma (chronische Augeninfektion)
▷ 200 Millionen Fälle von Schistosomiasis etc.

Somit scheint die Versorgung der Menschheit – die Rede ist vom weitaus größten Teil – mit sauberem Trinkwasser eine der weltpolitischen Zukunftsaufgaben schlechthin.

Erdklosett

Um 1860 propagierte der englische Pfarrer Henry Moules das Erd- oder Trockenklosett. Moules hatte beobachtet, dass sich ein Gemisch aus Erde und Exkrementen innerhalb kurzer Zeit vollständig in Erde verwandelte. Wie Wissenschaftler später herausfanden, bauen Mikroorganismen die organischen Substanzen zu immer einfacheren chemischen Verbindungen ab.

Moules' Beobachtungen führten zu den so genannten Erd- oder Trockenaborten. Die Fäkalien werden mit getrockneter Erde, auch Torfmull oder Asche bestreut. Das Streumaterial bindet zunächst die Flüssigkeiten und den Kot, die Geruchsbildung wird unterdrückt. Sogleich setzt die Kompostierung ein. Damit das Erdklosett optimal funktioniert, muss das Verhältnis zwischen den Ausscheidungen und dem Streumaterial stimmen. Moules ermittelte, dass es zur Umwandlung einer menschlichen Defäkation (125 bis 150 Gramm Kot und 250 bis 300 Gramm Urin) eineinhalb bis zwei Pfund sorgfältig getrocknete Erde braucht. Wer sich daran versuchen möchte, sollte diese Angaben beherzigen, alles andere geht »daneben«.

Statt einer Abtrittgrube unter dem Trockenabort halten die Konstrukteure von Erdklosetts Kübel direkt unter den Abtrittsitzen für besser, da ja die Faulung der Fäkalien wie etwa in einer herkömmlichen Jauchegrube keineswegs erwünscht war.

Im Allgemeinen attestierten Prüfer dem Erdklosett im 19. Jahrhundert ein befriedigendes Funktionieren, vor allem was die Geruchsemissionen und die Verwertung des Endproduktes betraf, eine dunkelbraune, nach »Waldboden« riechende Komposterde. In England kamen Erdklosetts im größeren Rahmen zur Anwendung, unter anderem in Arbeitersiedlungen, Sportstadien, Schulen, Armenanstalten und in Gefängnissen. Einigkeit herrschte darüber, dass sich Erdklosetts für ländliche Verhältnisse eigneten. Während die Anhänger der Trockenaborte ihr System auch in größeren Städten einführen wollten, rechneten die Gegner die hohen Kosten für die Verteilung des Streumaterials und die Abfuhr des Kompostes auf. Wie bei den übrigen Systemen mit Fäkalienabfuhr löste das Erdklosett das Problem der Stadtentwässerung nicht, denn es bedurfte eines zusätzlichen Kanalisationsnetzes. Sogar die Hersteller von Erdklosetts empfahlen, wenigstens für die Männer neben dem Klosett ein Pissoir zu installieren und den Urin separat abzuleiten.

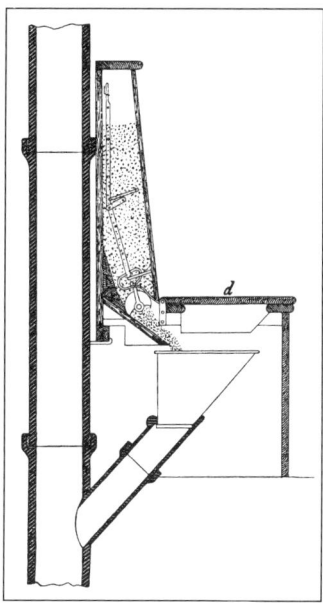
▲ Erdklosett; hier der Versuch einer Konstruktion für mehrstöckige Häuser

Im 20. Jahrhundert erlangte das Erdklosett in den Siedlungs- und Gartenstadtbewegungen eine gewisse Bedeutung. Gelegentlich wird es noch heute als Alternative zu Wasserklosetts installiert, die wegen des hohen Verbrauchs an aufbereitetem Trinkwasser zu Recht in der Kritik stehen. Selbst bei Toiletten mit Spülunterbrechung werden drei bis sechs Liter kostbaren Trinkwassers pro Spülvorgang verbraucht.

Flachspülklosett

Das Flachspülklosett, ein Typ des Pedestalklosetts, besteht aus einer flachen, mit Wasser gefüllten Schüssel und einem darunter liegenden Siphon. Bei Betätigung der Spülung werden die Fäkalien aus dieser Schüssel weggeschwemmt. Der Flachspüler bietet vor allem dann Vorteile, wenn

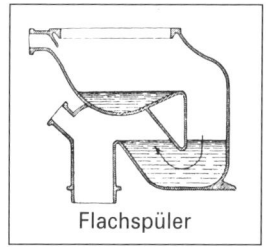
Flachspüler

es wichtig ist, Kot und Urin zu kontrollieren. Flachspülklosetts kamen um 1875 auf den Markt.

Grumus Merdae

Der »Einbrecherhaufen«: Von Frankreich bis Japan wird die alte Sitte berichtet, dass der Einbrecher am Ort des Geschehens seine Fäkalien hinterlässt. Besonders traditionsbewusste Einbrecher suchen sich den richtigen Ort – Fensterbank, Fußboden, Tisch – und decken ihn zudem ab, damit er nicht so schnell erkaltet. Untersuchungen des Phänomens gehen davon aus, dass hier einem Volksglauben gehuldigt wird, der besagte: »Solange der Kot warm ist, kann keiner der im Hause Schlafenden wach werden!« Diese Form der Schutzgeisterbeschwörung und -huldigung drückt sich auch darin aus, dass im Niederdeutschen der Kothaufen unter »Nachtwächter« oder »Schildwache« lief und Zigeuner ihn als »Hirt« bezeichneten. Im Zeitalter der Gentechnologie verschwindet wohl auch diese Tradition – nachvollziehbar.

Ghandi

»Ghandi pries die Vorzüge des täglichen Salzwasserklistiers. Das ließ er sich im ersten Morgengrauen von Bevorzugten verabreichen vor den Augen andächtiger Anhänger. Seine Hauptklistiergeberin war seine blutjunge Lieblingsnichte Manu. Auf seinen Pilgertouren und Polit-Wanderungen durchs Land führte er stets sein transportables Klo mit. Es galt, öffentlich zu zeigen, wie man gefälligst zu kacken hat, wenn man das seuchengeplagte Indien hygienisch akzeptabel machen will.«[206]

Himmlischer All-Tag

Ein Einblick, gegeben von Astronaut Rusty Schweickart: »Nun, grundsätzlich gibt es zwei Situationen: im Raumanzug und ohne Raumanzug. Im Anzug, das muss ich leider zugeben, geht es nicht grade graziös vonstatten. Wir tragen da das so genannte Kotbehältnissystem. Das sind im Grunde gut abgedichtete Bermudashorts. Sie funktionieren wie eine große Windel aus wasserundurchlässigem Material, das aber atmet. Für den Urin gibt es einen Extraabfluss. Dieser ist, ähnlich wie bei Querschnittsgelähmten, mit einem Urinal verbunden … Im Apollo nahm man eine Plastiktüte, ca. 15 cm Durchmesser und 30 cm lang, die man mit Hilfe

einer Klebefolie direkt an sein Hinterteil steckte und klebte. Spätestens beim Anlegen musste jeder für sich herausfinden, wo sich das eigentliche Zentrum seines Hintern befindet. Nach getaner Arbeit wurde man mit dem Problem konfrontiert, dass sich der Kot häufig nicht vom Hintern trennen wollte ...
Bei der Apollomission wurde der Urin ins All abgegeben, wo er sich in Sekundenschnelle kristallisierte. In der Tat ist der Urinabfluss bei Sonnenuntergang eine der absolut schönsten Aussichten, die man überhaupt aus einem Raumschiff hat ...
Beim Skylab-Flug ... entwickelten wir etwas ganz Besonderes. Man hatte wieder diese Plastiktüten, aber am anderen Ende wurde eine Art Ausgang mit Luftzug angeschlossen, wie ein Staubsauger im Prinzip...«[207]

Italien
»Zuweilen können Sie Bruchstücke des *Corriera della Sera* lesen, bevor Sie sich mit den neusten Nachrichten den Hintern wischen. Da die Spülung im Allgemeinen rasant funktioniert, ist die Scheiße schon lange verschwunden, bevor Sie aufspringen und sich umdrehen können, um sie zu bewundern. Die Deutschen haben ihre eigene Scheiße zum Bewundern. In Ermangelung dessen erschaffen die Italiener Skulpturen und Gemälde.« (Erica Jong[208])

Johann Wolfgang Goethe
»Uns bleibt ein Erdenrest / Zu tragen peinlich / Und wär er von Asbest / Er ist nicht reinlich.«[209]

Klappe
»Der Geruch, der von solchen Orten ausgeht, wirkt äußerst anziehend auf eine häufig vorkommende Kategorie von Päderasten, für deren Lust er unerlässlich ist.« Das wusste Felix Carlier schon 1887 in seinen »Études de Pathologie sociale. Les deux Prostitutions«, und er konnte unmöglich das moderne Phänomen der »Klappe« gekannt haben.

Als »Klappe« bezeichnete man zunächst in Gaunerkreisen das in Haftanstalten übliche Bett und den Hosenlatz der Matrosen, Handwerker und Kinder. Eine »Klappe« konnte außerdem eine anrüchige Kneipe sein, in der unter anderem – deswegen war sie ja anrüchig – Homosexuelle verkehrten. Wahrscheinlich aber lässt sich die Bezeichnung für öffentliche Toiletten auch lautmalerisch verstehen, da auf den häufig frequentierten Toiletten eben des Öfteren die Türen klappten. Was das 18. Jahrhundert »Klappengemächer« nannte, waren gewissermaßen aus poliertem Stein gefertigte Klogefäße der Zeit.

Wer diese Stränge wann zusammenbrachte und die öffentlichen Toiletten, die als Treffpunkt zur Befriedigung eines direkten homosexuellen Interesses dienten, als solche bezeichnete und warum dieser Begriff sich durchsetzte, liegt verborgen im Dunkel der Geschichte.

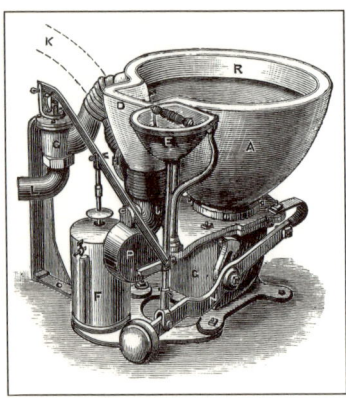

▲ Klappenklosett
A Keramikschüssel
B Gummidichtung (nicht sichtbar)
C Ventilkasten
D Überlauf
E Spülvorrichtung mit Elfenbein- oder Ebenholz-Handgriff
F Regler für die Wasserversorgung des Klosettbeckens
G Ventil (Wasserversorgung)
H Entlüftung des Ventilkastens
N Verbindungsstange zur Klappe
P Gegengewicht zum Unterbrechen der Wasserversorgung

Klappenklosett

Die hier abgebildete, ein wenig zu komplizierte Erfindung von Sir John Harrington gehört zur Gattung der Klappenklosetts. Der Londoner Uhrmacher Alexander Cummings griff Harringtons Idee auf und baute einen spülbaren Abtritt: eine auf einem Brett montierte Schüssel mit Wasserzuleitung und Ablassschleuse. Zu bedienen war der Apparat mit einem Handgriff neben dem Sitz. Eine erste Verbesserung erfolgte zwei Jahre später, als Samuel Prosser den Wasserstand mit Hilfe eines einfachen Ballschwimmers regelte. Der Kunstschreiner Joseph Bramab versah Cummings' Apparat mit tauglichen Ventilen und einer Überlaufsicherung.

Tylor konstruierte 1892 in London einen Spülabort, dessen Becken mit einer horizontalen Scheibe verschlossen war. Wenn man nach Erledigung seines Geschäfts die Scheibe mit Hilfe von Zahnrädern auf die Stellung »Spülen« brachte, entwich die Scheiße durch einen Ausschnitt in der Spülscheibe.

Klistier

Trotz einer jahrtausendealten Geschichte geriet das Klistier, eine Art größere Spritze, weitestgehend in Vergessenheit, wird höchstens noch bei Liebhabern der Analerotik verehrt und eventuell bei Fastenden und Niederkommenden medizinisch eingesetzt. Das mag seinen Hintergrund in der Geschichte haben. Denn in Europa fand das Klistier besonders in der Zeit der so genannten »heroischen Medizin« – heroisch hatte vor allem der Erkrankte zu sein – Verwendung, in der man besonders gerne zur Ader ließ oder jedwedes anderes Purgiermittel verwendete. Hauptsache, es zwang den Körper und schmerzte. »Eins der herrlichsten, nie Schaden, aber oft grossen Nutzen bringenden Mittel, zumal bei den Krankheiten der Kinder, der Wöchnerinnen und hysterischen Frauen ... das Klistier.«[210]

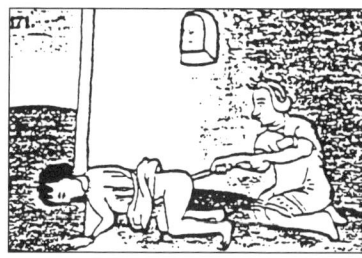

▲ Aztekischer Arzt verabreicht seinem Patienten ein Klistier.

Kotschmiererei
Sie kann wohl als mittelalterliche Form des Sprayens verstanden werden: mehr oder weniger zielgerichteter Ausdruck des Protestes gegen Autoritäten im Allgemeinen – Rathäuser und Kirchen waren oft Ziel der Attacken – und der Wertschätzung im Besonderen, etwa der Nachbarn.

Kunstfurzer
(Pétomanen oder Crépitomanen)
»Dem Bremer Kult-DJ- und Produzenten-Duo DJ Harry & DJ Heino ist es vor wenigen Wochen gelungen, den aus der Berliner Varieté-Zeit der 20er Jahre bestens bekannten Kunstfurzer Joschka Swetlowski (82!!!) in der Nähe von Berlin ausfindig zu machen – und ihn zu Tonaufnahmen von (zunächst) zwei gewagten Eigenkompositionen zu bewegen. Mit einem Spezial-Mikrofon (Sonderanfertigung) der Marke Neumann sind so zwei Leckerbissen dieser mittlerweile ausgestorbenen Kunstrichtung festgehalten worden, die uns alle daran erinnert, was früher so alles möglich war. Die Aufnahmen waren völlig geruchlos, da die Kunst dieses Furzens darin besteht, die Luft sozusagen

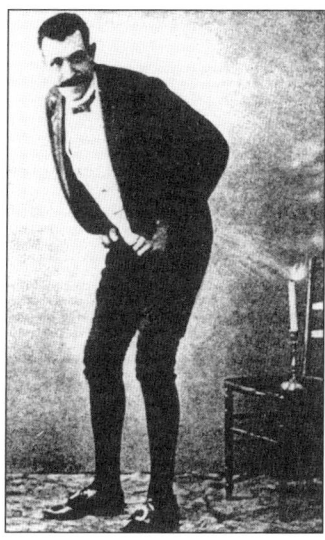

▲ Der französische Kunstfurzer Pujol blies am Ende seines Auftritts eine Kerze aus.

anal ein- und dann wieder ›auszuatmen‹! Joschka S. kann dies in einer solchen Geschwindigkeit, dass man meinen könnte – er würde ein Instrument benutzen.«[211] Schon Augustinus wusste: »Andere geben aus ihrem Inneren ohne allen Gestank nach Belieben Laute in so großer Zahl von sich, dass man meinen könnte, sie sängen auch von dieser Seite her.«[212]

Kunst, ungeniert

Lukas Cranach illustrierte Luthers fäkalische Anwürfe gegen den Papst aufs Naturgetreuste, wie überhaupt das christliche Mittelalter keinerlei Berührungsängste mit den menschlichen Ausscheidungen hatte. Was die Ägypter angefangen hatten, setzten Rubens, Rembrandt, Brueghel, Teniers und Bosch ungeniert fort: die Darstellung defäzierender Menschen. Selbst in den Chorgestühlen mittelalterlicher Kirchen finden sich solche Darstellungen. An der äußeren Zinne von Notre Dame ist ein Mann mit entblößtem Hintern zu erkennen; ein pissender Engel ziert das Chorgestühl der Kathedrale von St. Dénis; »Das Jüngste Gericht« von Jean Cousin (1500 bis 1589) im Louvre zeigt einen Teufel, der einem Päderasten einen Blasebalg in den Hintern steckt; Rembrandt verdeutlicht in seiner »Entführung von Ganymed« dessen Angst dadurch, dass er ihn pissend darstellt … Schließen lässt sich daraus allein, dass es den Menschen nicht fremd war, andere bei dieser Tätigkeit zu beobachten und sich nicht daran zu stören – so wenig fremd, dass es auch bildwirksam dargestellt werden konnte, ohne dass Schicklichkeitsgrenzen verletzt wurden. Die Darstellungen auf alltäglichen Gegenständen wie Tassen, Tellern, Gobelins seien nur der Vollständigkeit halber erwähnt.

Erst in der Moderne werden die Darstellungen aller menschlichen Vorgänge und Gegenstände um die Verdauung zu einer Provokation. Das Pissoir (Fountain) von Marcel Duchamp (über die Frage, ob es ein Original oder nur eine durch die Unterschrift des Künstlers geadelte Serienanfertigung ist, gibt es eine kunsthistori-

▲ Spöttischer Schiss aufs Wappen des Papstes – Holzschnitt von Lukas Cranach, 1545

sche Doktorarbeit); Darstellungen bei Salvador Dalí; die Aktionskünstler, die man des Öfteren öffentlich scheißen sah; Scheiße als Kunst an sich; Frank-Zappa-Plakate und Wim Wenders »Im Laufe der Zeit«, eines der wenigen Filmdokumente, in dem vor laufender Kamera tatsächlich ein Mensch scheißt: Heutzutage ist die Darstellung dieses Vorgangs eher wieder skandalös und deswegen meist ein Politikum.

Latrine
Der Sinn des heutigen Gebrauchs der altgriechischen oder lateinischen Sprache als kryptografisches Medium ist es, Botschaften zu verschlüsseln und das Wissen um sie zu verbergen. Kryptos bedeutet »Verbergen« und »Beerdigen« von Gedanken, Latrine stammt von *lathrios* und bedeutet »etwas im Verborgenen tun«.

Latrinenparole
Die Feldlatrinen waren so eingerichtet, dass eine große Anzahl von Mannschaften nebeneinander hocken konnte. Da keine Trennwände vorhanden waren, wurde hier der Gemeinschaftlichkeit gefrönt und alles be- und zerredet, was jemand je gehört hatte. So entstanden die berühmten Latrinenparolen, Gerüchte und Geschichten aus einer anderen Welt.

▲ Anweisung zur Nutzung einer Feldlatrine im Ersten Weltkrieg

Leben in der Scheiße
»›Auf meine Stimme hin, der ich einen sanften und tröstenden Klang zu verleihen suchte, sah ich, wie sich mitten aus dem Kot ein Frauenkopf erhob, der sich mir, da er kaum aus dem Mist herausragte, als ein abgehackter, in den Dreck geworfener Kopf darbot; der restliche Körper dieses Unglückseligen steckte so tief im Unflat, dass er vollends verschwand.‹ Der Mangel an Kleidung hatte sie gezwungen, sich zum Schutz gegen die kalte Jahreszeit in ihrem eigenen Mist zu verkriechen.«[213]

Die Scheiße vor und bei der Ausscheidung ist belebt von etwa 100 Milliarden Bakterien pro Gramm. Unabhängig von den vielen Darmparasiten, die sich dort wohl fühlen, wie dem Band-, Saug-, Springwurm, gibt auch die ausgeschiedene Scheiße einen beliebten

Lebensraum ab. Neben Hunden und Schweinen leben von ihr die Nekro- und Koprophagen, vom Heiligen Pillendreher über den Blatthornkäfer bis zur Dungmücke. All diesen ist die Scheiße Lebenselixier und -raum.

▲ Toilettenstuhl, als Bücherstapel getarnt (17. Jahrhundert)

Leibnutz des Leibniz
»Als ich vor einigen Jahren im Kunstgewerbemuseum zu Hannover das Leibnizzimmer besuchte, fiel mir ein starkes Buch auf, das an den Sterbesessel des großen Philosophen gelehnt stand. Ich besah es mir von allen Seiten und bemerkte, dass es zwar einen schönen Einband, aber keine Blätter enthalte. Also rief ich einen Diener herbei und fragte ihn, was dieses sonderbare Buch gerade in diesem Zimmer zu bedeuten habe. Da ich in Gesellschaft einer Dame war, machte der Diener ein verlegenes Gesicht und meinte, ob er offen reden dürfe. Als wir ihm das gestatteten, nahm er den Folianten und ging damit in die Mitte des Raumes. Dort klappte er die schweren Metallschließen des Großfoliobandes auf und stellte die beiden hölzernen Einbanddecken so auf die Erde, dass sie einen rechten Winkel zueinander bildeten. Aus dem einen der Deckel klappte er dann eine Bretterwand heraus. Jetzt bildeten die Einbanddecken mit der Bretterwand diese Figur (…) Erstaunt sahen wir zu. Aus dem anderen Deckel klappte der Alte ein kürzeres Brett mit einem großen Loch heraus und legte es so, dass es die drei Wände oben bedeckte. Ich sah sogleich an der Form des Brettausschnittes, was hier aufgebaut worden war. Aber ich konnte mir den Zweck dieses Gegenstandes doch noch nicht erklären. Da sagte der Alte so leise, dass meine Begleiterin es eben noch hören konnte: dies Buch nahm Leibniz auf allen Reisen in seiner Kutsche mit. Und wenn er dann einmal durch einen Wald kam, baute er sich den Sitz im Grünen so auf. Das war für den alten Herrn bequem.«[214]

Literatur

Brecht, Burroughs, Bukowski, Joyce, Roswitha von Gandersheim (935 bis 975), Goethe, Miller, Rabelais, Swift, Grass, Böll und andere füllen Seiten, Kapitel, Bücher mit dem Thema. Und schließlich konnten sie ganz grundsätzlich nicht anders, denn: »…dass auch Geschriebenes sich als Ausscheidung auffassen lasse. Als Beleg nenne er denn Topos, der das Buch als eine erste, schwere oder misslungene Geburt beschreibt; er führe die ordinäre Redensart an, dieser oder jener Autor könne die Tinte nicht halten; er verweise auf das Modell, nach dem der Schriftsteller erst etwas in sich aufnimmt, es dann verdaut, und sich das Werk schließlich abpresst …«[215]

Merde
»Am Anfang wusste doch keiner, wie die Bombe überhaupt heißen sollte. Das Ding oder der Apparillo. Und Oppenheimer sagte, es ist Merde. Ich sag es mal auf Französisch. J. R. Oppenheimer. Es ist Merde. Er wollte sagen, etwas das sich der Benennung entzieht, erhält automatisch den Status von Scheiße, das meinte er. Man kann es nicht benennen. Es ist zu groß oder böse oder außerhalb unserer Erfahrung. Es ist außerdem Scheiße, weil es Müll ist, Abfallmaterial …«[216]

Mistkäfer
Bei den Ägyptern wurde Mist und Kot nicht nur als dem Menschen nicht fremd, sondern sogar im Zusammenhang mit Unsterblichkeit und ewiger Wiederkehr gesehen. »Der Skarabäus ist unser heutiger blauer Riesenmistkäfer, *Ateuchus sacer,* der in ägyptischer Sprache *cheper* hieß. Er war das Sinnbild der aufgehenden Morgensonne, die man als Gott Chepera nannte. In derselben Weise, wie man dazu kam, im ältesten Christentum den Schmetterling, der aus der anscheinend toten Puppe auskriecht, als Sinnbild der Auferstehung anzusehen, stellten sich auch die alten Ägypter die Auferstehung des Skarabäus vor, der aus einer unbelebten Mistkugel, die seine Eltern gefertigt haben, an das Licht des Tages tritt.«[217]

▲ Skarabäus als Pharaonenschmuck

Mick Jaggers Mund
»›Ich glaube, alles, was wir in den letzten zehn Jahren gegessen haben, ist in diesen Mund gewandert … Du musst den Mund wie eine Satire interpretieren.‹ … Und sie begriff, ja, sein Mund ist vollkommen satirisch, er ist karikaturesk, eine Art redender Anus aus den Anticomic der Sixties, und praktisch all der Hohn und Spott, den wir von uns gegeben, all die Halbsätze, die wir gemurmelt haben, sind aus derselben Körperöffnung gedrungen.«[218]

Müller-Schür-Klosett

Das Müller-Schür-Verfahren sieht die Trennung von Urin und Kot mit Hilfe einer einfachen Unterteilung der Abtrittschüssel vor. Die Benützer (oder ihre Dienstboten) mussten den Urin in den Hof hinuntertragen oder man installierte eine Ablaufröhre für die Flüssigkeit. Im Hof des Hauses stand dann ein Filter bereit, bestückt mit Torfasche und einem Zusatz von schwefelsaurem Magnesium oder einer ähnlichen chemischen Beimengung. Die Harnstoffe sollten an dieses Filtriermaterial gebunden und abgebaut und der auf diese Weise geklärte Urin in die Straßenrinne geleitet werden. Für die Behandlung der Fäkalien entwickelten Müller und Schür ein schließlich fabrikmäßig produziertes »Desinfektionspulver«, bestehend aus einem Gemisch von gebranntem Kalk, trockenem Holzkohlenpulver, Carbolsäure und Sägespänen.

Der Kalk entzog dem Kot die Feuchtigkeit, der Kohlenstoff band die übel riechenden Gase und die Sägespäne sollten die Carbolsäure gleichmäßig verteilen, die ihrerseits für die Unterbindung der Fäulnisprozesse bestimmt war. Aus dieser Behandlung resultierte ein Trockendünger. Allerdings befriedigte das Verfahren nach den ersten Versuchen nur wenig.

Große Anstrengungen wurden unternommen, das Fäkalienproblem mit der Zugabe von chemischen und natürlichen Substanzen zu lösen. Während dem Erdklosett einiger Erfolg beschieden war, erwähnte Flügge im »Grundriss der Hygiene«[219] noch sechs weitere, dem Müller-Schür-System verwandte Verfahren. Ihre Nennung besaß schon damals nur noch dokumentarischen Charakter, weil der Weg der chemischen Fäkalienbehandlung bereits Ende des 19. Jahrhunderts in die Sackgasse geführt hatte. Es war das Ende der Zeit der »Scheißhauserfinder«.

Nachttopf

Vor der Erfindung des WCs war der Nachttopf oder die Nachtvase die Entsorgungseinrichtung schlechthin, die heute eigentlich nur noch in Kinderzimmern und Krankenhäusern zu finden ist, dort auch als Bettpfanne. Der Topf, die Scherbe, die Brunz- oder Seichkachel kommt in allen Materialien, allen Farben und fast allen Formen vor: gestaltet als Bücherstapel, Sessel, Wäschetopf, Sekretär, Tisch, Stuhl. Wer sich davon überzeugen will, besuche das Nachttopfmuseum in München, Böcklinstraße 30.

Oelde grüßt den Rest der Welt

»Noch vor wenigen Tagen wurde uns u. a. das größte Blatt der Vereinigten Staaten, der New York Herald, zugeschickt, worin jene Tat unter dem Titel ›What happened in Germany‹ sehr eingehend erörtert wurde. Der junge Mann hat es tatsächlich zu einer Berühmtheit gebracht. Unter dem Namen ›Der fahrlässige Kupferschmied von Oelde‹ ist er bekannt geworden auf dem ganzen Erdenrund … Und was war es für eine Tat, durch die der Gesell eine solche Weltsensation erregt hat? Er hat in der Nacht zum 30. März um 12 Uhr auf der Langen Straße zu Oelde eine Darmblähung nicht mit der in der guten Gesellschaft üblichen Diskretion behandelt. Das ist alles.« (Die Glocke, 1908[220])

Pest und Cholera

Nach den ersten Epidemien des »schwarzen Todes« in Europa in der Mitte des 14. Jahrhunderts, die zwischen einem Achtel und zwei Dritteln der europäischen Bevölkerung hinweggerafft haben sollen – hier streiten die Experten –, machte man sich allein des schweren volkswirtschaftlichen Schadens wegen so seine Gedanken. Das in die Medizingeschichte eingegangene »Pariser Pestgutachten« von 1348, angeordnet von Philipp VI. und erstellt von der medizinischen Fakultät der Universität Paris, beschreibt die Symptome und vermutet Ursachen: »Dieses Gutachten erwähnt die Pestbeulen in Achseln und Leisten und empfiehlt, dagegen mit Aderlässen vorzugehen, und zwar an den zugehörigen Lassstellen an Armen und Knöcheln; es empfiehlt ferner Klistiere, um den Leib offen zu halten; es verbietet Bäder und den Umgang mit Frauen und den Genuss von Früchten – hüten soll man sich vor fünf Dingen, die allesamt mit einem F anfingen, nämlich Fatigua, Fames, Fructus, Femina, Flatus (Ermüdung, Hunger, frische Früchte, Frauen und Blähungen). Und es greift den Satz des antiken Arztes Galen auf: ›Cito longe fugas et tardes redeas‹ – man möge flugs hinwegeilen und spät zurückkehren.«[221]

Die Pest lässt sich, im Gegensatz zur Cholera, nicht der schlechten exkrementellen Entsorgung des Mittelalters zurechnen. Das pesterregende, etwas plumpe Bakterium befällt Nagetiere und Menschen und wird in der Regel vom einen auf den anderen durch Flöhe – allerdings durch deren Kot – übertragen. Andererseits überlebt das Bakterium auch monatelang in Kleidern, der Erde, an Getreide, im

Kot der Ratte. Bis ins 19. Jahrhundert hat diese Krankheit in Europa ein Vielfaches der Toten verursacht, den alle Kriege – und auch das waren nicht wenige – dieser Zeit direkt forderten. Selbst die meisten Kriegstoten vor der Entwicklung der modernen Kriegstechnik fielen nicht durch Säbelhiebe oder Kugeln, sondern durch Pest, Pocken, Cholera, Typhus und Wundfieber. Im Zeitalter der Antibiotika ist die Pest nicht mehr die Bedrohung, die sie war. Sie starb Anfang des 20. Jahrhunderts als epidemisch auftretende Seuche aus, ohne dass bis heute eigentlich klar ist, warum. Auch bedrohlich.

Die Cholera hat weit mehr als jede andere Krankheit zu einer Veränderung des hygienischen Bewusstseins in Europa geführt – siehe Chadwick. Allein die Choleraepidemien im Revolutionsjahr 1848 forderten 55.000 Tote in England; Paris verlor mehr als 15.000 Einwohner; Preußen in drei Jahren mehr als 85.000; und in Russland sollen es über eine Million gewesen sein. Nachdem man im 19. Jahrhundert die Pest vermeintlich im Griff hatte, trat dieser neue gefährliche Feind auf. Und auch er wirkte im Untergrund beziehungsweise suchte sich dort seine Übertragungswege.

Aber der Zusammenhang zwischen dem Choleravibrio und dessen Übertragung durch fäkalienverschmutztes Trinkwasser galt am Ende des 19. Jahrhunderts als gesichert und wirkte wie eine »große Peitsche«, die die Regierungen zu (Hygiene-)Reformen antrieb. Große Gesellschaftsreformer wie Robert Koch betrachteten sie gar als einen Verbündeten in der Lösung der sozialen Frage, da sie Ende des 19. Jahrhunderts als einzige Krankheit eine solche Verbreitung, eine solche Letalität und damit eine solche öffentliche Wirkung hatte. Nun musste etwas passieren.

Pedestalklosett

Um 1870 konstatierte der Klosettproduzent T. W. Twyford of Hanley, dass die Herstellung der Keramikschüsseln für ein Klappenklosett rund zwei Schillinge kostete, die Anfertigung der mechanischen Teile aus Blech und Eisen hingegen auf das Zehn- bis Fünfundzwanzigfache dieses Betrages käme. Diese wirtschaftliche Überlegung und technische Probleme brachten die Erfinder auf die Idee, das frei stehende Keramikklosett *(pedestal vase)* zu kreieren. Fast gleichzeitig begannen andere englische Toilettenhersteller frei stehende Klosetts zu produzieren, so dass ein Streit um die einzelnen Patente entstand.

Die Klosetts sind von ihrer technischen Konzeption her noch heute im Gebrauch, obgleich sich die Herstellungsprozesse stark veränderten. Man unterscheidet drei Typen: das Flachspül- *(washout-)*, das Tiefspül- *(washdown-)* und das Absaugklosett *(syphenic closet)*. Um 1883 stellte man die Klosettschüsseln hauptsächlich aus emailliertem Eisen, Steingut, glasiertem Porzellan und Fayence her, Letzteres eine Tonware mit undurchsichtiger Zinnglasur.

Die Vielfalt der Klosetttypen und -konstruktionen darf nicht darüber hinwegtäuschen, dass Ende des 19. Jahrhunderts das Wasserklosett nicht weit verbreitet war. Der Bau von Abtritten ohne Wasserspülung nimmt im damaligen »Handbuch für Architektur« noch breiten Raum ein.

Pfannenklosett

Das britische Patent für solche Klosetts geht auf das Jahr 1796 zurück. Die Pfannenklosetts bestanden aus einer oberen Schüssel aus Keramik sowie einem darunter liegenden pfannenförmigen Becken aus Metall. Nach Gebrauch kippte die Pfanne mit Betätigung eines Handgriffes nach unten, gleichzeitig öffnete sich der mit einem Schnur-, Ketten- oder Drahtzug versehene Verschluss des Spülkastens. Nach dem Spülen sprang die Pfanne in ihre alte Position zurück.

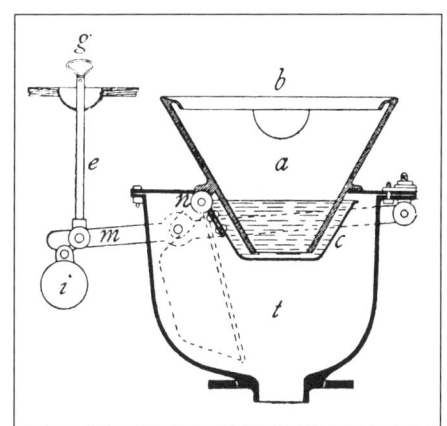

▲ Pfannenklosett

Anstelle einer Klappe oder eines Ventils schloss eine wassergefüllte »Pfanne« die Klosettschüssel und schirmte die von unten aufsteigenden Gerüche ab, weil vom Spülhergang darin etwas Wasser zurückblieb. Der untere Rand der Klosettschüssel tauchte zudem in die Pfanne hinein. Der schlechte Ruf der Pfannenklosetts hing mit der komplizierten, störanfälligen Mechanik und der wohl nicht ganz sauber zu spülenden Pfanne zusammen. Dennoch blieben die in großer Zahl produzierten Modelle bis ins 20. Jahrhundert hinein im Gebrauch.

Pit-Latrinen

Pit-Latrinen sind die billigsten und einfachsten Toiletten für den menschlichen Gebrauch. Wenn die Konstruktion und der Ort der Anlage stimmen – immer flussabwärts beziehungsweise grundwasserflussabwärts, also bergab –, ist der Bau dieser Konstruktion die effektivste Methode, die Übertragung von Krankheiten über menschliche Exkremente zu verhindern, und damit die Maßnahme, die in Flüchtlingslagern und ähnlichen Einrichtungen am Anfang aller Hilfseinsätze steht. Sollten Sie also einmal in die Situation kommen oder Sie jemand fragen:

Konstruktion

1. Wählen Sie einen Punkt nicht näher als fünf Meter, aber auch nicht weiter als 50 Meter entfernt von der Behausung – man hat festgestellt, dass der Mensch nicht weiter als 100 Meter zur Toilette geht, ja: hin und zurück.

2. Graben Sie ein Loch und bedenken Sie dabei, dass ein Mensch ungefähr 0,04 Kubikmeter pro Jahr zuscheißt. Bei einer Gruppe von 25 Personen (die höchste Anzahl von Personen pro Latrine nach WHO) buddeln Sie ein Loch von 0,04 x 25 = 1 m³ für eine einjährige Nutzung. Beachten Sie einen Überstand von 50 Zentimeter bis zur Oberkante (siehe unten).

3. Für die Wände und das Dach sollten Materialien aus der Umgebung verwendet werden.

4. Graben Sie einen Drainage-Graben um das Häuschen, um Wände und Fundament der Toilette zu schützen.

5. Die Abdeckung muss von Zeit zu Zeit entfernt werden, um das Brüten von Fliegen und unangenehme Gerüche zu verhindern.

6. Die Toilette und ihre Umgebung müssen täglich gereinigt werden.

7. Keine Desinfektionsmittel benutzen, da

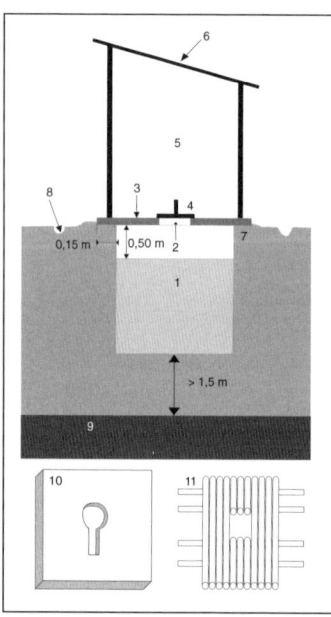

▲ Simple Pit-Latrine:
1. Grube
2. Scheißloch
3. Bodenplatte
4. Abdeckung
5. Häuschen
6. Dach
7. Bodenauflage
8. Drainage-Graben
9. wasserundurchlässige Schicht/Grundwasser
10. Fußbodenaufsicht (Beispiel)
11. Ein anderes Beispiel

durch sie die natürliche Kompostierung verhindert wird (eine Ausnahme bei Choleraepidemien).
8. Am besten nach jeder Benutzung Asche in das Loch werfen, da so der Geruch gebunden und die Kompostierung beschleunigt wird.
9. Wenn das Loch fast voll ist (bis 50 Zentimeter unterhalb der Oberkante, was Sie natürlich schon bei der obigen Berechnung berücksichtigt haben), verrücken Sie die Toilettenkonstruktion und füllen Sie das Loch mit Erde. Innerhalb der nächsten zwei Jahre sollten Sie an dieser Stelle nicht graben.

Q

»Im August 1976 litt die Q eines Bauern aus Zutphen in Holland an heftigen Koliken. Der Besitzer, der sich um seine beste Milchq sorgte, ließ einen Tierarzt kommen. Zu dessen diagnostischen Methoden zählte der probate Streichholztest – die Entzündung der entweichenden Gase. Jedoch kam es diesmal zu einer unerwartet heftigen Verpuffung: Ein Strohballen, in unmittelbarer Nähe gelagert, fing Feuer. Es griff rasch auf den Stall und, angefacht durch einen böigen Nordwestwind, im Nu auf das ganze Gehöft über … Über das weitere Schicksal der Q ist nichts bekannt.«[222]

Reisen

Sächsische Könige hängten ihrer Kutsche einen Wagen für den königlichen Nachtstuhl an. Die meisten Kutschen allerdings waren mit einem dezent verborgenen Loch ausgestattet, durch das sich während der Fahrt aufs Bequemste die Notdurft verrichten ließ. Ansonsten hielt man an und entließ die Fahrgäste in die freie Natur. Die ersten Eisenbahnfahrten waren noch äußerst beschwerliche Reiseunternehmen, da für die Entsorgung durchaus nicht zwingend gesorgt war. In Spanien waren bis tief ins 20. Jahrhundert selbst auf den Bahnhöfen die Toiletten nichts anderes als zwei Bretter an einem frei stehenden Mast, rechts für Männer, links für Frauen. Auf Schiffen ging es meist über die Reling, auf U-Booten durch die Torpedoschleusen und in den ersten Flugzeugen einfach in den Himmel.

Roboterentenscheiße

»Es kommt noch ärger. Vaucanson [Jaques de Vaucanson, 1738] hat schon den nächsten Automaten fertig. Der sieht aus wie eine Ente.

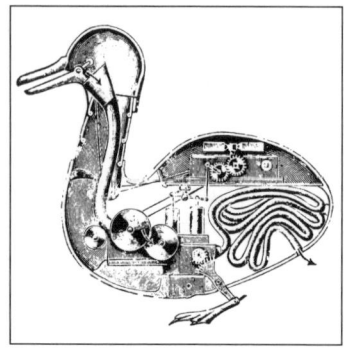

Er putzt sich nach Entenart, durchschnäbelt sorgsam das Gefieder und lässt mitunter ein lautes Quaken und Gnarren erschallen. Dargereichte Körner schluckt der Roboter gierig weg, dabei entenhaft mit dem Kopf ruckelnd. Nach einer Weile träufelt hinten eine Art Entenkot zu Boden.«[223]

Scheißsex – menschlich

»Einfach fallen lassen: Jaaaaah! Herrlich! Sie schmiegen Ihre Schenkel an die sanften, glatten Rundungen, lehnen sich zurück, geben sich ganz und gar hin, bohren sich geradezu hinein. Ihre Formen werden eins, verschmelzen, näher kann man nicht sein. Das ist der Gipfel! Und dann – die absolute Entspannung. Endlich, endlich öffnen Sie sich, lassen es kommen. Ihre Muskeln kontrahieren rhythmisch, das geht fast von allein, sanfter Druck schafft unendliche Erleichterung…

Geile Sache, das. Und wie die Leser mit den Händen zwischen den Beinen sicher schon gewittert haben: purer Sex. Sie praktizieren ihn täglich, die meisten unwissentlich – denn nur wenigen echten Genießern ist es vorbehalten, die simpelste aller Lüste zu erkennen und auszuleben. Sex ohne Beziehungsstress, ohne Kondome und Tabus. Sex für alle. Sex mit sich selbst. Was dabei herauskommt?

Scheiße natürlich. Schöne Scheiße.

Ein guter Schiss ist der Orgasmus des kleinen Mannes, oder, wie der beleibte Balzac es formulierte: ›Es gibt keine Freude, die eine tüchtige Notdurft aufwiegt.‹ Recht hat er.«[224]

»Ich möchte noch darauf aufmerksam machen, welch ein interessanter Ort das Klosett ist; das war immer so. Geht man hin, wohin man will, zum Beispiel im Bahnhof, so findet man die Wände mit den zierlichsten Inschriften verziert; sie beziehen sich immer auf die Liebe, auf die Geschlechtlichkeit. Schon der Ausdruck ›das Örtchen‹ bedeutet zweierlei, erstens, wo man sein Geschäft verrichtet, aber auch das weibliche sexuale Organ.«[225]

Ausscheidungen spielen in der menschlichen Sexualität eine große Rolle, nicht nur weil sie zum Teil dieselben Organe betreffen. Die Zusammenhänge sind weit direkter: Von der Koprophilie (der

Kotliebe), der Koprophagie (bon appétit!) über das Sexuelle des Ortes (siehe auch: Klappe), dem Klistier als sexuellem Toy bis hin zu Marquis de Sade, überall winkt das Sexuelle hinter dem Ekel. An dem Punkt des Peinlichen und des Ekels liegt der direkte Berührungspunkt zwischen Eros und Fäces, aus deren Überwindung beide einen Teil ihres Reizes beziehen.[226]

Schutz durch Schmutz

»Mit einem Kokon aus Kot halten sich die Larven der Blattkäferart *Hemisphaerota cyanea* Fressfeinde vom Leib: die Larven hüllen sich in ein Knäuel, das sie aus ihren eigenen Ausscheidungen knoten. ›Das könnte man das ultimative Recycling nennen‹, lobt Thomas Eisner von der Cornvall University in New York. Bisher hielt man die golden schimmernden Knubbel, die sich in Florida auf manchen Pflanzen finden, für leblos. Gemeinsam mit seiner Frau Maria hat Eisner nun entdeckt, dass in den Fäzesfäden feinste Käferlarven stecken. Das Gespinst schützt sie nicht nur vor gefräßigen Insekten, sondern auch vor der Sonne. Allein: eine bestimmte Laufkäferart hat im Laufe der Evolution jede Scheu vor dem Schild verloren. Die räuberischen Wesen zwängen und beißen sich durch die Exkremente, um dann die Larven zu verschlingen.«[227]

Shit/Smack

»›Du weißt doch, wie Heroin genannt wird. Es heißt Stoff, es heißt Scag, es heißt H, es heißt Engelsstaub, es heißt dies, es heißt das. Und wie noch, Nick?‹ – ›Es heißt Shit.‹«[228]

»Das Wort Smack – für Heroin – kommt vom jüdischen schmeck ... und ihr stopft ihm eure Gummihandschuhe in den Arsch, um nachzugucken, was er da so gelagert hat, was ihr da riecht, meine Freunde, das ist schmeck. Im Grunde nur ein anderes Wort für Alltagsleben.«[229]

Skatologie

Meint die Lehre beziehungsweise die Literatur, die sich mit dem Thema befasst, ausgenommen die medizinische. Es leitet sich ab vom griechischen *skatos* (Schmutz), dem lateinischen *skatere* (hervorquellen) und *logos* und hat auch eine eindeutig sexuelle Konnotation.

Sozialismus
»Wenn die Menschen, statt über den Sozialismus zu lachen, wie sie es tun, gläubig, gelehrt und fromm wären, würden sie sich mit Respekt und Ehrfurcht zur Lehre des circulus bekennen. Jeder würde gewissenhaft seinen Dünger sammeln, um ihn als Steuer oder persönliche Abgabe dem Staat, beziehungsweise dem Steuereinnehmer, zu geben. Die landwirtschaftliche Produktion würde sich sofort verdoppeln, und das Elend würde vom Erdboden verschwinden.« Wusste Pierre Leroux im Jahr 1850.[230]

Taubenlatrine
Neben den sehr gebräuchlichen und zu ihrer Zeit je weit verbreiteten Modellen gab es auch immer wieder »ingenieure« Geister, die das Besondere suchten und es in der Scheiße fanden. Monsieur d'Arcet etwa entwarf noch 1843 – und das mit nicht unbeträchtlichem Erfolg – ein Modell für Latrinen, so der Titel seiner Broschüre, »die unter einem Taubenschlag errichtet werden, die durch die Körperwärme der Tauben entlüftet werden und die der Herstellung von Dünger dienen« (»Latrines modèles, construites sous un colombier, ventilées au moyen de la chaleur des pigeons, et servant à a la préparation de l'engrais«).

Es war ein sehr ausgeklügeltes System, in dem durch die Körperwärme von Tauben der Geruch aus der Latrine durch ein Rohr abtrieb und in die Schüssel, auf der der Mensch saß und sich entleerte, zurückführte, nachdem es durch einen Raum mit wohlriechenden Kräutern – Lavendel, Salbei oder Ähnlichem – geleitet worden war. Das Modell erfreute sich einer gewissen Beliebtheit und Verbreitung und führte wie unabsichtlich auf die antike Verbindung menschlicher und »tauber« Exkremente zurück, die den ersten und zweiten Platz in der Abfall- und Düngemittelhierarchie einnahmen.

Taxi zum Klo
Die Verleihfirma warb zum Start des Films: »Taxi zum Klo macht Lust, ein Mann zu sein.« Der mit nur 100.000 DM ohne jede Fördermittel gedrehte Film von Frank Ripploh avancierte in der schwulen Szene zu einem Kultfilm und spielte allein in New York eine Million Dollar ein. Das Festival Saarbrücken erkannte ihm 1981 den begehrten »Max-Ophüls-Preis« zu.

Der Film, so behauptet Ripploh, sei gar kein Schwulenfilm. »Es ist ein trauriger Film, der die Sehnsucht nach einer Beziehung und ihrer Unmöglichkeit zum Ausdruck bringt, bei allem Witz.« 1980 gedreht, im Zeitalter vor Aids, war er ein befreiendes, ehrliches Credo zum eigenen Schwulsein und ist heute eine Erinnerung an andere Zeiten.

Tiefspülklosett

Drei Erfinder behaupten, das Tiefspülklosett, ein besonderer Typ des Pedestalklosetts, als Erste entwickelt zu haben: Humplierson um 1890, Bostel 1889 und Twyford 1899. Doch war zu jener Zeit das Funktionsprinzip des Tiefspülklosetts längst erfunden. Das 1883 erschienene »Handbuch für Architektur« zeigt bereits Beispiele und kennt auch schon den Begriff *washdown closet*. Klosetts

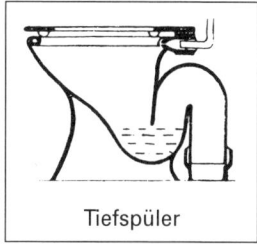

Tiefspüler

mit offenem Sinktopf sind verwandte Konstruktionen, wenn nicht gar Vorläufer der Tiefspülklosetts. Während beim Flachspülklosett die Fäkalien zuerst in ein Becken hineinfallen, ist dieses beim Tiefspülklosett mit dem Einlauf zum Siphon kombiniert. Die Fäkalien landen direkt im Wasser. Beim Spülvorgang wird das schmutzige Wasser verdünnt, die festen Stoffe mit Hilfe der beim Überlaufen des Siphons entstehenden Sogwirkung weggeschwemmt. Der Einlauf des Spülwassers ins Klosettbecken ist bei den seit 1890 produzierten Tiefspülklosetts im Allgemeinen einheitlich gelöst. Er befindet sich stets an der rückseitigen Beckenwand genau über jener Stelle, wo die Exkremente auf die Keramik treffen. Dadurch ist die Reinigung der Klosettschüssel optimiert. Mit rund 80 Prozent aller verkauften Klosetts beherrschen die Tiefspülklosetts heute den Markt in Europa.

Trichterklosett

Die Trichterklosetts *(hopper closets)* benötigten keine komplizierte Mechanik, nur eine einfache, trichterförmige Schüssel mit Öffnung und Einlass für das Spülwasser. Bei Betätigung der Spülung ergoss sich ein dünner Wasserstrahl dem Becken entlang spiralförmig nach unten, der so recht und schlecht das Klosett reinigte. Ein zusätzlicher Siphon gewährte den Geruchsverschluss. Es gab verschiedene Systeme: *The Cottage* für die Armen und *The Castle* für die Reichen. Nach dem Aufkommen der frei stehenden Toiletten galt das Trichterklosett als ausgesprochener Abtritt für arme Leute. Es wurde in großer Zahl für Dienstboten und Fabrikarbeiter montiert. Eine Variante zwischen Trichter- und Pfannenklosett entwarf der Franzose Renard. Der Urin floss bei laufender Spiralspülung über eine zuunterst am Becken eingekerbte Rille ab. Der Kot fiel in das mit einer Pfanne verschließbare Abfallrohr hinein. Die Trennung von Urin und Stuhl war erwünscht, falls nur flüssige Stoffe zur Ableitung durch die Kanalisation vorgesehen waren.

Verbrennungstoilette

Als man 1898 die beinlosen Reste des Engländers William Blye in einer Kastanie fand, war dies das Ergebnis seines vierten gescheiterten Versuchs, eine Art Verbrennungstoilette zu entwickeln; er befand sich damit in einer langen Tradition. Schon vorher hatte er seinen Hund, seine Dienstmagd und zuletzt sein Haus mit diesem Dienst an der Menschheit in die Luft gejagt. Sein Tod war nicht ganz umsonst. Kurz nach seinem 100. Sterbejahr meldete der Schwede Rune Johansson die Perfektionierung eines solchen Typs zum Patent an: Mit Hilfe der Mikrowelle war es ihm gelungen, in seinem Verbrennungsklo menschliche Fäces zu verbrennen und verdampfen.

Verhütung

Die alten Ägypter, medizinisch zu ihrer Zeit die Speerspitze der Welt, empfahlen der Frau vor dem Geschlechtsverkehr, ihre Vagina mit einer Mischung aus Krokodilmist und Honig einzureiben. Vermuten kann man, dass der Honig die Spermien kurzfristig daran hinderte, das Ei zu befruchten, der Krokodilmist aber wegen seines hohen Säuregehalts den für die Empfängnis erforderlichen pH-Wert entscheidend veränderte und die Spermien abtötete. Das wohl erste bekannte wirkungsvolle Spermizid der Weltgeschichte!

Water closet

WC steht für den Sieg einer englischen Entwicklung. 1775 erfand der englische Uhrmacher Alexander Cummings auf der Basis der kommunizierenden Röhren den Siphon, der auch heute noch zentraler Teil des *water closets* ist, das in seinen Grundzügen schon von Sir Harrington entwickelt worden war. Keine große Sache, aber deswegen genial.

Die modernsten Entwicklungen dieses Zivilisationsproduktes enthalten Warmwasserreinigungsstrahl, Föhn und Abluftsauger. In Japan wird in Modelle mit Analdusche, Trockenföhn, Desinfektionsspray und Pflegemittelpuster geschissen, die automatisch den Blutdruck, den Puls und den Blutzuckerwert ermitteln und abspeichern, bei Bedarf vorlesen, ausdrucken oder direkt an den Computer des Hausarztes übermitteln. Schöne neue Scheißwelt!

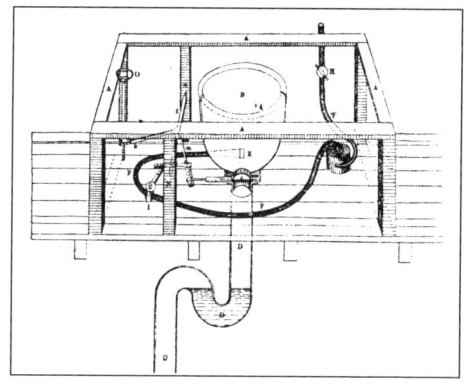
▲ Das erste patentierte Water closet, 1775

Windel

Auch eine Erfindung der Engländer: Die »englische Windel« setzte sich erst um die Wende zum 20. Jahrhundert durch. Bis dahin schissen und urinierten auch die Kinder, wo sie standen und gingen.

Xanthippe

Schon Sokrates und seine sprichwörtlich gewordene Gattin Xanthippe sollen der Legende nach den folgenden Konflikt vorgelebt haben: »Es wohnte da zu Lincoln ein Arbeitmann, der einmal, als ihn sein Weib mit ihrer scharfen Zunge wieder derart ausgeschimpft hatte, dass die ganze Straße darüber entrüstet war, schließlich aus dem Hause hinausging und sich ganz ruhig auf einen Steinblock vor seiner eigenen Tür setzte. Seine Frau, die wegen seiner Gemütruhe und seines ruhigen Ertragens noch mehr aus dem Häuschen war, lief in die Kammer hinauf und goss einen Nachttopf zum Fenster hinaus über seinen Kopf aus. Und als der arme Mann dies sah, sprach er in seiner fröhlichen Laune folgende Worte: ›Ich dachte es mir doch gleich, dass wir nach einem solchen Donnerwetter auch etwas Regen bekommen würden.‹«[231]

Yurte

»›Die Ablagerungen von Kuhmist an dem Grunde der Zelte‹ bei den Mongolen erwähnt James Gilmour.«[232] Mit Scheiße ließen sich ganze Häuser verspachteln, aber eben auch die Böden der mongolischen Yurten befestigen.

Zukunft

»Denn der Menschheit steht so mancher Umbruch … noch bevor, und einer der einschneidendsten innerhalb der schmalsten vier Wände in unseren Wohnungen. Wenn nämlich an einem heutigen Tag 60 Millionen Bundesbürger fünfmal an der Strippe gezogen, auf den Knopf gedrückt oder den Hebel gelupft haben, dann sind drei Milliarden Liter Trinkwasser durch die Ableitung ins Abwasser geströmt … ein Luxus, den sich dieses Land … nicht mehr wird leisten können. Und so wurden schon verschiedene Modelle der Abfallbeseitigung entwickelt:

A. Der Abfall wird gepresst, getrocknet und von heißer Luft sterilisiert. Das Endprodukt kann als Dünger auf die Felder gestreut werden …

B. Eine Automatik stopft den Abfall in einen Kunststoffstrumpf, bindet ihn in Tüten ab und stapelt ihn zum Abtransport …

C. Eine Tiefkühlanlage friert alles, was da kommt, bei 20 Kältegraden geruchlos ein. Elektrofäden wärmen den Sitzring …

D. Ein elektrischer Brenner äschert den Abfall zu sterilem Staub ein, nebenher saugt ein Luftfilter den Geruch ein.«[233]

Literatur

Dr. Aigremont: Volkserotik und Pflanzenwelt, Band 2. Leipzig 1908
Dagmar Altmann: Harnen und Koten bei Säugetieren. Berlin 1969
Joseph A. Amato: Von Goldstaub und Wollmäusen, Die Neuentdeckung des Kleinen und Unsichtbaren. Hamburg/Wien 2001
Aurelius Augustinus: Der Lehrer (De magistro liber unus), übersetzt von C. J. Perl. Paderborn 1959
Ausführliches Lexikon der griechischen und römischen Mythologie, hg. von W. Roscher, Band 1, 1. Abt. Leipzig 1996-1999, Sp. 1923
Roland Barthes: Sade, Fourier, Loyola, übersetzt von Maren Sell und Jürgen Hoch. Frankfurt am Main 1974
A. Wilhelm Bauer/Otto Erich Deutsch: Mozart, Briefe und Aufzeichnungen, Gesamtausgabe. Kassel/Basel/London/New York 1962
Bommi Baumann: Wie alles anfing. Frankfurt am Main 1976
Kisten Berg/Hajo Lämmle: Die öffentliche Toilette als Zivilisationsprodukt, Über das Müssen und Können in den deutschen Städten. Universität Gesamthochschule Kassel, Heft 126. Kassel 1997
Heide Berndt: Die Hygienebewegung des 19. Jahrhunderts als vergessenes Thema von Stadt- und Architektursoziologie, in: Die Alte Stadt 2/1987
Bibliotheca scatologica ou catalogue raisonné des livres traitent des vertus, faits et gestes de trés noble et tres ingénieux Messire Luc (à reburs) seigneur de la chaise et autres lieux mêmement des ses descendants et autres personnages de lui issus etc. Scatopolis chez les marchands d'aniterges, l'année scatogène 5850. (anonym), o. J. Das Werk erschien 1850 und als Verfasser gelten J. F. Payen, Paul Jannet, Silvestre und August Venant.
L. Borchardt / H. D. Ricke: Wohnhäuser in Tell el-Amarna. Wissenschaftliche Veröffentlichung der deutschen Orientgesellschaft 91/1980.
Ernest Borneman: Sex im Volksmund, Die sexuelle Umgangssprache des deutschen Volkes. Reinbek 1971
John Gregory Bourke: Der Unrat in Sitte, Brauch, Glauben und Gewohnheitsrecht der Völker, übersetzt und bearbeitet von Friedrich S. Krauss und H. Ihm, Vorwort von Sigmund Freud. Leipzig 1913, Neuausgabe Frankfurt am Main 1996
Robert Burton: Schwermut der Liebe, übersetzt von P. Gan. Zürich 1952
Edwin Chadwick: Report On The Sanitary Conditions Of The Labouring Population Of Great Britain, hg. von W. Flinn. Edinburgh 1965
Collofino: Non Olet oder die heiteren Tischgespräche des Collofino über den Orbis Cacatus. Köln 1939 (Privatdruck)
Lucius Junius Moderatus Columella: De re rustica, Zwölf Bücher über Landwirtschaft, Band 3, übersetzt von Will Richter. München 1981-1983
Alain Corbin: Pesthauch und Blütenduft, Eine Geschichte des Geruchs. Berlin 1984
Coturnix: Erbauliche Enzy-Clo-Pädie: Kulturgeschichte eines verschwiegenen Örtchens. Wien 1979

Friedrich Dedekind: Grobianus, Von groben Sitten und unhöflichen Gebärden. Darmstadt 1979
Don Delillo: Unterwelt, übersetzt von Frank Heibert. Köln 1997
Alan Dundes: Sie mich auch! Das Hinter-Gründige in der deutschen Psyche. München 1987
Norbert Elias: Über den Prozess der Zivilisation, 2 Bände. Frankfurt am Main 1976
Paul Eluard: Hauptstadt der Schmerzen, übersetzt von Gerd Henniger. Berlin o. J.
Paul Englisch: Anrüchiges und Allzumenschliches, Einblicke in das Kapitel PFUI. Stuttgart 1928
Paul Englisch: Das Skatologische Element in Literatur, Kunst und Volksleben. Stuttgart 1928
Christian Enzensberger: Größerer Versuch über den Schmutz. München 1968
H. Eschebach: Pompeji, Erlebte antike Welt. Leipzig 1978
René Faber: Anrüchig. Von Donnerbalken, Nachtvasen und Kunstfurzern. München 1992
Franz Maria Feldhaus: Leonardo der Techniker und Erfinder. Jena 1914
Franz Maria Feldhaus: Ka-Pi-Fu und andere verschämte Dinge. Ein fröhlich Buch für stille Orte. Berlin 1921 (Privatdruck)
Sigmund Freud: Gesammelte Werke. Frankfurt am Main 1968
Peter R. Gleichmann: Wandel der Wohnverhältnisse, Verhäuslichung der Vitalfunktionen, Verstädterung und siedlungsräumliche Gestaltungsmacht, in: Zeitschrift für Soziologie Nr. 55, Heft 4, 10/76
Johann Wolfgang von Goethe: Sämtliche Werke, Artemis-Gedenkausgabe. München 1977
Günter Grass: Die Blechtrommel. Frankfurt am Main 1962
Günter Grass: Der Butt. Darmstadt/Neuwied 1977
Christoffel von Grimmelshausen: Simplicius Simplicissimus. München 1984
Herodot: Historien, hg. von H. W. Haussig, übersetzt von A. Hornefer. Stuttgart 1971
Hesiod: Werke und Tage, hg. von Th. Scheffer. Wien 1935
R. Hess/E. Paschinger: Das etruskische Italien, Entdeckungsfahrten zu den Kunststätten und Nekropolen der Etrusker. Köln 1980
Friedensreich Hundertwasser: Scheißkultur – Die heilige Scheiße, Lyrik. Algajola/Wien 1979
H. Joachim: Papyrus Ebers. Berlin 1890
James Joyce: Ulysses, übersetzt von Hans Wollschläger. Frankfurt am Main 1981
Immanuel Kant: Werke in sechs Bänden, hg. von Wilhelm Weischedel, Band I. Wiesbaden 1960
F. S. Krauß: Der Unrat. Leipzig 1913
Dominique Laporte: Eine gelehrte Geschichte der Scheiße. Frankfurt am Main 1991
Lexikon der Ägyptologie, hg. von W. O. Heick. Wiesbaden 1972 ff. (Stichworte Bad, Toilette, Reinheit)
Alfred Limbach: Der Furz. Köln 1980
www.lunaticlounge/stupidhumannoises/freeway.net/~reddog/
Martin Luther: Tischreden. München 1973
F. Mackay: Die Induskultur, Ausgrabungen in Mohenjo-daro und Harappa. Leipzig 1935

Louis-Sébastian Mercier: Tableau de Paris, 12 Bände, übersetzt von Jean Villain.
Frankfurt am Main 1979
Louis-Sébastian Mercier: Pariser Nahaufnahmen, Tableau de Paris, Paris 1781-1788, zit. n. Die Andere Bibliothek, Band 182, übersetzt von Wolfgang Tschöke.
Frankfurt am Main 2000
Alexander Mitscherlich: Die Unwirtlichkeit unserer Städte. Frankfurt am Main 1967
Molière: Gesammelte Werke. Frankfurt am Main 1958
O. Murray: Das frühe Griechenland. München 1992
Richard Neudecker: Die Pracht der Latrine, Öffentliche Bedürfnisanstalten in der kaiserzeitlichen Stadt. Würzburg 1994
Neue Zürcher Zeitung: Von der Schissgroub zur modernen Stadtentwässerung. Zürich 1987
Redmond O'Hanlon: Kongofieber. München 1999
Paul Oppenheimer (Hg): A Pleasant Vintage of Till Eulenspiegel. Middletown 1972
Christian Franz Paullini: Heilsam Dreck-Apothek. Frankfurt am Main 1696, Neudruck Stuttgart 1847
Der kleine Pauly. Lexikon der Antike, hg. von Ziegler u.a., Band 1. Stuttgart 1964
Peter Payer: Unentbehrliche Requisiten der Großstadt, Eine Kulturgeschichte der öffentlichen Bedürfnisanstalten von Wien. Wien 2000
Werner Pieper (Hg): Das Scheiss-Buch – Entstehung, Nutzung, Entsorgung menschlicher Fäkalien. Löhrbach 1987
Charles Platt: Garbage World. New York 1967
C. Plinius Secundus d. Ä.: Historia naturalis, Naturkunde, übersetzt von Roderich König. München/Zürich 1988
François Rabelais: Gargantua und Pantagruel, 2 Bände. München 1905-1909, Neuausgabe 1955/1961
Reallexikon der Assyriologie, hg. von O. Dietz, Band 4. Berlin 1972-1975
O. Reuther: Die Innenstadt von Babylon. Wissenschaftliche Veröffentlichung der deutschen Orientgesellschaft 47/1926
Marianne Rodenstein: Mehr Licht, mehr Luft – Gesundheitskonzepte im Städtebau seit 1750. Frankfurt am Main 1987
Dieter Rollfink: Menschliche Natur: A Study of Scatology in Modern German Literature. Johns Hopkins University 1977 (unveröffentliche Dissertation)
Ernst Schertel: Der Erotische Komplex, 2 Bände. Berlin 1932
Publius Cornelius Tacitus: De origine et situ Germanorum, übersetzt von A. Mauersberger. Wiesbaden o. J.
Stern: Die Geschichte des Klos, Heft 43 ff. Hamburg 1977
Carmen Thomas: Ein ganz besonderer Saft – Urin. Köln 1994
Georg Varrentrapp: Über die Entwässerung der Städte. Frankfurt am Main 1868
Horst Vetten: Über das Klo: Ein Thema, auf das jeder täglich kommt. Frankfurt am Main/Berlin/Wien 1983
Paul Watzlawick: Gebrauchsanleitung für Amerika – ein respektloses Reisebrevier. München 1978
Leonard Wolley: Excavations at Ur. London 1963

Anmerkungen

1. Don Delillo: Unterwelt, übersetzt von Frank Heibert. Köln 1997, S. 922
2. ebd., S. 939
3. Christian Enzensberger: Größerer Versuch über den Schmutz. München 1968, S. 9
4. Bertolt Brecht: Baal. Der böse Baal der asoziale. Texte, Varianten, Materialien. Frankfurt am Main 1968, S. 22
5. Roland Barthes: Sade, Fourier, Loyola, übersetzt von Maren Sell und Jürgen Hoch. Frankfurt am Main 1974, S. 156
6. Immanuel Kant: Träume eines Geistersehers, 1766, aus: Werke in sechs Bänden, hg. von Wilhelm Weischedel, Band 1. Wiesbaden 1960, S. 959f.
7. Georg Groddeck: Rede in Baden-Baden vor Patienten des Sanatoriums Marienhöhe, 14. November 1917, in: Vorträge Band 1-3. Basel/Frankfurt am Main 1987/1988, S. 15
8. wie etwa Norman O. Brown in: Life against Death, The psychoanalytical Meaning of History. Middletown 1959
9. T. C. Boyle: Willkommen in Wellville, übersetzt von Annette Grube. München 2000, S. 86f.
10. Delillo, a.a.O., S. 246
11. Enzensberger, a.a.O., S. 9f.
12. Alain Corbin: Pesthauch und Blütenduft. Berlin 1984, S. 17
13. Daniel W. Lord: Brief an Bourke, 26. Mai 1890, in: Bourke: Der Unrat in Sitte, Brauch, Glauben und Gewohnheitsrecht der Völker. Frankfurt am Main 1996, S. 13
14. Jakob Anton Dulaure: Die Zeugung in Glauben, Sitten und Bräuchen der Völker, übersetzt von Friedrich S. Krauss und Karl Reiskel. Leipzig 1909, S. 132
15. A. Treichel: Pilz-Destillate als Rauschmittel, Jahrb. d. Preuß. Botan. Ver., Jhrg. 1897/98, S. 38
16. Delillo, a.a.O., S. 337f.
17. Redmond O'Hanlon: Kongofieber. München 1999, S. 240ff.
18. Günter Grass: Der Butt. Darmstadt/Neuwied 1977, S. 211
19. Enzensberger, a.a.O., S. 23f.
20. Hesekiel 4, 12
21. Hesekiel 4, 15
22. Archiv für Religionswissenschaften, 1902, S. 132
23. John Brand: Popular Antiquities of England, Scotland and Ireland, Chiefly Illustrating the Origin of Vulgar and Provincial Customs, Ceremonies and Superstitions, Arranged, revised and Greatly Enlarged by Sir Henry Ellis, London 1872, Band I, S. 66
24. H. H. Wilson: Religious Sects of the Hindus, in: Asiatic Researches XVII, Calcutta 1832, S. 205
25. Antonio de Torquemada: Monarchia Indiana. Madrid 1723, zit. n. Bourke, a.a.O., S. 105

26 Bourke, a.a.O., S. 139, vgl. auch Benjamin Hederich: Gründliches mythologisches Lexikon. Leipzig 1770
27 M. Tullius Ciceros sämtliche Briefe, übersetzt und erläutert von C. M. Wieland. Zürich 1808-1812, Buch 9, Brief 22
28 Sueton: Cäsarenleben. München 1977, Kap 32, Divus Claudius
29 Herodot: Historien, II, 35. Stuttgart 1971, S. 114
30 Hesiod: Werke und Tage. Wien 1935, S. 97f.
31 James Joyce: Ulysses, übersetzt von Hans Wollschläger. Frankfurt am Main 1981, S. 184
32 Dominique Laporte: Eine gelehrte Geschichte der Scheiße. Frankfurt am Main 1991, S. 56
33 Decimus Junius Juvenalis: Satiren, in: Römische Satiren, Berlin und Weimar 1970, Buch 3, Vers 268-274
34 Plinius Secundus d. Ä: Naturalis Historia, zit. n. Schissgroub, S. 176
35 H. Schneider in: Journal für Geschichte, 4/1985, S. 16
36 ebd.
37 Decimus Junius Juvenalis: Satiren, in: Römische Satiren, a.a.O., S. 396
38 John James Blunt: Vestiges of Ancient Manners and Customs. London 1823, zit. n. Bourke, a.a.O., S. 112f.
39 Ausführliches Lexikon der griechischen und römischen Mythologie, hg. von W. Roscher, Band 1, 1. Abt. Leipzig 1996-1999, Sp. 1923
40 Antonio de Torquemada: Jardin de Flores Curiosas. Salamanca 1570, Madrid 1955, in: G. F. Messerschmid: Historischer Blumengarten. Straßburg 1626, Nachdruck 1965, S. 222
41 Dictionary of Antiquities. London 1850, zit. n. Bourke, a.a.O., S. 105
42 Lucretius: Von der Natur der Dinge, Band 4, 1004-1007, übersetzt von Karl Ludwig von Knebel. Leipzig o. J.
43 C. Suetonius: Trabquillus, Vespasina, Buch XXIII, Sämtliche erhaltene Werke. Essen 1987, S. 33
44 Martial: Epigramme, Buch 7, Nr. 61
45 Das Wasser, Bd. 9, Nr. 12, 25. April 1913, S. 343
46 G. Calza: Die Taverne der Sieben Weisen in Ostia, zit. n. Schissgroub, a.a.O., S. 178
47 5. Buch Mose 23, 12-15
48 Bourke, a.a.O., S. 117
49 ebd., S. 126
50 Josephus: Geschichte des Jüdischen Krieges, 2, 8, 9, übersetzt von Dr. Heinrich Clementz, o. J., S. 210
51 Sir Thomas Browne: Religio Medici. Boston 1868, S. 329
52 Tournefort: A Voyage to the Levant. London 1718, zit. n. Bourke, a.a.O., S. 118
53 Arminius Vambéry: Sketches of Central Asia. London 1868, zit. n. Bourke, a.a.O., S. 117
54 François Rabelais: Gargantua und Pantagurel, Bd. II. München 1905-1909, Neuausgabe 1955/1961, S. 110
55 Charles Panati: Universalgeschichte der ganz gewöhnlichen Dinge. München 1998, S. 270
56 übersetzt von C. J. Perl, Paderborn 1959, zit. n. Laporte: a.a.O., S. 16
57 M. Wuitass: Traité de l'Eucharistie. Neufchatel 1765, zit. n. Bourke, a.a.O., S. 47

58 Robert Burton: Schwermut der Liebe, Band II, übersetzt von P. Gan. Zürich 1952, S. 222f.
59 Bruce Chatwin: Traumpfade. Frankfurt am Main 1992, S. 231
60 O'Donovan: Three Fragments of Irisch Annals. Dublin 1860, zit. n. Bourke, a.a.O., S. 49
61 1. Evangelium der Kindheit III, 6-7
62 1. Evangelium der Kindheit IV, 15-17
63 Matthäus 15, 17-20
64 K. Hecht: Der St. Galler Klosterplan. Sigmaringen 1983, S. 106
65 zit. n. W. Braunfels: Abendländische Klosterbaukunst. Köln 1969, S. 289
66 Michael de Montaigne: Reisen durch die Schweiz, Deutschland und Italien in den Jahren 1580/1581, 2 Bände. Halle 1777, S. 286
67 zit. n. Manfred Vasold: Pest, Not und schwere Plagen, Seuchen und Epidemien vom Mittelalter bis heute. Augsburg 1999, S. 196
68 Lucien Febvre: Der neugierige Blick – Leben in der französischen Renaissance. Berlin 2000, S. 4f.
69 Rambach: Versuch einer physisch-medizinischen Beschreibung von Hamburg, zit. n. Vasold, a.a.O., S. 200
70 Louis-Sébastian Mercier: Pariser Nahaufnahmen, Tableau de Paris, Paris 1781-1788, zit. n. Die Andere Bibliothek, Band 182, übersetzt von Wolfgang Tschöke. Frankfurt am Main 2000, S. 22/23
71 George Forster: Voyage around the World, Band II. London 1776, zit. n. Bourke, a.a.O., S. 111
72 Vasold, a.a.O., S. 191
73 Mercier, a.a.O., S. 25
74 Franz-Maria Feldhaus: Leonardo der Techniker und Erfinder. Jena 1913, S. 20
75 ebd., S. 16
76 Chalieu, zit. n. Faber, a.a.O., S. 61
77 zit. n. G. Borst: Alltagsleben im Mittelalter. Frankfurt am Main 1983, S. 259
78 Tobias Smollett: Humphrey Clincer, Londoner Ausgabe von 1872, zit. n. Bourke, a.a.O., S. 114
79 Gesamtausgabe von H. Palm, 3 Bände, 1878-1884, Nachdruck 1961
80 Groddeck, a.a.O., S. 65
81 Wilhelmine von Bayreuth, Schwester Friedrichs II., zit. n. Vasold, a.a.O., S. 197
82 Amato, a.a.O., S. 42
83 Giacomo Casanova: Begegnungen und Abenteuer in der Schweiz. Basel 1920, S. 90
84 Ch. Faust: Gesundheitskatechismus zum Gebrauche in den Schulen und beim häuslichen Unterrichte. Bückeburg 1794, Faksimile Stuttgart 1954, S. 36
85 Faust, a.a.O., S. 36
86 ebd.
87 Markgraf Philipp II. von Baden-Baden, 1575, in: A. Kern: Deutsche Hofordnungen, Band 2. Berlin 1907, zit. n. Feldhaus: Ka-Pi-Fu und andere verschämte Dinge. Ein fröhlich Buch für stille Orte. Berlin 1921, S. 148
88 zit. n. Laporte, a.a.O., S. 8ff.
89 Molière: Gesammelte Werke. Frankfurt am Main 1958, S. 212
90 zit. n. Feldhaus, Ka-Pi-Fu, a.a.O., S. 205
91 zit. n. Faber, a.a.O., S. 41
92 zit. n. Laporte, a.a.O., S. 8ff.
93 ebd., S. 10
94 Mercier, a.a.O., S. 27

95 Norbert Elias: Über den Prozess der Zivilisation. Soziogenetische und psychogenetische Untersuchen, Band II. Frankfurt am Main 1976, S. 374
96 Laporte, a.a.O., S. 46f.
97 Groddeck: a.a.O., S. 17
98 Albrecht von Haller, 1777, zit. n. Corbin, a.a.O., S. 15
99 Bourke, a.a.O., S. 143f.
100 Amato, a.a.O., S. 40
101 Delillo, a.a.O., S. 125
102 Paul Englisch: Das skatologische Element. Stuttgart 1928, S. 85
103 Enzensberger, a.a.O., S. 70
104 Mercier, a.a.O., S. 68
105 zit. n. Dr. Cabanès: Moeurs intimes du passé. Paris 1908, S. 382
106 Denkwürdigkeiten aus dem Leben der Königin Marie-Antoinette, Königin von Frankreich. Leipzig 1837, Band III, S. 122
107 zit. n. Panati, a.a.O., S. 26
108 ebd., S. 27
109 Lieselotte von der Pfalz, zit. n. Dundes, a.a.O., S. 59
110 Mercier, a.a.O., S. 27
111 Vulpius: Kuriositäten, Bd. 6. 1817, S. 149
112 Mercier, a.a.O., S. 26ff.
113 Kai Mayer: Die Alchemistin. München 1998, S. 283f.
114 Friedrich von Cölln, zit. n. René Faber: Anrüchig, Von Donnerbalken, Nachtvasen und Kunstfurzern. München 1992, S. 51f.
115 nachzulesen in August Bebels Autobiografie: Aus meinem Leben. Berlin 1910
116 Jonathan Swift: Le grand Mistère ou l'art de méditer sur la grade-robe, renouvelé et dévolé par l'ingénieux Dr. Swift, avec des observations, historiques, politiques et morales qui prouvent l'antiquité de cette science, et qui contiennent les usages différents des diverses nations par rapport à cet important sujet. Projet pour bâtiret entretenir des latrines publiques dans la cités de Londres et faubourgs et de Westminster, Dublin 1743, Neuauflage Paris 1946, zit. n. Bourke, a.a.O., S. 111
117 Feldhaus, Ka-Pi-Fu, a.a.O., S. 92
118 Mercier, a.a.O., S. 65
119 Giacomo Casanova: Mein Leben. Berlin 1998, S. 143
120 Mercier, a.a.O., S. 66
121 Lucius Junius Moderatus Columella: De re rustica, zit. n. Laporte, a.a.O., S. 42
122 H. Sponi: De la vidange au passé, au present et au futur. Paris 1856, zit. n. Corbin, a.a.O., S. 155 / Von der Entleerung in der Vergangenheit, der Gegenwart und der Zukunft. Denkschrift für die Magistrate, die die Stadt Paris verwalten
123 ebd., S. 158
124 Antoine Lavoisier: Ouevres, Band III. Paris 1844, zit. n. Corbin, a.a.O., S. 126
125 Corbin, a.a.O., S. 147
126 Arbeiterzeitung Wien, 4. August 1912
127 W. H. Gilder: Brief vom 15. Oktober 1889, zit. n. Bourke, a.a.O., S. 178
128 zit. n. Mercier, a.a.O., S. 65
129 Friedensreich Hundertwasser, zit. n. Pieper (Hg): Das Scheiss-Buch – Entstehung, Nutzung, Entsorgung menschlicher Fäkalien. Löhrbach 1987, S. 20

130 Flemming Samuel Augustus: De Remediis ex Corpore Humano desumtis. Erfurt 1738
131 Schurig: Chylologica historico-medica, zit. n. Bourke, a.a.O., S. 246ff.
132 Bibliotheca Scatologica, zit. n. Bourke, a.a.O., S. 248
133 C. Plinius Secundus d. Ä.: Naturkunde, übersetzt von Roderich König. München und Zürich 1988, Kap. 8
134 Abbé Dubois: People of India. London 1817, zit. n. Bourke, a.a.O., S. 104
135 C. Plinius Secundus d. Ä., a.a.O., Kap. 18
136 ebd., Kap. 32
137 zit. n. Bourke, a.a.O., S. 246ff.
138 Galeni Claudii: Opera Omnia, hg. von Karl Gottlieb Kuhn, Leipzig 1826
139 zit. n. Bourke, a.a.O., S. 257
140 Paracelsus: Experiments, zit. n. Bourke, a.a.O., S. 260
141 zit. n. Faber, a.a.O., S. 208
142 Philosophischer Feyerabend, Frankfurt 1700, zit. n. Bourke, a.a.O., S. 437
143 Bourke, a.a.O., S. 279
144 Feldhaus, Ka-Pi-Fu, a.a.O., S. 67
145 Herodot, II, 37, S. 115
146 William Shakespeare: König Heinrich IV., in: Sämtliche Werke, übersetzt von A. W. von Schlegel und Ludwig Tieck. Essen 1999, S. 156
147 Ausgabe 42 vom 15. Oktober 2001
148 Delillo, a.a.O., S. 362ff.
149 Burton, a.a.O., S. 268
150 Homer, zit. n. Bourke, a.a.O., S. 245
151 George Wilhelm Black: Folk-Medicine. London 1883, S. 171
152 Dispensatorium regium electorale Borusso-Brandenburgicum, 1731, vgl. auch Pharmakopöe Universelle, Nicolas Lémery, Paris 1697, zit. n. Corbin, a.a.O., S. 259
153 R. E. Masters: Die teuflische Wollust, zit. n. Pieper, a.a.O., S. 202
154 Jean Baptiste Thier: Traité des Superstitions. Paris 1741, S. 150
155 zit. n. Feldhaus, Ka-Pi-Fu, a.a.O., S. 76
156 Bodo Berg: Mehr als ein Spiel. Aus dem Leben eines Fußballfans. Göttingen 2000, S. 123
157 Schissgroub, a.a.O., S. 61
158 Twen, 1969
159 Flauberts Brief an Ernest Chevalier, zit. n. Corbin, a.a.O., S. 288
160 Corbin, a.a.O., S. 290
161 Sigmund Freud: Das Unbehagen in der Kultur, in: Gesammelte Werke, Frankfurt am Main 1968. Band XIV, S. 453
162 Bommi Baumann: Wie alles anfing. Frankfurt am Main 1976, S. 70
163 zit. n. Schissgroub, a.a.O., S. 210ff.
164 ebd., S. 210
165 Victor Moléon: Rapports généraux sur les travaux du Conseil de Salubrité. Paris 1828, zit. n. Corbin, a.a.O., S. 209
166 Enzensberger, a.a.O., S. 88
167 Blätter für Gesundheitspflege, 1872, zit. n. Schissgroub, a.a.O., S. 97
168 Enzensberger, a.a.O., S. 74f.

169 Philippe Passot: Des logements insalubres, De leur influence et de leur assainissement. Paris 1851, zit. n. Corbin, a.a.O., S. 189
170 zit. n. Martin Broszat: Nach Hitler. Der schwierige Umgang mit unserer Geschichte. München 1988, S. 58
171 Kirsten Berg/Hajo Lämmle: Die öffentliche Toilette als Zivilisationsprodukt – Über das Müssen und Können in den deutschen Städten, Universität Gesamthochschule Kassel 1997, Heft 126, S. 24
172 ebd.
173 zit. n. Eckart Klessmann: Geschichte der Stadt Hamburg. Hamburg 1985, S. 528
174 Joseph A. Amato: Von Goldstaub und Wollmäusen, S. 82ff.
175 Enzensberger, a.a.O., S. 89f. und 98f.
176 Dieter Bohlen in: Popcorn 3/2000, S. 76
177 R. Schlichter: Das widerspenstige Fleisch. Berlin 1922, S. 110
178 Bourke, a.a.O., S. 129
179 Fosbroke: British Monarchism, zit. n. Bourke, a.a.O., S. 128
180 The Travels of two Mahometans through India and China, Pinkerton, Voyages and Travels, London 1814, zit. n. Bourke, a.a.O., S. 215
181 Pieper, a.a.O., S. 52
182 Hornibrook: The Culture of the Abdomen, zit. n. Pieper, a.a.O., S. 53
183 Der Spiegel 14/2000, S. 20
184 Alan Dundes: Sie mich auch! Das Hinter-Gründige in der deutschen Psyche. München 1987, S. 76f.
185 zit. n. ebd., S. 21
186 Mark Twain: Ein Bummel durch Europa. Frankfurt am Main/Berlin 1969, zit. n. Dundes, a.a.O., S. 21
187 Dundes, a.a.O., S. 54
188 ebd., S. 48
189 Sigmund Freud, in: Bourke, a.a.O., Seite V/VI
190 Gesammelte Werke, Band VII
191 Dundes, a.a.O., S. 107
192 ebd., S. 118
193 E. Thiele: Luthers Sprichwörtersammlung. Weimar 1900, S. 183
194 Dundes, a.a.O., S. 68
195 Brief vom 13. November 1777, zit. n. Dundes, a.a.O., S. 62
196 Dundes, a.a.O., S. 90f.
197 Enzensberger, a.a.O., S. 54f.
198 Faber, a.a.O., S. 346
199 Erica Jong: Angst vorm Fliegen, Frankfurt am Main 1973
200 Schissgroub, a.a.O., S. 217
201 Marianne Rodenstein: Mehr Licht, mehr Luft – Gesundheitskonzepte im Städtebau seit 1750. Frankfurt am Main 1988, S. 102f.
202 Amato, a.a.O., S. 106
203 zit. n. Pieper, a.a.O., S. 30f.
204 Bruce Chatwin: Utz. Frankfurt am Main 1991, S. 35
205 in: Communication Health, London/Oxford 1993, S. 3
206 L. Collins/D. Lapierre: Um Mitternacht die Freiheit. Frankfurt am Main 1986, S. 126

207 zit. n. Pieper, a.a.O., S. 135
208 Jong, a.a.O.
209 J. W. Goethe, Faust II, Verse 11954-11957
210 Georg Friedrich Most: Encyclopädie der gesammten Volksmedicin, zit. n. Pieper, a.a.O., S. 82
211 de.music.yahoo.com/001227/61/18wxs.html.
212 Augustinus: De Civitate Dei, Kapitel 24, XIV. Buch
213 Corbin, a.a.O., S. 194
214 Feldhaus, Ka-Pi-Fu, a.a.O., S. 180
215 Enzensberger, a.a.O., S. 34
216 Delillo, a.a.O., S. 91
217 ebd., S. 448f.
218 Pieper, a.a.O., S. 201f.
219 C. Flügge: Grundriss der Hygiene. Leipzig 1889, S. 421ff.
220 zit. n. Faber, a.a.O., S. 381f.
221 Vasold, a.a.O., S. 44
222 Süddeutsche Zeitung Magazin vom 27. Juli 1990
223 Der Spiegel 38/2001, S. 252
224 Wiener 4/1987
225 Groddeck: Vorträge Band 1-3, a.a.O., S. 17
226 vgl. auch Ernest Borneman: Lexikon der Liebe. Berlin 1984; Sex im Volksmund. Reinbek 1974
227 Der Spiegel 14/2000, S. 206
228 Delillo, a.a.O., S. 387
229 ebd., S. 697
230 Pierre Leroux, Revue de l'Ordre social, 1850, zit. n. Laporte, a.a.O., S. 135
231 Jack of Dover's Quest of Inquiry. London 1852, zit. n. Bourke, a.a.O., S. 155
232 Bourke, a.a.O., S. 159
233 Horst Vetten, zit. n. Pieper, a.a.O., S. 96

Zum Autor

Jacob Blume, Jahrgang 1961, studierte Kunst- und Literaturgeschichte. Er arbeitet in Berlin und Katima Mulilo (Namibia) als Lektor und Autor für verschiedene Verlage. Unter anderem schrieb er Bücher zur Kulturgeschichte des Bieres, des Tabaks und des Honigs.

Vom gleichen Autor

Bier. Was die Welt im Innersten zusammenhält
„Eine Königin unter den Kulturgeschichtsbüchern."
(Gießener Anzeiger)
224 S., Hardcover,
ISBN 3-89533-278-X
17,40 €

Mit Lust die Welt verschlingen
Die sinnliche Küche Afrikas
Authentisch afrikanisch kochen und
mit allen Sinnen genießen...
„Lassen Sie sich ent- und verführen."
(Salzburger Landeszeitung)
208 S., Hardcover
ISBN 3-89533-310-7
17,40 €

VERLAG DIE WERKSTATT
www.werkstatt-verlag.de